정치적으로 왜곡된

이슬람 엿보기

정치적으로 왜곡된

이슬람 엿보기

로버트 스펜서 지음 | **유달승** 옮김

인간사랑

“도발적이고 불경한 문체와 풍부한 학식으로 로버트 스펜서는 ‘정치적 올바름의 동맹’이 강요하는 금기사항들을 공격한다. 본질적인 진실을 가르치는 용기의 강장제”

Bat Ye'or, *Eurabia and The Decline of Eastern Christianity Under Islam*

“오늘날 서구 세계가 직면해 있는 지하드는 유럽이 1천여 년 전부터 벗어나기 위해 애써왔던 그것과 동일한 동기와 목표를 갖고 있으며, 현재 서구 세계가 당하고 있는 모욕의 대부분을 십자군 탓으로 돌린다. 로버트 스펜서는 미국에서든 유럽에서든 대부분의 사람들이 직면하고 싶어하지 않는 진실을 말한다. 오늘날의 지하드는 스펜서가 설명하듯 두 개의 전선을 따라 진행된다. 폭력과 테러의 전선이 그 하나이며, 문화적 모욕과 역사 재서술이 또 다른 하나이다. 이 책은 수정주의에 대한 파격적 반격이며, 또한 너무 늦기 전에 서구 세계를 방어하라는 낭랑한 호소이다.”

Ibn Warraq, *Why I Am Not A Muslim, Leaving Islam,*
editor of *What the Korean Really Says*

“2005년 「킹덤 오브 헤븐」(*Kingdom of Heaven*)이라는 영화가 중세 시대 유럽 십자군과 아랍 무슬림들 사이에 일어난 실제 사건을 극화하려 노력한 가운데 문명의 충돌에 관한 전반적 문제들이 다시 정치가들을 괴롭혔다. 전통적인 역사가들은 사건들의 연관관계를 찾는 것이 일반적이었다. 아민 말루프와 같은 정치적인 역사가들은 서구 십자군들은 사악했고, 그들의 적은 의로웠다고 주장했다. 지하드 역사 전문가인 로버트 스펜서는 “정치적인 금기는 벗어던졌지만” 학문적으로는 건전하고 도전적인 저서를 통해 거기에 반격한다. 스펜서는 제대로 조사된 엄청난 양의 자료를 제시한다. 그는 아랍 역사가들의 진영에 다시 공을 넘겼다.”

Dr. Walid Phares, *Lebanese Christian Nationalism :*
The Rise and Fall of an Ethnic Resistance

“로버트 스펜서는 역사적 사실이 스스로 말하게 하는 이 강력하고 중요한 저서를 통해 관용과 평화의 이슬람이 광적인 기독교 십자군에 의해 공격당했다는 정치적으로 미화된 신화를 쓸어버린다. 그가 발견한 진실은 간단하다. 공격적이고 폭력적인 이슬람 교리가 14세기에 걸쳐 서구 이교도를 향해 전쟁을 일으켜 왔으며, 극동지역에 이슬람 군대가 파괴한 기독교 헬레니즘 문화를 회복시키기 위한 십자군을 불러일으킨 것도 그러한 정복과 박해의 채찍이었다. 스펜서의 도발적이고 직설적인 이 책은 현재 지하드 살인자들과의 전투를 약화시키려는 유해한 선전전에 절실히 필요한 해독제이다.”

Bruce S. Thoronton, *Greek Ways : How the Greeks Created Western Civilization*

역자 서문

출판사에서 이 책의 번역 제안을 받고 나서 오랫동안 망설였다. 또한 이 책을 번역하면서 많은 고민을 했다. 혹시 이 책이 국내에서 이슬람에 대한 또 다른 오해와 편견을 갖게 하지 않을까? '이슬람을 바로 알자' 는 분위기에 찬물을 끼얹는 것이 아닐까? 하지만 이슬람에 대한 다양한 시각을 가진 서적이 필요하고 서구 보수주의자의 입장을 살펴보는 것이 오히려 이슬람에 대한 이해를 더욱 확산시킬 수 있다고 생각했다.

이 책의 원제는 '정치적으로 금기시되는 이슬람(과 십자군 전쟁) 지침서 *The Politically Incorrect Guide to Islam* (and the Crusades)' 이다. 폴리티컬리 인코렉트(politically incorrect)는 특정 인종, 여성, 장애인 등 근현대사에서 소수자에게 부적절한 태도나 말, 행동을 보이는 것을 말한다. 하지만 이 책의 제목을 원제와는 달리 '정치적으로 왜곡된 이슬람 엿보기' 로 바꾸었다. 그것은 저자의 문제 제기와 사례가 이슬람의 주류 입장을 반영하기보다는 비주류의 시각을 토대로 이루어졌기 때문이다. 이 책의 저자 로버트 스펜서(Robert Spencer)는 데이비드 호로비츠 자유센터(David Horowitz Freedom Center)의 프로젝트 지하드 와치(Jihad Watch)라는 기구의 소장이고 지하드와 이슬람 테러리즘 전문가이다. 데이비드 호로비츠 자유센터는 1988년 데이비드 호로비치에 의해 설립된 보수주의 성향의 재단이다. 이 재단은 대중문화연구센터(Center for the Study of Popular Culture)라는 명칭으로 출범했으나 9·11테러 이후 자유문제를 강조하면서 2006년 7월 호로비츠 자유센터로 변경했다.

미국은 9·11테러 이후 '테러와의 전쟁'을 선포했고, 이것은 세계의 정치지형을 근본적으로 바꾸어 놓았다. '테러와의 전쟁'은 또다른 9·11 비극을 탄생시켰다. 이것은 '테러와의 전쟁'이 아니라 오히려 '테러리스트를 양산시키는 전쟁'으로 나타나고 있다. 2006년 9월 조지 W. 부시 미 대통령은 '테러와의 전쟁'을 '이슬람 파시즘과의 전쟁'으로 미화시키고 있다. 그는 "이슬람 파시즘을 파시스트와 나치, 공산주의자의 계승자"라고 말했다. 이에 따라 신조어 '이슬람혐오증'(Islamophobia)이 점차 확산되었다. 이 용어는 1980년대에 등장했지만 9·11테러 이후 부각되었다.

로버트 스펜서는 '이슬람혐오증'을 확산시키는 또 다른 주역이라고 볼 수 있다. 그는 이슬람 종교 전체를 전 세계의 문제로 삼아 공격하는 관습이 '이슬람혐오증'이라면, 쿠란과 순나를 토대로 한 테러리스트 행동의 동기로 보는 것도 '이슬람혐오증'이라고 문제제기하고 있다. 그는 지하드 테러리스트 자신이 '이슬람혐오증'이라고 주장한다. 더 나아가 그는 현재 국제사회에서 벌어지는 다양한 사건을 이슬람 문명과 기독교 문명의 대립과 갈등이라고 규정하면서 문명의 충돌을 강조한다.

이 책은 크게 세 부분으로 구성되었다. 첫 번째는 지하드와 관련된 이슬람에 관한 내용이다. 이 부분에서는 예언자 무함마드에 관한 내용, 비무슬림에 대한 지하드를 다루면서 이슬람을 전쟁의 종교와 비관용의 종교로 규정한다. 두 번째는 십자군 전쟁에 관한 내용이다. 현대 역사가와 영화감독들에 의해 묘사된 십자군 전쟁을 비판한다. 세 번째는 현대의 지하드를 다루면서 현대판 십자군 전쟁을 언급했다.

이 책이 출판되기까지 도와주신 많은 분들에게 진심으로 감사드립니다. 특히 이 책을 번역할 기회를 주신 인간사랑 출판사에게 감사드립니다.

2009년 10월

옮긴이

CONTENTS

감사의 말

먼저 지하드 와치(Jihad Watch) 직원들에게 진정어린 감사를 드린다. 휴 핏제랄드, 레베카 비넘 외 모든 직원들은 여기 자료들 가운데 많은 부분을 인내심 있게 그리고 친절하게 논의하고 여러 단계들을 거칠 때마다 검토해 주었고, 내용의 개선에 많은 도움이 되는 제안들로 기여했다. 휴 핏제랄드의 명민함과 박식함은 하늘의 선물이고 이 책뿐만 아니라 전 지하드 와치 노력에도, 그리고 전 세계적인 지하드 저항 전체에도 엄청난 축복이다. 이름을 밝히고 싶은 사람들이 많지만 그들을 온갖 위험에 노출시키게 될까봐 밝힐 수가 없다. 반지하드 저항의 최전선에서 수고하고 있는 이 용감한 사람들은 이 시대의 진정한 영웅들이다.

과거에도 여러 번 그랬었던 것처럼 이번에도 나는 제프 루빈에게 큰 감사의 빚을 지고 있다. 그의 개념적 능력과 비전은 도저히 따라갈 수가 없다. 또 레그네리(Regnery) 사 편집인들인 해리 크로커와 스티븐 톰슨에게도 특별히 감사 드린다. 그들의 능숙하고 통찰력 있는 마무리는 이 책에서 성공적인 내용의 많은 부분을 예리하게 다듬고 있다. 늘 그렇지만 이 책에서 훌륭한 내용들은 그들의 것이고, 오류가 있다면 다 나의 것이다.

서문

이슬람과 십자군 전쟁

오늘날 십자군 전쟁은 그 전쟁이 일어났던 3세기 동안보다 더 많은 폐해를 유발시킬 수도 있다. 그것은 인명과 재산의 피해가 아니라 더욱 미묘한 파괴를 불러일으킨다. 십자군 전쟁은 가톨릭 교회뿐만 아니라 일반적으로 서구 세계의 주요 범죄가 되었다. 무슬림 세계와 서구의 탈기독교 문명(기독교가 지배적인 종교가 아니고 비기독교적 가치관, 문화관, 세계관을 받아들이도록 변화된 세상역주) 간 현재의 분쟁이 서유럽인 전사들이 처음 예루살렘을 침입한 이래 무슬림을 선동하고 착취하며 잔혹하게 다루어 왔던 서구 세계의 책임이라는 것의 대표적인 사례이다. 이에 대해 빌 클린턴은 다음과 같이 말했다.

> 사실 예루살렘을 점령했던 제1차 십자군 전쟁에서 기독교도 군인들은 우선 300명의 유대인들이 모여 있는 시나고그(syangogue, 유대교 회당) 하나를 불태웠고 계속해서 템플 언덕에 있던 무슬림 여성들과 아이들을 모두 죽였습니다. 그 사건의 동시대 기록을 보면 기독교도 성지인

템플 언덕을 오르는 군인들의 무릎까지 피가 차오를 정도였다고 합니다. **중동에서는 그런 이야기가 아직도 회자되고 있고 우리는 지금 그 대가를 치르고 있습니다.**[1)]

이 분석에서 클린턴은 흥미롭게도 오사마 빈 라덴의 말을 직접 되풀이했다. 오사마 빈 라덴은 성명서에서 자신의 조직을 "알 카에다"가 아닌 "유대인과 십자군 전사들에 대항하는 지하드를 위한 세계 이슬람 전선"으로 말했고, "유대인과 십자군 전사들에 대항하는 지하드"를 파트와(fatwa, 이슬람칙령/권위 있는 율법학자들이 법률적 판단을 해서 발표하는 것**역주**)라고 불렀다.[2)]

그것은 상당히 보편적으로 사용되어 왔다. 2002년 11월 8일 사담 후세인 정권을 무너뜨렸던 이라크 전쟁 개시 직전에 셰이크 바크르 압드 알-라자크 알-사마라이(Sheikh Bakr Abed Al-Razzaq Al-Samaraai)는 바그다드에 있는 '모든 전쟁의 어머니(Mother of All Battles) 사원'에서 '이슬람 국가가 겪고 있는 현재의 어려운 시기와 무신론자들, 유대인들, 십자군 전사들, 미국인 그리고 영국인들의 불신[세력]의 도전에 맞서고 있는 이 시기'에 관하여 설교했다.[3)]

이와 비슷한 맥락에서 이슬람 지하드 전사들은 2004년 12월 사우디아라비아의 젯다 소재 미국 영사관을 폭파했을 때, 그 공격을 '십자군 전사'에 반격하기 위한 거대한 계획이라고 설명했다. "이 작전은 알 카에다가 불신자들이 아라비아 반도를 떠나게 할 계획일 뿐만 아니라, 십자군 전사와 유대인들에 대항하는 전투로 조직되고 계획된 여러 작전 중 하나이다." 그들은 다음과 같이 말했다. "지하드 전사들은 아라비아 반도에 있는 십자군 전사들의 거대한 성들 중 한 곳에 어렵게 들어갔으며, 그들이 사우디아라비아를 조종하고 있는 젯다 소재 미국 영사관에 간신히 들어갔다."[4)]

"아라비아 반도에 있는 십자군 전사들의 거대한 성들 중 한 성이라고?" 이슬람 지하드 테러리스트들은 왜 1천 년의 ㅛ성들을 그렇게 고착시켰을까? 그들이 십자군 전쟁을 서구와의 갈등이 시작된 시기로 보는 것과 오늘날 이라크와 아프가니스탄의 분쟁을 십자군 정신의 부활로 본다는 클린턴의 생각이 과연 옳을까?

어떤 의미에서는 그렇다. 기독교와 이슬람 사이에서 왜 십자군 전쟁이 발생했는지를 이해하는 것은 현재의 분쟁을 보다 잘 파악하게 한다. 빌 클린턴과 젯다 소재 영사관을 폭파시킨 사람들이 어렴풋이 규정한 십자군 전쟁은 세계 정세를 다각적으로 이해하는 열쇠를 가지고 있다.

이 책은 전반부에서 이슬람을, 후반부에서 십자군 전쟁을 다루면서 그 이유를 설명하고 있다. 그 과정에서 오늘날 이슬람과 십자군 전쟁을 둘러싸고 있는 오보의 안개가 일부 걷히게 될 것이다. 이 안개는 여느 때보다 더 짙은 것이다. 그 사건에 대해 가장 큰 책임을 가지고 있는 사람이 있다. 서구인이자 이슬람 옹호론자인 카렌 암스트롱(Karen Armstrong)은 서구인들이 십자군에 대한 이슬람을 잘못 인식하고 있다고 비난한다.

십자군 전쟁 이후 서구 기독교도들은 이슬람을 문명의 적으로 여기며 틀에 박힌 왜곡된 시각을 전개했다. 예를 들면, 십자군 전쟁 시기 기독교도들은 무슬림 세계에 대항하여 잔혹한 성전(聖戰)을 선동했다. 유럽의 학식 있는 수사학자들은 이슬람이 칼로만 확립된 폭력적이고 관용이 없는 신앙이라고 묘사했다. 이슬람의 광신적 비관용성에 대한 신화는 서구에서 수용된 사상들 가운데 하나가 되었다.[5)]

암스트롱의 지적은 어느 정도 타당하다(누구나 항상 틀릴 수는 없다). 이슬람 얘기가 나오면 모든 것을 그대로 믿을 수가 없다. 특히 9·11 공격 이후 더욱 그렇다. 이슬람의 가르침과 미국 내 무슬림들이 믿고 있는 것에 관한 오보와 불완전한 사실들은 각종 전파를 타고 여론에 커다란 영향을 미치기까지 한다.

이런 오해는 상당 부분 수많은 생명을 앗아간 9·11 지하드 테러리즘의 '근본 원인들'을 분석한 것에서 나온 것이고, 아직도 전 세계에서 비무슬림의 평화와 안정을 위협하고 있다. 일부 방송인과 학자들 사이에서는 2001년 9·11의 발생 원인을 전부는 아니더라도 많은 잘못을 이슬람과 무슬림이 아닌 미국과 다른 서구 국가들 탓으로 돌리는 것이 유행이 되었다. 학식 있는 교수들과 자부심 강한 해설자들은 서구 세계가 이슬람 세계를 잘못 취급한 패턴이 지금도 진행 중이라고 지적한다. 그들은 그것이 십자군 전쟁에서 시작되었다고 말한다.

하지만 사실상 오늘날 분쟁의 씨앗들은 제1차 십자군 전쟁보다 훨씬 이전에 심어진 것이다. 십자군 전쟁과 오늘날 이슬람 지하드 테러리스트의 글로벌 분쟁에서 나타나는 독특한 유사성을 이해하기 위해서 우리는 아라비아의 예언자와 그가 창시한 종교에 대한 조사부터 시작해야 한다. 십자군 전쟁은 근본적으로 전투가 시작되기 450여 년에 걸쳐 일어났던 사건들에 대한 하나의 반응이었기 때문이다.

나는 이 책이 이슬람 종교에 대한 일반 개론서나 십자군 전쟁에 관한 포괄적인 역사서가 되기를 원치 않는다. 인기 담론이 되어버린 이슬람과 십자군 전쟁에 관한 편향적인 주장들의 검토자료였으면 한다. 이 책은 두 주제에 관한 대중의 의견교환이 진실에 좀 더 가깝게 다가가게 하기 위한 시도이기도 하다.

이슬람 01

Chapter 1

무함마드 : 전쟁의 예언자

알고 있나요?

* 무함마드는 '평화와 관용'을 가르치지 않았다.
* 무함마드는 군대를 이끌고 가서 적들의 암살을 지시했다.
* 이슬람의 전통은 이슬람의 정복이라는 궁극적인 목적에 부합할 때에만 협상 타결에 승인한다.

이슬람의 예언자 무함마드의 삶이 왜 오늘날에 와서 중요한 것일까? 그가 태어난 지 14세기나 흘렀다. 그 이후로 예언자의 후손들을 포함해 수백만 명의 무슬림들이 살다가 죽었고, 수많은 지도자들이 신자들을 이끌기 위해 일어났다. 이슬람은 다른 종교와 마찬가지로 1,400여 년에 걸쳐서 변화되어 왔다.

무함마드의 삶이 중요한 이유는 다음과 같다. 숱한 세속주의자들이 우리를 믿게 만들었던 것과는 반대로, 종교는 시간이 흘러도 전적으로 신자들에 의해서 결정되는(또는 왜곡되는) 것이 아니다. 그들이 아무리 오래 산다고 해도 창시자들의 삶과 말씀은 가장 중요한 척도로 남아 있다. 신자들이 종교를 형성한다는 사상은 1960년대 유행했던 해체주의(deconstructionism)에서 유래했다. 그것은 기록된 말씀이 독자에게 주어지는 것 이외에는 별 의미가 없다고 가르치는 사상이다. 중요한 것은 그 독자만이 의미를 발견한다면 거기엔 아무런 진실이 있을 수가 없고(분명히 아무런 종교적인 진리가 없다), 한 사람이 얻은 의미는 다른 사람과 똑같다는 결과가 나온다. 결국 해체주의에 의하면 우리 모두는 자기 나름의 "진리들"을 생성하는데, 그 진리는 다른 것들보다 낫지도 못하지도 않은 진리들이다.

시카고, 로마, 예루살렘, 다마스커스, 캘커타 및 방콕 거리를 거니는 종교적인 남성이나 여성에게 예수, 모세, 무함마드, 크리슈나[Krishna, 힌두교 비슈누(vishnu)의 화신] 및 부처의 말씀은 다른 개인의 말보다 훨씬 더 위대한 말씀이다. 독실하지 않은 독자에게도 이런 위대한 종교적 스승들의 말씀은 분명히 의미상으론 동등하지 않다.

나는 이슬람과 기독교를 주장하는 사람들의 궤변을 강조하기 위해 각 장마다 옆쪽에 "무함마드 대 예수"라는 보조내용을 실었다. 그것은 다른 모든 종교적 전통도 기본적으로 선이나 악을 고취시키는 능력에서 동등하다는 점을 강조한 것이다. 또한 그것은 우리가 소위 탈기독교(post-Christian) 시대에 살고 있다고 해도 기독교 위에 세워진 서구 세계가 방어할 가치가 있음을 강조하기 위한 것이다. 더욱이 무함마드와 예수의 말씀을 통해 우리는 독실한 무슬림과 기독교도를 인도하는 핵심 원리들을 구별할 수가 있다. 이런 원리들은 중요하다. 무함마드의 추종자들은 그의 말씀을 읽고 행동을 모방한다. 그것은 기독교도들과는 상당히 다른 신앙의 표현으로 이끈다. 이슬람 국가들의 삶과 미국이나 영국의 삶이 다르다는 것은 너무 멀리까지 보지 않아도 될 정도이다. 그 차이점은 무함마드에서 시작된다. 요즘 수많은 사람들이 폭력과 유혈행동을 합리화하기 위해 무함마드의 말씀과 행동을 인용하고 있다. 따라서 이 주요 인물에 관해 알아보는 것은 중요한 일이다.

서구인들에게 무함마드는 다른 주요 종교 인물보다 더욱 신비스러운 존재이다. 예를 들면, 대부분의 사람들은 모세가 시나이 산에서 십계명을 받았고, 예수가 갈보리에서 십자가 위에서 돌아가셨다가 부활하셨으며, 어쩌면 부처가 나무 아래 앉아 있다가 득도했다는 사실도 알고 있다. 하지만 무함마드에 관해서는 알려진 것이 거의 없으며, 알려진 것조차도 논쟁거리가 된다. 따라서 이슬람 텍스트를 중심으로 다룰 것이다.

첫 번째 기본적인 사실은 이슬람의 예언자 무함마드 이븐 압달라 압드 알-무탈립(Muhammad ibn Abdallah ibn Abd al-Muttalib, 570-632)이 전사라는 것이다. 그는 추종자들에게 자신의 신흥 종교를 위하여 싸우라고 가르쳤다. 그는 그들의 신인 알라(Allah)가 그들에게 무기를 들라고 명령했노라고 말했다. 푹신한 의자에 앉아 지시하는 장군이 아니었던 무함마드는 수많은 전투에 나가 싸웠다. 이러한 사실은 수세기 전 십자군 전쟁의 원인이나 우리 시대에서 글로벌 지하드 운동의 봉기를 이해하려는 사람에게는 결정적인 것이다.

전투과정에서 무함마드는 오늘날까지도 무슬림들이 지키고 있는 수많은 원리들을 남겼다. 따라서 무함마드가 싸운 전투의 몇 가지 특징들을 기록하는 것이 중요하다. 그것은 오늘날 신문 머릿기사들을 이해하는 데 도움이 될 수 있다. 유감스럽게도 수많은 분석가들과 전문가들이 지속적으로 그 통찰력을 피해가고 있다.

≫≫≫ 습격자 무함마드

무함마드는 예언자 역할을 맡기 전 이미 전사의 경험을 가지고 있었다. 그는 자신의 쿠라이쉬(Quraysh)족과 인근 라이벌 바누 하와진(Banu Hawazin)족 간에 일어난 두 차례의 지역 전쟁에 가담했다. 그러나 예언자-전사의 유일한 역할은 훗날 실현되었다. 610년 천사 가브리엘을 통해 알라로부터 계시를 받은 후 그는 유일신 숭배와 예언자로서 자신의 위치를 자신의 부족에게 설교하기 시작했다. 하지만 메카(Mecca)에 있는 그의 쿠라이쉬족 형제들은 그의 예언자적 사명에 대해 무시하는 반응을 보이며 (자신들이 섬겨온 신들을 포기하지 않으면서) 그를 받아들이지 않았다. 무함마드의 울화와 격노는 뻔한 것이었다. 그의 숙부 아부 라합(Abu Lahab)조차 그의 메시지를 거부하자 무함마드는 숙부와 숙모를 폭언으로 저주했다. 그것은 이슬람의 경전 쿠란에 다음과 같이 기록되었다. "아부 라합의 두 손은 멸망할지어다! 그도 멸망할지어다! 부와 소유물이 그에게 무용지물이 될지라 격렬한 불 속에 그가 불태워질 것이고 그의 아내는 동성애 남자들에게 시달리다 밧줄이 그녀의 목을 감으리라!" (쿠란 111 : 1-5)

결국 무함마드는 폭언으로 시작해서 폭행으로 나타났다. 622년 그는 마침내 고향 메카에서 도망쳐 인근 마을인 메디나로 갔다. 그곳에서 부족 전사들은 그를 예언자로 받아들이고 충성을 맹세했다. 메디나에서 새로운 무슬림들은 쿠라이쉬족 대상(caravan)을 습격하기 시작했고, 무함마드는 직접 이런 습격을 지휘했다. 무슬림들이 메카에서 그리 멀지 않은 정착촌 나클라(Nakhla)에서 쿠라이쉬족 대상을 급습했던 악명높은 사건처럼 이런 습격들은 초기 무슬림 운동의 해법으로 나타났고, 이슬람 신학을 형성했다. 습격자들은 싸움이 금지되어 있는 신성한 라잡(Rajab) 달에도 대상을 공격했다. 그들이 전리품을 가득 싣고 무슬림 진영으로 돌아왔을 때, 무함마드는 약탈품 나누기를 거부하거나 "신성한 달에 싸우라고 명령하지 않았다"고 말하면서 그들과는 상종하려 하지 않았다.[1)]

그러나 그때 알라로부터 새로운 계시가 나타났다. 무함마드에 대한 쿠라이쉬족의 반대는 신성한 달의 위반보다도 더 나쁜 범죄라고 설명했다. 다시 말해서 그 습격은 정당화되었다. "오 무함마드여, 그들이 너에게 신성한 달에 전투하는 것에 관하여 묻는구나. 이렇게 말하라. 그달에 전투하는 것은 큰 위반이긴 하지만 알라의 도에서 사람들을 멀어지게 하고, 알라를 불신하고 불가침 숭배 장소에 대해 불신하게 하고, 거기에서 그의 백성들을 축출하는 것은 알라에게는 더 큰 죄가 되고 박해가 죽이는 행위보다 더 악한 짓이기 때문이라"(쿠란 2 : 214). 나클라 습격자들이 어떤 죄를 범했든지 간에 쿠라이쉬족이 무함마드를 거부한 것보다 미약한 죄였던 것이다.

이것은 시대를 통해서 반영되어 이슬람의 원리가 된 중대한 계시였다. 선은 도덕률이나 다른 법을 위반함에도 불구하고 무슬림의 혜택이 되도록 되돌아오는 것이라면 무엇이든지 그것과 동일시되었다. 십계명과 이슬람 이전 위대한 종교들의 다른 가르침 안에 모셔진 도덕적인 절대가치들은 편의주의라는 지배적인 원리를 위해서 일축되었다.

오늘날처럼 : 민간인 죽이기

오사마 빈 라덴이 2001년 9월 11일 세계무역센터에 있는 무고한 민간인들을 죽이고 나중에 그의 광신자들이 이라크에서 민간인 인질들을 잡고 참수형을 내렸을 때, 미국계 무슬림 대변인들은 무고한 사람들을 목표로 삼는 것은 이슬람에서 금지된 행위라고 덤덤하게 주장했다. 이것은 논쟁의 여지가 있다. 그것은 일부 이슬람 당국이 전쟁에서 이슬람의 적들을 돕는 것이 목격된다면 민간인들을 죽이도록 용납하기 때문이다.[2] 그러나 이 원리가 옳다고 해도 나클라 습격 사건에서 보여주는 또다른 원리에 자리를 내줄 것이다. "박해는 죽이는 행위보다 더 악한 짓이다." 따라서 무슬림 박해에 대항해 싸우는 것은 모든 면에서 최고의 선인 것이다.

≫≫ 바드르(Badr) 전투

나클라 사건 직후 무슬림이 싸운 첫 번째 대규모 전투가 있었다. 무함마드는 돈과 상품을 가득 실은 대규모 쿠라이쉬족 대상이 시리아에서 올 거라는 소식을 들었다. 그는 "저들은 물건을 싣고 오는 쿠라이쉬족 대상이다"라고 추종자들에게 말했다. "가서 공격하라. 어쩌면 신께서 그것을 먹이로 주실 것이다."[3] 그는 습격을 지휘하기 위해 메카로 출발했다. 하지만 이번에는 쿠라이쉬족이 그를 맞이할 준비를 하고 있었다는데, 거의 1,000명이나 되는 병력이 무함마드의 전사 300명을 기다라고 있었다. 무함마드는 이 숫자를 예상하지 못했고, 알라를 향해 부르짖었다. "오 신이여! 이 전사들이 오늘 멸망한다면 당신은 더 이상 숭배받지 못할 것입니다."[4]

쿠라이쉬족은 수적으로 우세함에도 불구하고 참패를 당했다. 어떤 무슬림 전통서에 보면 무함마드가 직접 전투에 참가했다고 쓰여 있고, 어떤 문헌에 보면 그가 변방에서 추종자들을 조언했다고 한다. 둘 중 어떤 경우가 되었든 그 전투는 자신을 거부했던 부족들을 향한 울화, 분개, 증오의 세월에 대한 보복이었다. 추종자 한 사람은 훗날 무함마드가 쿠라이쉬족 지도자들에게 선언했던 저주를 상기했다. "예언자께서 말씀하시길, '오 알라여! 쿠라이쉬족 부족장들을 멸하소서. 오 알라여! 아부 자흘 빈 히샴(Abu Jahl bin Hisham), 우트바 빈 라비아(Utba bin Rabi'a), 샤이바 빈 라비아(Shaiba bin Rabi'a), 우크바 빈 아비 무아이트(Uqba bin Abi Mu'ail), 우마이야 빈 칼라프(Umaiya bin Khalaf) [또는 우바이 빈 칼라프(Ubai bin Kalaf)]를 멸하소서.' "[5]

이 사람들은 바드르 전투에서 포로로 잡히거나 살해당했다. 이 저주 안에 거명된 쿠라이쉬족 지도자 우크바는 자신의 목숨을 살려달라고 애걸했다. "오 무함마드여, 내 아이들은 누가 돌봐주겠습니까?"

이슬람의 예언자는 "지옥이다"라고 대답하고 우크바를 처형시키라고 명령했다.[6]

또다른 쿠라이쉬족 부족장 아부 자흘['무지의 아비'라는 의미인데, 무슬림 연대기 기록자들이 그에게 정해준 이름이었다. 그의 실제 이름은 아미르 이븐 히샴(Amir ibn Hisham)이었다]도 참수형을 당했다. 그의 머리를 참수한 무슬림은 보란 듯이 무함마드에게 가져와서 말했다. "내가 그의 머리를 베어 사도님께 '이것이 신의 적인 아부 자흘의 머리입니다'라고 말하면서 가져왔습니다."

무함마드는 기뻐했다. "신께 맹세하노니, 그러하냐?" 그는 크게 외치며 알라에게 적의 사망에 대해 감사드렸다.[7]

저주 속에 거명된 사람들의 시신은 구덩이에 던져졌다. 한 목격자는 "나중에 나는 그들 모두가 바드르 전투에서 살해당한 것을 보았고 그들의 시신이 한 우물 속에 던져진 것을 보았다. 뚱뚱했던 우마이야 또는 우다이의 시신만 제외되었다"고 증언했다.[8] 그때 무함마드는 그들을 '구덩이의 사람들'이라고 조롱했고, 신학적인 질문을 제기했다. "신께서 너희에게 약속하신 것이 사실임을 이제 알겠는가? 나는 주님께서 나에게 약속하신 것이 사실임을 알았네." 그는 시신에게 말하는 이유에 대해 질문을 받자 "그들보다 너희들이 내 말하는 것을 듣지 못하는구나! 이는 그들이 내게 대답할 수 없기 때문이다"라고 대답했다.[9]

바드르의 승리는 무슬림들에게 전설적인 전환점이었다. 무함마드는 심지어 천사의 군대가 쿠라이쉬족을 쳐부수기 위하여 무슬림들과 합류했고, 알라께서 신실하게 남아 있는 무슬림들에게 장래에도 비슷한 도움이 찾아올 것이라고 주장했다. "알라께서는 바드르에서 너희가 소수인데도 승리토록 하였도다. 그러니 알라를 경외하고 감사를 드릴지어다. 너희 동료들에게 말한 것을 상가하라. '알라께서 3천 명의 천사들을 보내셔서 너희들을 승리하게 했던 것으로 흡족치 못하게 하는가? 그러하거늘 너희가 인내하고 정의에 산다면 적이 갑자기 너희를 공격하더라도 너의 주님께서는 5천 명의 천사들을 보내어 그들을 제압하리라'"(쿠란 3 : 123-125). 알라의 또 다른 계시는 바드르의 승리는 군사력이 아니라 신앙심이었다는 점을 강조했다. "두 부대의 전투에서 이미 너희를 위해 계시가 있었느니라. 한 부대는 알라의 대의를 위해 싸웠고, 다른 부대는 알라를 거부했다. 그들의 숫자는 곱절이었음을 그들도 보았도다. 그러나 알라는 그분의 뜻에 따라 승리를 거두시니, 볼 수 있는 눈을 가진 자들을 위한 교훈이 여기 있도다"(쿠란 3 :

13). 또 다른 쿠란 구절은 무슬림들이 바드르에서 수동적인 도구에 불과했음을 주장하고 있다. "그들을 살해한 것은 너희가 아니라 알라께서 그들을 멸망케 하였도다" (쿠란 8 : 17). 따라서 알라는 바드르에서 정복했던 자들보다 훨씬 더 압도적인 상황에 맞닥뜨린다고 해도 경건한 무슬림에게 그러한 승리를 허락하실 것이다. "오 예언자여! 믿음으로 싸우는 그들에게 힘을 북돋우라 너희 가운데 20명이 인내한다면 200명을 물리칠 것이다 너희가 100명이라면 천 명의 불신자들을 물리치리니, 그들은 우매한 백성이니라" (쿠란 8 : 65).

알라는 바드르에서 승리했던 사람들에게 상을 주셨다. 전리품이 엄청났다. 사실상 너무 많아서 불화의 씨앗이 되었다. 그래서 이 문제는 알라가 직접 '전쟁의 약탈품' 또는 '전리품'이라는 제목으로 쿠란의 알-안팔(Al-Anfal) 장(sura)에서 바드르 전투를 언급하면서 확고해졌다. 알라는 무슬림들에게 바드르에서 획득한 전리품은 다른 사람들의 소유물이 아니라 무함마드의 것이라고 경고했다. "그들이 전리품에 관해 그들에게 묻거든 '그것은 알라와 예언자의 것이라 말하라 말씀이 있었으니 알라를 경외하여 너희가 그 문제를 평정토록 하라 그리고 너희가 믿는 신앙인들이라면 알라와 예언자에게 순종하라 하셨는니라'" (쿠란 8 : 1). 결국 무함마드는 그 전리품을 무슬림들에게 공평하게 분배하고 자신은 5분의 1을 가졌다. "전쟁에서 얻은 전리품 가운데 5분의 1은 알라와 예언자와 근친자들과 고아들과 불우한 자들과 여행중에 있는 자들의 것이거늘 이는 너희가 알라를 믿고 두 부대가 만나 식별하는 날 우리의 종에게 계시된 것을 믿을 때이니라" (쿠란 8 : 41). 알라는 그것이 신에게 복종하는 것에 대한 보상임을 강조했다. "너희가 얻은 허락된 전리품을 취할지니, 이는 허락된 좋은 것이라 그리고

알라를 두려워하라. 알라는 관용과 자비로 충만하심이라"(쿠란 8 : 69).[10]

작고 멸시받는 공동체였던 무슬림들은 이제 아리비아의 이교도들이 주목해야 할 세력이 되었고, 적들의 가슴에 공포심을 일으키기 시작했다. 자신이 유일하고 진실된 신의 마지막 예언자라는 무함마드의 주장은 무시무시한 역경에서 이룬 승리로 입증받는 듯했다. 이러한 승리를 통하여 무슬림들의 마음 속에 몇 가지 견해와 가정들이 자리잡게 되었고, 지금까지도 여러 사람들의 마음 속에 남아 있다.

- 알라는 백성들이 그의 명령들에 신실하다면 숫자로나 무기에서 우세한 적들에게 대항하는 백성들에게 승리를 주실 것이다.
- 승리는 무슬림에게 패배자들의 소유물을 전리품으로 획득할 자격을 준다.
- 적에 대한 유혈 복수는 오직 주님께만 속한 것일 뿐만 아니라, 지상에서 그분께 복종하는 자들에게 속한 것이다. 복종은 이슬람이라는 단어의 뜻이기도 하다.
- 무슬림에 대항하는 전투에서 잡은 포로들은 무슬림 지도자들의 생각대로 처형시킬 수 있다.
- 이슬람을 거부하는 사람들은 '가장 사악한 무리들'이므로(쿠란 98 : 6) 어떤 자비도 받을 자격이 없다.
- 무함마드와 그의 추종자들을 모욕하거나 심지어 반대하는 사람은 누구든지 굴욕적인 죽음을 받아 마땅하다. 참수형도 가능하다.[이것은 "불신자들의 목을 치라"는 알라의 명령에 따른 것이다(쿠란 47 : 4)].

무엇보다도 바드르 전투는 지하드에 대한 이슬람의 교리로 알려지게 된 첫 번째 실제적인 사례였다. 그것은 십자군 전쟁과 오늘날의 분쟁들을 이해하는 열쇠를 가진 교리였다.

≫≫≫ 암살과 속임수

승리로 의기양양해진 무함마드는 습격작전의 수위를 높였다. 그는 또한 자신들의 신앙을 지키며 무함마드를 신의 예언자로 받아들이기를 거부하는 지역의 유대인들을 향해 완강한 태도를 보였다. 이런 거부로 인해 유대인에 대한 무함마드의 예언자적 사명은 지상의 처벌을 강조하면서 폭력적으로 변하기 시작했다. 그는 휴전상태로 지내는 유대인의 바누 카이누카(Banu Qaynuqa) 시장의 중심부로 성큼성큼 걸어가서 군중들에게 큰 소리로 공표했다. "오 유대인들아, 신께서 쿠라이쉬족에 내리신 복수를 너희들에게 내리지 않도록 주의하고 무슬림이 되어라. 너희들은 내가 신께서 보낸 예언자임을 알 것이다. 너희는 성경구절과 신께서 너희들과 하신 언약에서 그것을 발견할 것이다."[11] 바누 카이누카의 유대인들은 설득당하지 않았고, 예언자는 더욱 더 울화가 치밀었다. 그는 유대인들이 무조건 항복을 제안할 때까지 포위했다.

그때까지도 무함마드의 분노는 누그러지지 않았다. 그의 유대인에 대한 태도는 유대인 시인 캅 빈 알-아쉬라프(K'ab bin Al-Ashraf) 살해를 계기로 새로운 전기를 맞게 되었다. 무함마드의 첫 번째 전기 작가인 이븐 이샤크(Ibn Ishaq)에 의하면, 그 시인은 '무슬림 여성들에 관한 모욕적인 연애시'를 지었다.[12] 무함마드는 추종자들에게 "알라와

그의 사도에게 상처를 준 캅 빈 알-아쉬라프를 누가 죽이겠느냐?"고 물었다.[13)]

무함마드 빈 마슬라마(Muhammad bin Maslama)라는 한 무슬림 청년이 자원했다. "오 알라의 사도여! 제가 그를 죽이시길 원하십니까?" 예언자는 대답했다. "그렇다." 무함마드 빈 마슬라마는 무함마드에게 캅 빈 알-아쉬라프가 잠복한 곳으로 걸어올 수 있도록 거짓말을 하게 허락해 줄 것을 요청했다.[14)] 예언자는 그것을 허락했고, 무함마드 빈 마슬라마는 캅을 살해했다.[15)]

캅의 살해 이후 무함마드는 총괄적인 명령을 내렸다. "너희 힘이 닿는 대로 모든 유대인을 죽여라." 이것은 군사적인 명령이 아니었다. 첫 번째 희생자는 유대인 상인 이븐 수나이나(Ibn Sunayna)였는데, 그는 무슬림들과 '사회적·사업적으로 관계'를 맺고 있는 사람이었다. 무하이사(Muhayissa)라는 살해자는 그의 형제이며 아직 무슬림이 아닌 후와이사(Huwayissa)에게 그 행동에 대해서 질책을 받았다. "나에게 그를 죽이라고 명령한 분이 나에게 형을 죽이라고 명령을 내렸다면 나는 형의 머리를 잘라버렸을

> **이븐 왈라크(Ibn Warraq) 이슬람에 관하여 :**
>
> "지하드의 이론과 실천은 펜타곤에서 조작된 것이 아니었다 … 그것은 쿠란, 하디스(Hadith, 예언자의 언행록**역주**) 및 이슬람의 전통에서 나온 것이다. 서구 자유주의자들, 특히 인문학자들은 이것을 믿기 어려워한다. … 이슬람에 대해 언급조차 하지 않으면서 9·11에 관해 글을 쓴 사람들은 놀랍게도 많이 있다. 우리는 그들의 동기를 이해하기 위해서 이슬람주의자들이 말하는 것을 심각하게 받아들여야 한다. 즉 실제적인 의미에서 싸우는 것은 인간이 만든 법이 신법, 즉 샤리아(Sharia)에 의해서 대치되고 이슬람법이 전 세계를 정복할 때까지 모든 무슬림에게 신성하게 주어진 의무이다." 왜냐하면 자유주의 성향의 무슬림들이 내놓는 모든 텍스트의 경우, 물라(이슬람학자 또는 성직자에게 붙여주는 칭호**역주**)들은 주석상 철학적·역사적으로 훨씬 더 합법적인 수십 가지 반례들을 사용할 것이다.

거야."

후와이사는 감명을 받았다. "신께 맹세하건대 너에게 이런 일을 하도록 할 수 있는 종교는 굉장한 것이다!"[16] 그는 무슬림이 되었다. 현재도 세상은 여전히 그러한 경이로움을 목격하고 있다.

무함마드 vs 예수

"너희 원수를 사랑하고 너희를 핍박하는 자들을 위해서 기도하라."

– 예수(마태복음 5 : 44)

"군대와 말로써 너희가 할 수 있는 한 그들에 대항할 준비를 하라 하셨으니, 그것으로 알라와 너희들의 적들과 그들 외의 다른 위선자들을 두렵게 하리라 너희는 그들을 알지 못하나 알라는 그들을 알고 계시니라."

– 쿠란 8 : 60

≫≫≫ 복수와 핑계들

바드르에서 굴욕을 당한 이후 쿠라이쉬족은 몹시 복수하고 싶어 했다. 그들은 3,000명의 부대를 이끌고 1,000명의 무슬림에 대항하며 우후드(Uhud)에 집결했다. 무함마드는 두 개의 쇠미늘 갑옷을 입고 검을 휘두르며 무슬림을 전장으로 이끌었다. 하지만 이번에는 참패를 당했다. 예언자 자신도 얼굴에 유혈이 낭자했고 이가 하나 부러졌다. 그가 죽었다는 소문이 전장에 퍼지기까지 했었다. 무함마드는 얼굴에 흐르는 피를 씻을 물을 발견하곤 복수를 맹세했다. "신의 진노는 그의 예언자의 얼굴에 피를 흘린 자에 대하여 맹렬하시다."[17] 쿠라이쉬족 지도자 아부 수프얀(Abu Sufyan)이 무슬림들을 조롱했을 때, 무함마드는 굳은 의지로 신자와 불신자 간의 전통적이고 예리한 이슬람의 차별성을 강조했다. 그는 우마르(Umar) 장교에게 다음과 같이 말했다. "신은 지고하시고 영광스러우신 분이시다. 우리는 동등하지 않다. 우리의 죽음은 낙원에 있지만 너희의 죽음은 지옥에 있다."[18]

무함마드는 숙부 함자(Hamza)의 시신을 발견하고선 다시 복수를 맹세했다. 함자는 우후드에서 살해당했고 그의 시신은 한 여성에 의해 끔찍하게 절단되어 있었다. 힌드 빈트 우트바(Hind bint Utba)는 함자의 코와 두 귀를 자르고 그의 간을 먹었는데, 이는 바드르 전투에서 아버지, 오빠, 숙부, 장남을 잃은 데 대한 그녀의 복수였다. 예언자는 그녀가 복수로 이런 만행을 저질렀다는 사실에도 조금도 마음이 누그러지지 않았다. "신께서 훗날 쿠라이쉬족에 대해 나에게 승리를 안겨주신다면 그들의 남성 중 서른 명을 병신으로 만들 것이다"라고 소리쳤다. 무함마드의 슬픔과 분노를 느낀 추종자들도 비슷한 서약을 했다. "신께 맹세하는데, 훗날 우리에게 승리를 주신다면 우리는 그들을 아랍인이 이전에 들어보지 못한 상태로 병신으로 만들겠다."[19]

≫≫≫ 승리와 패배, 이슬람의 증가

한편, 우후드의 패배는 무슬림의 신앙을 흔들거나 그 열정을 무디게 하지 못했다. 알라는 그들이 불복하지 않는다면 또 다른 승리를 갖게 될 거라고 말했다. "알라께서 너희의 용기가 사라지고 너희가 갈망하는 것을 보여준 후에 너희가 명령에 찬성하지 않고 너희가 불복종할 (순간)까지 너희가 그분의 허락에 의해서 그들을 참패시켰을 때 진실로 너희에게 그분의 약속을 지키셨다"(쿠란 3 : 152).

여기에는 하나의 패턴이 정해졌다. 무슬림들에게 불리하게 진행될 때, 그것은 이슬람에 신실하지 않은 것에 대한 형벌이라는 것이다. 1948년 첫 번째 현대 이슬람 테러리스트 그룹인 무슬림형제단의 위대

오늘날처럼 : 핑계들

우후드의 또 다른 패턴이 수세기에 걸쳐 내려오게 되었다. 무슬림은 자신들이 그 공격을 유발했음에도 불구하고 어떤 공격이든 복수에 대한 핑계로 여기게 될 것이다. 지하드 전사들과 오늘날 미국의 좌파 PC 동맹들은 여론을 동요시키기 위한 목적으로 현행 사건들을 자신들의 행위를 합리화하기 위한 구실로 삼고 있다. 거듭해서 그들은 자신들이 단지 이슬람의 적으로부터 받는 엄청난 도발행위들에 대해 반응하고 있는 것으로 묘사하고 있다. 이로써 그들은 새로운 전사들을 모집하고 여론을 동요시키고 있다.

오늘날 놀랄 만치 폭넓은 정치영역에는 진부한 지혜가 존재한다. 글로벌 지하드 운동은 이라크 침공, 이스라엘의 수립, 이란의 모사데크(Mossadegh) 정권 붕괴와 같은 일부 도발행위나 "미국의 신식민주의"와 "석유에 대한 욕망"과 같은 좀 더 일반화된 공격에 대한 반응이라는 것이다. 특히 역사를 잊고 있는 사람들은 아부 그라이브 감옥 스캔들과 같이 새롭게 만들어진 부수현상을 비난한다. 그것은 2004년 이라크 내 미국의 주둔에 그림자를 드리우고 있다. 그러나 지하드 전사들은 아부 그라이브, 이라크, 이스라엘, 또는 미국의 독립 훨씬 이전부터 싸우고 있었다. 정말로 7세기 이후 그들은 싸워왔고 전사 예언자를 모방하고 있었다. 무함마드가 숙부의 절단된 시신을 발견한 이후 그들은 자신들의 행동이 적들의 극악함에 대한 반응이라고 보고 있다.

한 이론가 사이드 쿠틉(Sayyid Qutb)는 이슬람 세계에 관해서 다음과 같이 선언했다. "우리는 우리의 사회적 상황이 최고로 나쁜 상황이라는 것을 알기 위해서 바라보기만 해도 된다." 하지만 "우리는 지속적으로 우리 자신의 정신적인 유산, 모든 지적인 능력, 그리고 이런 것에서 나타날 모든 해결책들을 제쳐놓고, 우리 자신의 기본 원리들과 교리들을 제쳐놓고 민주주의나 사회주의나 공산주의 원리와 교리들을 들여온다."[20] 다시 말하자면 이슬람만이 성공을 보장하고, 이슬람을 버리면 실패를 부른다는 것이다.

승리와 복종 그리고 패배와 불복종 간의 이론적인 연결은 627년 트렌츠(Trench) 전투에서 무슬림이 승리한 후에 강화되었다. 무함마드는 다시 알라의 초자연적인 개입에 승리의 덕을 돌리는 한 계시를 받았다. "믿는 자들이여! 너희에게 베풀어 준 알라의 은총에 감사하라 적군이 너희를 공격해 왔을 때 너희가 보지 못한 폭풍과 군대를 보냈느니라" (쿠란 33 : 9).

오늘날처럼 : 쓰나미가 더 많은 이슬람을 부른다

2004년 12월 26일 쓰나미가 남태평양을 황폐화한 후 오스트레일리아와 미국만이 10억 달러 이상의 구조금을 약속했다. 사우디아라비아, 카타르, 아랍에미리트, 쿠웨이트, 알제리, 바레인 및 리비아와 같은 아랍 산유국들은 다 합쳐서 그 액수의 3분의 1 이하를 약속했다. 그 이유는 다음과 같다. 이슬람 지도자들이 쓰나미를 이슬람 국가인 인도네시아에서 불신자와 무슬림들이 저지른 죄악의 탓으로 돌렸기 때문이다. 한 사우디 성직자는 다음과 같이 말했다. "쓰나미는 전 세계 간음자들과 부패한 사람들이 간통과 변태성욕을 저지르기 위해 몰려든 크리스마스 때 발생했다."[21]

| PC 신화 : 우리는 이 사람들과 협상할 수 있다

하지만 또 다른 주요 이슬람 원리는 후다이비야(Hudaybiyya) 조약을 둘러싼 사건들로 인해 공식화되었다. 628년 무함마드는 메카의 성지순례를 수행하려는 하나의 비전을 가지고 있었다. 성지순례는 이교도의 관습이었지만 그는 이슬람의 일부로 만들기를 원했다. 하지만 쿠라이쉬족이 그 도시를 장악하고 있었기에 수행하지 못했다. 그는 무슬림들에게 메카 성지순례를 지시했고, 1,500명의 남성들과 함께 그

도시를 향했다. 쿠라이쉬족은 도시 밖에서 그를 만났고, 양측은 10년간의 휴전을 맺고(hudna) 후다이비야 조약을 체결했다.

무슬림들은 성지순례를 하지 않고 집으로 돌아오기로 합의했고, 쿠라이쉬족은 이듬해에 성지순례를 허락했다. 무함마드는 한 걸음 더 나아가 무슬림들에게 굉장히 불리하게 보이는 조항에 합의함으로써 그의 부하들을 충격에 몰아넣었다. 쿠라이쉬족에서 도망쳐 무슬림들에서 피난처를 찾는 자들은 쿠라이쉬족으로 돌아가야 할 것이며, 무슬림들에게서 도망쳐 쿠라이쉬족에서 피난처를 찾는 자들은 무슬림들에게 돌아오지 못하는 것이었다. 쿠라이쉬족 협상자 수하율 빈 아미르(Suhayl bin Amir)는 무함마드에게 '신의 사도 무함마드'라고 스스로를 동일시하지 말라고 강요하기까지 했다. 수하율은 "내가 당신이 신의 사도임을 목격한다면 나는 당신과 싸우지 않을 것이오. 당신의 이름과 당신 아버지의 이름을 쓰시오"라고 말했다. 동행한 사람들이 당황해 하는 가운데 무함마드는 그렇게 했다.

그때 모든 상황과는 반대로 그는 무슬림들이 승리를 거두었다고 주장하면서 알라로부터 받은 새로운 계시를 내놓았다. "우리는 그대에게 분명한 승리를 베풀었나니"(쿠란 48 : 1). 그는 추종자들이 많은 전리품을 획득하게 되리라고 약속했다. "실로 알라는 나무 밑에서 그대에게 충성을 맹세한 신자들로 크게 기뻐하셨으며 그들의 심중에 있었던 모든 것을 아시었으니 그들에게 평안을 베풀고 승리로써 그들을 보상하였으니라 그리하여 그들로 하여금 많은 전리품을 얻도록 하였으니 알라는 권능과 지혜로 충만하시도다 알라는 너희가 갖게 될 많은 전리품을 약속하신 후 너희를 위해 이것을 서둘러 주사 사람들의 손들을 제지하여 주셨으니 그것은 신자들을 위한 예증이며 너희를 바른 길

당신이 읽지 말았어야 할 책

• 구일라우메의 『무함마드의 생애 : 이븐 이샤크의 시라트 라술 알라의 번역본』(A. Guillaume, *The Life of Muhammad : A Translation of Ibn Ishaq's Sirat Rasul Allah*, Oxford University Press, 1955). 독실한 무슬림에 의해 저술된 무함마드 전기의 첫 번째 영어 번역물이다. 실제로 이 책은 페이지마다 PC 신화에 있는 사기꾼, 평화주의자 무함마드에 대한 강력한 반박으로 쓰여 있다.

로 인도하여 주실 것이라는 예증이니라"(쿠란 48 : 18-20).

그의 추종자 중 회의적인 사람이 있다면 그들의 두려움은 곧 누그러질 것이다. 메디나에서 무슬림이 되었던 쿠라이쉬족의 한 여성 움 쿨툼(Umm Kulthum)이 있었다. 그녀의 두 형제들은 무함마드에게 와서 "후다이비야에서 그와 쿠라이쉬족 간에 맺은 협정에 따라" 누이를 자신들에게 돌아오게 해 달라고 요구했다.[22] 무함마드는 알라가 금지했다면서 이를 거절했다. 알라는 무함마드에게 새로운 계시를 주었다. "오 믿는 자들이여! 믿음을 가진 여성들이 너희에게 올 때 그녀들을 시험하라 알라는 그녀들의 믿음을 온전히 알고 계시니라 그때 너희가 그녀들이 믿는 여성들임을 발견했다면 그녀들을 불신자들에게로 보내지 말 것이라"(쿠란 60 : 10).

쿠라이쉬족에게 움 쿨툼을 보내는 것을 거절하고 나서 무함마드는 그 조약을 파기했다. 무슬림 옹호자들은 쿠라이쉬족이 먼저 조약을 파기했다고 주장하고 있지만 이 사건은 쿠라이쉬족의 조약 위반이 생기기 이전에 일어났다. 게다가 그 조약을 파기한 것은 이슬람에게 이익이 되는 것이 아니면 어떤 것도 선한 것이 아니며, 이슬람을 막는 것이 아니라면 어떤 것도 악한 것이 아니라는 원리를 강화시켰다. 조약이 공식적으로 파기되고 나자 이슬람 율법학자들은 일반적으로 휴전은 10년 동안을 위해 맺어진 것이었으며, 약해진 무슬림 세력이 힘을 얻기 위한 목적이었다고 선언했다.

다음에 일어나는 사건들은 이 원리의 어두운 함축적 의미를 설명할 것이다.

Chapter 2

쿠란 : 전쟁서

알고 있나요?

* 쿠란은 무슬림들에게 유대인들과 기독교도들과의 전쟁을 명한다.
* 자주 인용되는 관용과 평화의 쿠란 구절들은 실제로 이슬람 신학에 따라 철폐되었다.
* 성경에는 쿠란의 폭력 권고와 필적하는 구절이 하나도 없다.

무함마드의 예언자적 삶은 철저히 피와 전쟁으로 특징지어졌다. 이슬람의 예언자가 세상에 남긴 성서 쿠란이 폭력적이고 비타협적이라는 사실은 그리 놀랄 일이 아니다. 그것은 진실이다. 쿠란이 신자들에게 불신자들에 대한 전쟁을 권장하는 것은 세계의 성서들 가운데서 유일하다.

>>> 쿠란은 전쟁을 권장한다

쿠란에는 신자들에게 불신자들에 대항하는 지하드(jihad, 성전)를 일으키라고 권하는 100여 개의 구절이 있다. "오 예언자여! 불신자들과 위선자들에게 투쟁하며 그들에게 대항하라 지옥이 그들의 안식처이며 종말이 저주스러우리라"(쿠란 9 : 73). '노력하다'는 아랍어로 자히디(jahidi)인데, 명사 지하다(jihad)의 동사형이다. 이런 노력은 전쟁터에서 있어야 할 것이었다. "너희가 전쟁에서 불신자들을 만났을 때 그들의 목을 쳐라 너희가 완전히 그들을 제압했을 때 그들을 포로로 취하여 그후 은혜로써 석방을 하든지 아니면 전쟁이 종식될 때까지 그들을 보상금으로 속죄하여 주라"(쿠란 47 : 4). 이것은 반복적으로 강조되고 있다. "오 믿는 자들이여! 너희 가까이에 있는 불신자들에게 투쟁하고 그들로 하여금 너희 가운데서 용맹을 발견토록 할 것이라 알라는 항상 정의로운 자들과 함께 하시니라"(쿠란 9 : 123).

이 전쟁은 이슬람을 거부하는 사람들과 무슬림이라고 공언하지만 신앙을 철저히 고수하지 않았던 사람들에 대항하여 지시된 것이었다. "예언자여, 불신자들과 위선자들에게 투쟁하며 그들에게 대항하라 지옥이 그들의 안식처이며 종말이 저주스러우리라"(쿠란 9 : 73). 이 전쟁은 알라와 사탄 사이에서 보다 큰 정신적 투쟁의 일부에 불과했다. "믿음을 가진 자들은 알라를 위하여 투쟁하고 믿음을 불신하는 자들은 사탄을 위해서 투쟁하나니 사탄의 무리와 투쟁하라"(쿠란 4 : 76).

"그때 신성한 달이 지나면 너희가 발견하는 우상숭배자들마다 살해하고 그들을 포로로 잡거나 그들을 포위할 것이며, 그들에 대비하여 복병하라 그러나 그들이 회개하고 예배를 드리며 가난한 자들의 세금을 낼 때는 그들을 위해 길을 열어주리니, 실로 알라는 관용과 자비로 충만하심이라"(쿠란 9 : 5). 이 구절에서 '가난한 자들의 세금'이란 자카트(zakat)이고, 이슬람의 다섯 기둥 중 하나이며, 종교적인 십일조를 규정한다. 따라서 만일 '우상숭배자들'이 무슬림이 된다면 그들을 내버려 두라고 말하고 있다.

유대인들과 기독교도들은 '우상숭배자들'과 더불어 투쟁해야 할 대상이었다. "알라와 내세를 믿지 아니하며 알라와 예언자가 금기한 것을 지키지 아니하고 진리의 종교를 따르지 아니한 자들에게 비록 그들이 성서의 백성이라 하더라도 항복하여 지지야(Jizya)를 지불할 때까지 투쟁하라 그들은 스스로 저주스러움을 느끼리라"(쿠란 9 : 29). 지지야는 비신자들에게 부과된 세금이다.

지하드는 무슬림들의 가장 큰 의무이다. "너희가 순례자의 갈증을 식혀주며 신성한 사원을 유지하였다 하여 알라와 내세를 믿으며 알라의 대의(jihad fi sabil Allah)를 위한 자와 같다 생각하는가? 이들은 알라 전에서 비교될 수 없나니, 알라는 우매한 백성을 인도하시지 아니하심이라. 믿음을 갖고 이주하여 알라의 대의에서 그들의 재산과 생명으로 성전하는 자들은 알라로부터 가장 큰 보상을 받으리니, 그들이 승리한 이들이라"(쿠란 9 : 19-20). 이슬람 신학에서 **알라의 대의**는 구체적으로 이슬람을 위해 무기를 드는 것을 말한다.

낙원은 알라를 위해 '죽이고 죽음당한' 자들에게 보장된 것이다. "알라는 신자 가운데서 그들의 영혼과 그들의 재산을 사시나니 천국이 그들의 것이기 때문이라 그들은 알라를 위해 성전하고 투쟁하며 순교하리니 알라보다 약속을 잘 이행하는 자 누구이뇨"(쿠란 9 : 111).

그러한 구절을 영적으로 만들려는 사람이 있을지 모르나 무함마드는 문자 그대로 그것들을 했다는 역사적인 기록이 있다.

| PC 신화 : 쿠란은 관용과 평화를 가르친다

하지만 잠시 생각해 보자. 쿠란은 관용과 평화를 진정으로 가르치지 않는가? 물론 곳곳에 몇 가지 나쁜 구절들이 있지만 인간의 형제애와 모든 사람들의 평등성과 존엄성을 긍정하는 구절들도 많다. 그렇지 않은가?

아니다. 쿠란에서 실제로 관용이나 평화적 공존을 언급한 것은 신자들에게 불신자들이 잘못을 저지를 때에만 내버려 두라고 권장하는 것이다. "불신자들에게 일러 가로되 너희가 숭배하는 것을 내가 숭배하지 아니하며, 내가 경배하는 분을 너희가 경배하지 아니하고 너희가 숭배했던 것들을 내가 숭배하지 아니할 것이며, 내가 경배한 그분을 너희가 경배하지 않을 것이니 너희에게는 너희의 종교가 있고 나에게는 나의 종교가 있을 것이라"(쿠란 109 : 1–6). 물론 알라가 그들을 다루시도록 그들을 내버려 둘 것이다. "그들이 말하는 것에 인내하고, 그들을 따르지 말고 그대로 두어라 그리고 거짓하는 이들은 내게 두라. 그들로 하여금 향락케 하여 잠시만 유예하리라"(쿠란 73 : 10–11).

무엇보다도 어떤 무슬림도 이슬람을 받아들이라고 누구에게도 강요해서는 안 된다. "종교에는 강요가 없나니 진리는 암흑으로부터 구별되느니라 사탄을 버리고 알라를 믿는 자 끊기지 않는 단단한 동아줄을 잡았도다"(쿠란 2 : 256).

그러나 이것이 정말로 서구인들이 이해하고 있는 방식의 관용일까? 쿠란에서 그 주제에 관해 언급한 것이 전부라고 한다면 그것은 타당한 팩시밀리일지도 모른다. 하지만 그렇지 않다.

PC 신화 : 쿠란은 신자들에게 자기 방어를 할 때에만 무기를 들라고 가르친다

이 지점에서 이슬람 옹호론자들은 쿠란이 신자들과 불신자들 간의 관계를 공존의 상태에 내버려 두지 않는다는 사실을 인정할지도 모른다. 그들은 쿠란이 신자들에게 자신을 방어하라고 권장한다는 것을 인정하며, 다소 가톨릭 교회의 정당한 전쟁 이론과 거의 비슷하다고 주장할 것이다.

쿠란에서는 이 견해를 지지하는 구절이 있다. "너희들에게 도전하는 알라의 적들에게 도전하되 그러나 먼저 공격하지 말지니, 알라는 공격하는 자들을 사랑하지 않으시니라." 적어도 이 구절을 보면 무슬림들은 불신자들과 분쟁을 시작하지 않아야 한다. 그러나 적대행위가 시작되고 나면 무슬림은 그들에게 격렬하게 대적해야 한다. "그들을 발견한 곳에서 그들에게 투쟁하고 그들이 너희들을 추방한 곳으로부터 그들을 추방할지니 박해는 살해보다 더 가혹하도다. 그들이 성스러운 곳에서 너희들을 살해하지 않는 한 그들을 살해하지 말라. 그러나 그들이 너희를 살해하려 할 때는 그들을 살해할지니 이는 불신자들에 대한 대가이도다. 그들이 휴전을 할 때 알라는 관용과 은총으로 충만케 하시니라."

그렇다면 이 전쟁의 결말은 무엇이 될 것인가? "박해가 더 이상 없을 때까지 그들에게 대항할지니 이는 알라를 위한 신앙이니라"(쿠란 2 : 190–193). 이것은 전 세계가 "알라를 위한 종교" 이슬람이 될 때까지, 아니면 이슬람법이 지배할 때까지 전쟁을 지속해야 한다고 지시하고 있다.

결과적으로 지하드 전쟁이 단지 방어라는 해석에는 문제가 있다. 남아프리카 출신 무프티(mufti, 중요한 종교적 결정을 내릴 수 있는 고위 법학자역주)인 에브라힘 데사이(Ebrahim Desai)는 '이슬람의 질의와 응답 온라인'(Islam Q & A Online)에서 이슬람의 일반적인 가르침을 되풀이 하면서 질문에 답변했다. 질문자는 다음과 같이 물었다. "공격적 지하드에 관해 질문이 하나 있습니다. 그것은 우리가 이슬람을 전파해야 한다는 이유 때문에 이슬람을 적대시하는 어떤 행위를 하지도 않은 비무슬림조차도 공격하라는 말입니까?" 데사이는 다음과 같이 응답했다.

> 당신은 우리가 무슬림으로서 알라를 믿지 않는 사람은 영원히 지옥으로 가도록 운명지어질 불신자라고 굳게 믿고 있음을 이해해야 합니다. 따라서 무슬림 통치자의 중요한 책임들 가운데 하나는 이슬람을 전 세계에 확산시키는 것이며, 사람들을 영원한 저주에서 구원하는 것입니다. [쿠란의 주석서] 타프시르 우스마니(Tafsir Uthmani)에 나오는 구절에서 의미하는 것은, 만일 어느 나라가 적절한 방식으로 그곳 거주민에게 이슬람의 전파를 허용하지 않거나 이에 방해행위를 한다면 무슬림 통치자는 그 나라 거주민들에게 이슬람의 메시지가 전해질 수 있고, 그들을 지옥[Jahannum]의 불에서 구원하기 위해서 이 나라에 대항하는 지하드를 일으키는 것에 대해 합리화하게 될 것입니다. 불신자들[Kuffaar]이 우리에게 이슬람을 평화롭게 확산하도록 허용한다면 우리는 그들에게는 지하드를 일으키지 않을 것입니다.[1)]

다시 말해서 어떤 나라가 이슬람의 확산을 방해한다면 무슬림들

오늘날처럼 : 지하드 전사들은 지하드가 방어만을 위한 것이 아님을 증명 하기 위해 무함마드의 전투들을 인용한다

2003년 웹사이트 킬라파 닷 컴[khilafah.com : 이 사이트는 지하드 전사 그룹 히즙 우트-타흐리르(Hizb ut-Tahrir)와 제휴하고 있음]에 게시된 '지하드의 참 의미'라는 제목의 기사에서 시디크 아우크부르(Sidik Aucbur)는 지하드가 순전히 방어만 한다고 주장하는 사람들을 반박하면서 다음과 같이 무함마드의 사례를 인용한다.

> 어떤 사람들은 지하드가 방어만 했다고 말할 것이다. 이것은 틀린 말이다. 예언자의 삶에 대한 속성 연구(SalAllahu Alaihi Wasallam)에 의하면 우리에게 다른 점들을 보여준다.
>
> * 무타(Mut'ah) 전투는 로마인들에 대항하여 무슬림들이 선동했다. 3,000명의 무슬림들이 200,000명의 로마 군대에 대항했다.
> * 후나인(Hunayn) 전투는 무슬림들이 막카(Makkah)를 정복한 직후에 어쩔 수 없이 치렀다.
> * 타부크(Tabuk) 전투는 마지막으로 로마인들을 멸하기 위해 선동되었다.
>
> 우리는[무함마드의 교우들] 사하바(Sahaba)의 이즈마(ijmaa : 합의)에 보면 앗-샴(As-Sham), 이라크, 이란, 이집트 및 북아프리카에서 그들도 지하드를 선동했음을 알 수 있다. 게다가 이슬람에서 순교자의 지위는 최고의 자리이다. 그러니 지하드가 그것보다 더 낮은 것으로 격하시키는 것이 가능하겠는가?[2)]

은 그 나라에 전쟁을 일으킬 의무가 있는 것이다. 물론 이것은 방해가 먼저 일어났기 때문에 방어적인 전쟁이다. 단지 자기 방어 때문에 싸운다는 개념이 얼마나 탄력적이고 본질적으로 무의미해지는지에 대한 또 다른 설명이 여기에 있다. 충분한 도발행위란 무엇일까? 적들이 첫 번째 군사적 공격을 하기 전까지 방어 측은 기다리고 있어야만 한다. 이런 질문들은 이슬람법에는 명확하거나 정확한 답변이 하나도 없고, 누구나 이슬람법의 엄격한 규율을 위반하지 않으면서 실제로 어떤 투쟁이든지 방어적인 것으로 묘사할 수 있게 만든다. 하지만 이것은 지하드 전쟁이 방어만 한다는 반복되는 주장들을 무의미하게 한다.

≫≫≫ 쿠란의 관용적인 구절들 : '취소되다'

게다가 쿠란의 지하드에 대한 마지막 내용은 방어가 아니라 공격이다. 쿠란의 장(sura)은 연대순이 아니라 길이에 따라 정리되어 있다. 그러나 이슬람 신학에서는 쿠란을 '메카'(Mecca) 장과 '메디나'(Medina) 장으로 나눈다. 메카의 장은 무함마드가 예언자 역할을 하는 첫 부분에서 나온다. 그 시기는 무함마드가 단지 메카인들에게 이슬람을 믿으라고 불렀을 때이다. 나중에 메디나로 이주한 이후 그의 지위는 굳혀졌다. 메디나의 장은 시적인 면이 덜하고 전체적으로 메카의 장보다 훨씬 길다. 그것들은 또한 율법과 의식 그리고 불신자들에게 대항하는 지하드 전쟁에 참여하라는 권고들로 가득하다. 위에서 인용된 상대적으로 관용적인 구절들과 그와 비슷한 다른 구절들은 전체적으로 메카 시기이고, 더욱 폭력적이고 비관용적인 구절들은 대개 메디나 시기로 추정된다.

왜 이런 구별이 중요할까? 그 이유는 폐기(naskh)에 대한 이슬람의 교리 때문이다. 이것은 알라가 무슬림들에게 하는 말을 변경하거나 취소할 수 있다는 사상이다. "어떤 말씀도 폐기하지 아니하며 망각케 하지 아니하되 보다 나은 혹은 그와 동등한 말씀으로 대체하시나니 알라의 전지전능하심을 너희는 모르느뇨?"(쿠란 2 : 106). 이 사상에 따르면 검의 구절(9 : 5)을 포함해 아홉 번째 장의 폭력적인 구절들은 평화를 말하는 구절들을 철폐시킨다. 그것들이 나중에 무함마드의 예언자 생애에서 나타났기 때문이었다. 사실 대부분의 무슬림 권위자들은 그 아홉 번째 장이 계시되어진 쿠란의 맨 마지막 부분이었다고 동의한다.

이와 맥을 같이하여 일부 이슬람 신학자들은 검의 절이 쿠란에 있는 124개 이상의 평화와 관용을 말하는 절들을 폐기시킨다고 주장해 왔다.[3] 존경받는 이맘 잘랄 알-딘 무함마드 이븐 아흐마드 알-마할리(Jalal al-Din Muhammad ibn Ahmad al-Mahalli, 1389-1459)와 이맘 잘랄 알-딘 압드 알-라흐만 이븐 아비 바크르 알-수유티(Jalal al-Din Abd al-Rahman ibn Abi Bakr al-Suyuti, 1445-1505)의 공동저서인 쿠란 주석서 『타프시르 알-잘랄라인』(*Tafsir al-Jalalayn*)은 그 아홉 번째 장이 "검으로 인해 안전이 제거되었을 때 보내졌다"고 주장한다.[4] 이븐 카티르(Ibn Kathir)로 널리 알려진 또 다른 존경받는 주류 쿠란 논평가 이스마일 빈 암르 빈 카티르 알 디마쉬키(Isma'il bin Amr bin Kathir al Dimashqi, 1301-1372)는 쿠란 9장 5절이 "예언자와 어떤 우상숭배자 간의 모든 평화협정, 모든 조약, 모든 계약을 폐기했다. … 어떤 우상숭배자든 아홉 번째 장[Surah Bara'ah]이 계시되어진 이후로는 더 이상 안전에 대한 조약이나 약속을 소유하지 못했다"고 선언한다.[5] 이슬람 세계에서 여전히 그의 저서가 읽히고 있는 또 다른 쿠란 논평가 이븐 주자이(Ibn Juzayy, 1340년 죽음)는 검의 절의 목적은 "쿠란에 있는 모든 평화조약을 폐기하고 있다"는 사실에 동의한다.[6]

이븐 카티르는 또 다른 '관용의 절'에 대한 주석에서 이 점을 명확하게 밝히고 있다. "'주여! 실로 그들은 믿지 않는 백성들입니다' 라고 말하는 예언자의 외침이 들렸느니라. 그대여! 그들로부터 멀리하라. 그리고 '안녕' 히 있으라 말하여라 그들은 곧 알게 되리라" (쿠란 43 : 88-89). 이븐 카티르는 다음과 같이 설명한다. "살람[Salam, 평화]이라는 말은 그들이 너희에게 말하는 악한 어투로 똑같이 그들에게 응대하지 말고 그들의 마음을 부드럽게 하고 말과 행동으로 그들을 용서하려고 노력하라는 의미이다." 그러나 그것이 그 구절의 끝은 아니다. 이븐 카티르는 다음에 마지막 부분을 언급한다. "그러나 그들은 알게 될 것이다. 이것은 알라가 그들에게 주는 경고이다. 피할 수 없는 그의 형벌이 그들에게 내리쳤으며, 그의 종교와 그의 말씀은 최고였다. 결과적으로 지하드와 투쟁은 사람들이 알라의 종교로 들어올 때까지, 이슬람이 동서로 확산될 때까지라고 규정되어 있었다."[7]

그 일은 아직 끝나지 않았다.

이 모든 것은 불신자들이 무슬림이 되거나 '항복하여' (쿠란 9 : 29) 이슬람법에서 비무슬림들에게 부과하는 특별세 지지야를 낼 때까지 불신자들에 대항한 전쟁이 지하드에 대한 쿠란의 마지막 말씀임을 의미한다. 주류 이슬람 전통에서는 이것을 인류에게 내린 알라의 영속적인 행군명령으로 풀이했다. 이슬람의 움마(umma, 공동체)는 비무슬림 세계와 영속하는 전쟁상태에서 임시 휴전으로만 종지부를 찍은 상태로 존재해야만 한다.

오늘날 일부 이슬람 신학자들은 폐기에 대한 다른 이해를 기초로 한 이슬람의 새로운 비전들을 구축하려 한다. 그러나 그러한 노력은 전 세계 무슬림의 관심과 지지를 받지 못하고 있다. 그것은 적어도 수세기 동안 주류가 되어왔던 해석들을 정면으로 반대하고 있기 때문이다.

PC 신화 : 쿠란과 성경은 똑같이 폭력적이다

맞다. 쿠란은 전쟁을 가르친다. 하지만 성경도 그렇다. 맞는가? 이슬람 옹호론자들과 그들의 비무슬림 동맹들은 빈번히 이슬람과 기독교 간의 도덕적 동등성에 대한 사례를 만들기 위해 노력하고 있다. "무슬림들은 지금까지 폭력적이었는가? 기독교도들도 그랬다. 무슬림들은 지하드를 일으키고 있는가? 음, 십자군 전쟁은 어떤가? 쿠란은 전쟁을 가르친다? 나는 성경에서 가장 폭력적인 구절들을 뽑을 수도 있을 것이다." 여러분은 우리가 들은 모든 종교적인 전통들에서 그런 종류의 것을 발견할 수 있을 것이다. 그 어떤 것도 우리가 확신하는 폭력으로 추종자들을 선동할 가능성은 전혀 없다.

> **알렉시스 드 토크빌(Alexis de Tocqueville)이 이슬람을 말한다**
>
> "나는 쿠란을 많이 연구했다. 나는 전반적으로 무함마드의 종교만큼 세상에서 남성들에게 치명적인 종교가 없다고 확신하면서 그 연구를 멀리하게 되었다. 내가 보건대 그 종교는 옛날의 다신주의보다는 부조리하지 않지만 오늘날 무슬림 세계에서는 너무나도 명백한 타락의 주된 원인이다. 내 생각에는 이슬람의 사회종교적 경향들이 더욱 더 두려워해야 할 대상이다. 그래서 나는 그것을 다신주의 자체와 관련지어서 진보의 형태라기보다는 타락의 형태로 간주한다."

하지만 이 모든 것이 정말로 사실일까? 일부 이슬람 옹호론자들과 도덕적 동등성을 퍼뜨리는 비무슬림들은 신자들에게 폭력을 권하는 구절들을 신약 성서에서도 발견한다고 주장한다. 그들은 다음의 두 구절을 가장 많이 지적한다.

- "무릇 있는 자는 받겠고 없는 자는 그 있는 것도 빼앗기리라. 그리고 내 왕 됨을 원치 아니하던 저 원수들을 이리로 끌어다

가 내 앞에서 죽이라"(누가복음 19 : 26-27). 물론 여기서 그 궤변은 예수께서 그의 추종자들에게 내린 지시가 아니라 비유에 나오는 어느 왕이 한 말이다. 그러나 그런 부제들은 현대 커뮤니케이션 시대에서 종종 무시된다는 점이다.

- "내가 세상에 화평을 주러 온 줄로 생각지 말라. 화평이 아니요 검을 주러 왔노라. 내가 온 것은 사람이 그 아비와, 딸이 어미와, 며느리가 시어미와 불화하게 하려 함이니"(마태복음 10 : 34-35). 이 구절이 정말로 실제적인 폭력을 요구하는 것이라면 그것은 가족 내에서 일어나는 지하드로 보일 것이다. 하지만 백 번이 넘게 나오는 쿠란의 지하드 구절들과 동등한 구절로 인용하는 것은 터무니없는 짓이다. 제일 타락하고 잘못 알고 있는 십자군 전사들조차도 이와 같은 구절들을 인용하지 않았다. 또한 예수의 완전히 평화스러운 메시지를 두고 볼 때 그가 비유적이고 은유적인 방식으로 '검'을 의미했다는 사실은 분명하다. 이 구절을 문자 그대로 해석하는 것은 예수를 오해하는 것이다. 예수는 무함마드와는 다르게 전투에 참여하지 않았다. 그 구절들을 문자 그대로 해석하면 성경 전체에 나오는 시들을 인식하지 못한다.

아마도 그와 같은 신약 성서의 주장들이 얼마나 터무니없는지를 알고 이슬람 옹호론자들은 제일 빈번히 몇몇 구약 성서의 구절에 초점을 두는 경향이 있다.

- "네 하나님 여호와께서 너를 인도하사 네가 가서 얻을 땅으로

들이시고 네 앞에서 여러 민족 헷 족속과 기르가스 족속과 아모리 족속과 가나안 족속과 브리스 족속과 히위 족속과 여부스 족속, 곧 너보다 많고 힘이 있는 일곱 족속을 쫓아내실 때에 네 하나님 여호와께서 그들을 네게 붙여 치게 하시리니 그때에 너는 그들을 진멸할 것이라. 그들과 무슨 언약도 말 것이요, 그들을 불쌍히 여기지도 말 것이며"(신명기 7 : 1–2).

- "네가 어떤 성읍으로 나아가서 치려 할 때에 그 성에 먼저 평화를 선언하라. 그 성읍이 만일 평화하기로 회답하고 너를 향하여 성문을 연다면 그 국민들은 너의 인력이 되고 너를 섬길 것이요, 만일 너와 평화하기를 싫어하고 너를 대적하여 싸우려 한다면 너는 그 성읍을 에워쌀 것이며, 네 하나님 여호와께서 그 성읍을 네 손에 붙이시거든 너는 칼날로 그 속의 남자를 다 쳐서 죽이고 오직 여자들과 유아들과 육축과 무릇 그 성 중에서 네가 탈취한 모든 것은 네 것이니 취하라. 네가 대적에게서 탈취한 것은 네 하나님 여호와께서 네게 주신 것인즉, 너는 그것을 누릴지니라. 오직 네 하나님 여호와께서 네게 기업으로 주시는 이 민족들의 성읍에서는 호흡 있는 자를 하나도 살리지 말지니"(신명기 20 : 10–17).
- "그러므로 아이들 중에 남자는 다 죽이고 남자와 동침하여 사내를 안 여자는 다 죽이고 남자와 동침하지 아니하여 사내를 알지 못하는 여자들은 다 너희를 위하여 살려둘 것이니라"(민수기 31 : 17–18).

맞는가? "너희가 발견하는 불신자들마다 살해하라"(쿠란 9 : 5).

그리고 "너희가 전쟁에서 불신자들을 만났을 때 그들의 목들을 때리라. 너희가 그들을 완전히 제압했을 때까지 그들을 단단히 묶어라"(쿠란 47 : 4)와 다른 모든 것처럼 잔인하게 들리는 게 맞는가?

아니다. 여러분이 헷족, 기르가스족, 아모리족, 가나안족, 브리스족, 히위족 및 여부스족이 아닐 경우 이 성경구절은 단순히 여러분에게 적용되지 않는다. 쿠란은 신자들에게 오직 특정 불신자들과만 싸우라거나 특정 기간이나 어떤 다른 구분을 텍스트 어디에서도 정해주지 않고 불신자들과 싸우라고 권하고 있다. 액면 그대로 텍스트를 따져볼 때 불신자들을 대적하여 싸우라는 명령은 전면적이고 보편적인 것이다. 대조적으로 구약 성서는 이스라엘인들에게 특정한 사람들만을 대적하여 싸우라는 신의 명령을 기록하고 있다. 이것은 확실히 현대적인 민감성에 어긋나지만 동일하지 않다. 유대인들과 기독교도들이 지금까지 전 세계에서 전투인이 아닌 민간인들을 죽이는 것을 정당화하기 위해서 이런 성경구절을 인용하는 테러 그룹들을 결성하지 않아 왔던 한 가지 이유가 바로 그것이다.

대조적으로 인도네시아에서 나이지리아까지, 그리고 서유럽과 아메리카까지 확장되는 테러 네트워크의 가장 대표적인 인물 오사마 빈 라덴은 성명서에서 쿠란을 자주 인용한다. 1996년에 발표한 '두 성지의 땅을 점령하고 있는 아메리카에 대한 전쟁 선언서'에서 그는 3장 145절, 47장 4-6절, 2장 154절, 9장 14절, 47장 19절, 8장 72절과 악명 높은 '검의 절'(9장 5절)을 인용한다.[8] 2003년 무슬림의 거룩한 축제 무슬림희생제(Eid al-Adha) 첫번째 날 그는 이런 설교를 시작했다. "진리를 확립하고 오류를 철폐하기 위해 그의 종과 예언자[예언자 무함마드]에게 검의 절을 계시하신 알라를 송축합니다."[9]

오늘날처럼 : 평화의 절들은 여전히 폐기되었다

폐기 교리는 죽은 지 오래된 무프티들의 영역이 아닌데, 그들의 책은 이슬람 세계에서 더 이상 중요하게 읽히지 않고 있다. 그의 강의와 이슬람 통치(fatawa)가 이슬람 세계에서 광범위하게 순환되고 있는 사우디의 셰이크(Sheikh) 무함마드 살리흐 알-무나지드(Muhammad Saalih al-Munajid, 1962년 태어남)는 이것을 무슬림들이 다른 사람들에게 이슬람을 받아들이라고 강요하는지에 대한 논의에서 설명하고 있다. 쿠란 2장 256절("종교에는 강요가 없나니")을 비교하면서 그는 쿠란 9장 29절과 8장 39절, 그리고 검의 절을 인용한다. "더 이상 불신[Fitnah, 불신과 다신주의, 즉 알라 이외의 다른 신들을 섬기는 것]하지 않을 때까지 성전하라. 그러면 종교는(경배) [전 세계에서] 오직 알라만을 위한 것이 될 것이다." 검의 절에 대하여 셰이크 무함마드는 단순하게 말한다. "이 절은 검의 절(Ayat al-Sayf)로 알려져 있다. 이 절들과 함께 유사한 절들은 무슬림이 되라고 강요함이 없다고 말하는 구절들을 폐기한다."[10)]

물론 악마는 자신의 목적을 위하여 성경구절을 인용할 수 있지만, 오사마가 자신의 메시지에서 이 구절들과 다른 구절들을 사용한 것은 (우리가 보듯이) 쿠란의 전통적인 이슬람의 이해와 일치하고 있다. 현대 유대인들과 기독교도들은 성경을 읽을 때, 불신자들에 대항하여 폭력적 행동들을 권고하는 것으로 인용된 그 구절들을 단순히 해석하지 않는다. 이것은 이 구절에 대한 직역을 피해왔던 수 세기에 걸친 해석적 전통의 영향 때문이다. 그러나 이슬람에서는

무함마드 vs 예수

"… 누구든지 네 오른편 빰을 치거든 왼편도 돌려대며 …"

– 예수(마태복음 5 : 39)

"조약을 위반하고 예언자를 추방하려 음모하였으며 너희를 공격한 무리에게 투쟁하지 아니함이뇨"

– 쿠란 9 : 13

오늘날처럼 : 테러리즘을 합리화하기 위해 쿠란 사용하기

2000년 팔레스타인 자치정부 국영방송 설교에서 팔레스타인 자치정부 파트와(이슬람칙령) 위원회의 일원 아흐마드 아부 할라비야(Ahmad Abu Halabiya) 박사는 다음과 같이 선언했다. "전능하신 알라는 우리에게 유대인들과 기독교도들과 동맹을 맺지 말고, 그들을 좋아하지 말며, 그들의 파트너가 되지 말며, 그들을 지원하지 말며, 그들과 협정서에 서명하지 말라고 요구하셨습니다. 그렇게 하는 사람은 그들과 한 패이며, 알라가 말씀하신 대로 '믿는 자들이여! 유대인들과 기독교도들을 동맹으로 삼지 말라. 이는 그들이 서로 동맹이기 때문이라. 너희 가운데 그들을 동맹으로 삼는 자는 진정 그들에게 속한 자가 되리라.' 유대인들이 어디에 있든지, 어느 나라에 있든지 그들에게 자비를 베풀지 말라. 너희가 어디에 있든지 그들과 싸우라. 너희가 어디서 그들을 만나든지 그들을 죽이라."

이 설교에서 아부 할라비야는 쿠란 5장 51절("믿는 자들이여! 유대인과 기독교도를 친구로 그리고 보호자로써 택하지 말라 그들은 서로가 친구들이니라. 그들에게로 향하는 너희가 있다면 그는 그들 무리의 일원이거늘")과 쿠란 9장 5절("너희가 발견하는 불신자들마다 살해하라")을 인용하고 있었다. 그는 이 내용을 현재의 정치상황에 적용시켰다. "여러분이 어디에 있든지 유대인들, 미국인들 그리고 아랍과 무슬림들에 대항해 그들 편에 선 자들을 죽이십시오. 그 이유는 그들이 여기 아랍 세계의 심장부인 팔레스타인에 이스라엘을 세웠기 때문입니다. 그들은 이 땅에서 일신교 신자들인 무슬림들의 목을 위협하면서 자신들의 문명의 전진기지를 창설했고, 그들의 전위부대를 만들어서 서구와 십자군 전사들의 검이 되도록 했습니다."[11)]

필적하는 해석적 전통이 없다. 쿠란에 있는 지하드 구절들은 죽은 문자에 지나지 않는 것이다. 사우디아라비아, 파키스탄과 다른 곳에서 지하드 테러리스트 그룹을 모집하기 위한 핵심지는 이슬람 신학교이다. 신학생들은 지하드 전쟁을 일으켜야 하고, 이 그룹들이 그들에게 그런 기회를 준다고 배운다.

당신이 읽지 말았어야 할 책

• 내가 쿠란에 관해 말하는 것을 믿지 않는가? 그럼 직접 읽어보라. 가장 분명하고 정확한 영어 번역서는 다우드(N. J. Dawood)가 쓴 『쿠란』(*The Koran*, Penguin)이지만 무슬림들은 다우드가 무슬림이 아니어서 그 책을 싫어하는 경향이 있다. 무슬림들이 펴낸 두 개의 가장 정확한 영어 번역서는 압둘라 유수프 알리(Abdullah Yusuf Ali)와 모함메드 말마두케 픽탈(Mohammed Marmaduke Pickthall)이 펴낸 책들이다. 두 책의 제목은 다양하게 여러 판형으로 출판되어 있다. 두 책은 킹 제임스 성경이 아닌 영어를 사용한 결점이 있고, 그로 인해 읽기가 어렵다.

Chapter 3

이슬람 : 전쟁의 종교

알고 있나요?

* 무함마드는 추종자들에게 지하드 전쟁보다 더 높은 것(혹은 더 거룩한 것)은 없다고 가르쳤다.
* 무함마드는 비무슬림들에게 세 가지 선택, 즉 개종, 정복, 죽음밖에는 제시할 게 없다고 추종자들에게 말했다.
* 이 가르침들은 중요하지 않은 교리나 역사적 유물들이 아니다. 그것들은 여전히 주류 이슬람에서 가르치고 있다.

쿠란은 무슬림들이 불신자들에 대항하여 싸워야 한다는 전쟁에 관해서는 명확하지만 전반적인 명확성은 결여되어 있다. 전체적으로 볼 때 쿠란은 독백이다. 알라는 (몇 가지 두드러진 예외가 있긴 하지만) 단독 화자이며, 이야기의 연속성에 관한 특별한 관심 없이 무함마드와 함께 예언자의 삶 가운데 일어난 다양한 사건들과 이전 무슬림 예언자들(가장 두드러지게는 아브라함, 모세 그리고 예수)에 관하여 얘기한다. 그것은 쿠란을 읽는 일이 다소 알려지지 않은 사람들 간의 개인적인 대화를 나누며 걸어가는 듯한 느낌을 갖게 한다. 즉 그 대화는 혼돈스럽고, 방향감을 느낄 수 없으며, 궁극적으로는 이해할 수 없는 내용이다.

무함마드의 전통 하디스(Hadith)가 거기에 들어간다. 하디스는 무함마드(때로는 그와 그의 추종자들)가 어떻게 그리고 어떤 상황에서 쿠란의 다양한 구절들이 그에게 임했는지 설명하고, 논쟁이 되는 질문들에 관해 진술하고, 예를 제시하며 이끌어가고 있는 무함마드에 관한 이야기 모음집들이다. 아주 적은 수의 아하디스(ahadith : 하디스의 복수형)에서 무함마드는 쿠란에 나오지 않는 알라의 말씀을 인용한다. 이것들은 거룩한 하디스, 즉 하디스 쿠드시(*hadith qudsi*)로 알려져 있고, 무슬림들은 그것들을 쿠란만큼이나 알라의 계시된 말씀으로 중시하고 있다. 무슬림들이 권위 있게 여기는 아하디스는 권위에 있어서 쿠란 다음으로 두 번째이다. 종종 쿠란의 내용은 그것들이 없으면 정말 이해하기 어렵다.

여러 아하디스의 초점은 놀라울 것도 없이 전쟁이다.

PC 신화 : 이슬람의 전쟁 가르침들은 종교의 작은 요소에 불과하다

좋다. 쿠란이 전쟁에 관한 구절들을 가지고 있다 하더라도 무슬림들이 그 구절들에 동의하는 것을 의미하는 것은 아니다. 안 그런가? 결국 기독교 교리의 모든 면을 심각하게 받아들이지 않는 수많은 기독교도들이 있지 않은가?

그러나 이슬람에서 폭력적인 지하드의 중요성에 대한 오해의 여지는 없다. 사실 이슬람의 예언자는 반복해서 지하드 전쟁에 참가하는 것보다 그의 추종자들이 할 수 있는 더 좋은 일은 없다고 강조했으니까 말이다. 어떤 무슬림이 무함마드에게 무슬림이 되는 행동 외에 사람이 할 수 있는 '최선의 행위' 가 뭐냐고 물었을 때 예언자는 "알라의 대의를 위해 지하드(성전)에 참가하는 것"이라고 대답했다.[1] 그는 "하루 동안 알라의 대의를 위해 불신자들로부터 무슬림들을 지키는 일이 세상에 있는 그 무엇보다 나은 것이다"라고 설명했다.[2] 왜냐하면 "저녁이나 아침에 지하드를 하느라 보낸 여행은 이 세상과 세상 만물보다 더 나은 보상을 주기 때문이다."[3]

무함마드는 또한 지하드에 참가하지 않은 무슬림들이 벌을 받으리라고 경고했다. "무함마드는 개인적으로 자신을 위해서 뿐만 아니라 모든 무슬림을 위해 지하드의 필요성에 관해 완고했다. 그는 신자들에게 '전쟁 같은 원정(지하드)에 참가하지 않은 사람은 알라가 갑작스런 재난으로 치시리라' 고 경고했다."[4]

지하드에서 싸운 사람들은 다른 사람들보다 더 높은 수준의 낙원을 즐기게 될 것이다.

> 다음은 아부 사이드 쿠드리(Abu Sa'id Khudri)에 의해 전해져 내려온 내용이다. 알라의 메신저(그에게 평화가 임하기를)가 (그에게) 말씀하시기를, 아부 사이드, 주의 깊게 알라를 그의 주님으로 받아들이고 이슬람을 자신의 종교로, 무함마드를 그의 사도로 받아들이는 자가 누구든지간에 그는 반드시 낙원에 들어갈 자격을 얻게 된다. 그(아부 사이드)는 그것을 궁금히 여겨 말했다. 알라의 메신저여, 그것을 나에게 되짚어 주십시오. 그(알라의 메신저)는 다시 말해주었다. 낙원에 있는 사람의 위치를 100배 더 높이 올릴 수 있는 또 다른 행동이 있으니, 한 등급과 다른

등급 사이의 그 상승은 땅에서 하늘까지의 높이와 맞먹는다. 그(아부 사이드)는 말했다. 그 행동이 뭡니까? 그는 대답했다. 알라의 길로 가는 지하드니라! 알라의 길로 가는 지하드니라![5]

> **무함마드 vs 예수**
>
> "나를 인하여 너희를 욕하고 핍박하고 거짓으로 너희를 거스려 모든 악한 말을 할 때에는 너희에게 복이 있나니, 기뻐하고 즐거워하라 하늘에서 너희의 상이 큼이라."
>
> **– 예수(마태복음** 5 : 11)
>
> "그들을 발견한 곳에서 그들에게 투쟁하고 그들이 너희들을 추방한 곳으로부터 그들을 추방할지니 박해는 살해보다 더 가혹하도다."
>
> **– 쿠란** 2 : 191

또 다른 곳에서는 "한 사람이 알라의 사도에게 와서 '지하드와 같은(상을 받는) 행동을 내게 알려주세요' 하고 말했다. 그는 '나는 그런 행동을 찾지 못하겠노라' 고 대답했다."[6]

≫≫≫ 세 가지 선택

한 주요한 하디스에서 무함마드는 무슬림들이 비무슬림들에게 제공해야 할 세 가지 선택을 기술해 준다.

술라이만 빈 부라이드(Sulaiman b. Buraid)는 그의 아버지를 통해 다음과 같이 보고했다. 알라의 메신저(그에게 평화가 임하기를)가 누구든지 군대나 파견의 지도자로 지정했을 때 알라를 두려워하고 그와 함께 하는 무슬림들에게 선대하라고 권했다. 그는 말했다. 알라의 이름으로 알라의 길에서 싸우라. 알라를 믿지 않는 사람들에 대항하여 싸우라. 성전을 수행하라. … 너희가 다신교도 적들을 만났을 때 그들에게 세 가지 행동으로 초대하라. 그들이 이 중 어느 한 가지에라도 반응하거든 너희도 그것을 수락하고 그들에게 어떤 해악도 행하지 않도록 삼가라. 이슬람을 받아들이라고 초대하라. 그들이 너희에게 반응하거든 너희는 그 반응을 받아들이고 그들에 대항하여 싸우지 않도록 하라. … 만일 그들이 이슬람을 받아들이기를 거부한다면 그들에게 지지야를 요구하라. 그들이 지불하기로 동의한다면 그것을 받아들이고 너희 손을 거두지 말라. 그들이 그 세금을 지불하지 않으려고 하면 알라의 도움을 구하고 그들과 싸우라.[7)]

불신자들을 위한 선택들은 다음과 같다.

1. 이슬람을 받아들인다.
2. 비무슬림들에게 부과하는 세금인 지지야를 지불한다. 이 세금은 이슬람법에서 비무슬림들에 대한 열등한 지위를 제도화하는 굴욕적인 규정들의 전체 시스템의 초석이 되는 것이다.
3. 무슬림들과의 전쟁.

"다원론 사회에서 평등한 사람으로서 평화적 공존"은 그 세 가지 선택 중 하나가 아님을 항상 기억하라.

무슬림들이 가장 의지하는 전통 모음집에서 여러 번 반복되는 또 다른 하디스에서 무함마드는 그들이 무슬림이 될 때까지 "사람들과 대항하여 싸우라"는 명령을 받았다고 말하고, 자신의 목숨과 재산을 버리는 위험을 감수한 사람들은 "예언자가 자신이 창시한 종교를 위해 전쟁을 하는 자신의 책임에 관하여 분명히 말하노라. '나는 (알라

오늘날처럼 : 오사마가 미국을 이슬람에 초대하다

예언자의 사례를 따르고자 오사마 빈 라덴은 2002년 11월에 쓴 '미국인들에게 보내는 편지'에서 미국인들을 이슬람에 초대했다.

> 우리가 여러분을 무엇에 청하고 여러분으로부터 원하는 것은 무엇인가?
> (1) 우리가 여러분에게 첫 번째로 청하는 것은 이슬람이다.
> 이슬람은 알라의 말씀과 종교가 최고로 통치하고자 알라의 길에서 하는 지하드의 종교이다.[8)]

'알라의 말씀과 종교'는 이슬람법 전체가 사회에서 행해지고 시행될 때 이 견해처럼 '최고로 통치할 수' 있을 뿐이다. 지하드 전사 이론가들과 그룹들은 전 세계 이슬람 국가들을 단일한 통치자 칼리프(caliph) 아래서 통일시키려는 의도를 선언해 왔다. 역사적으로 칼리프는 무슬림들, 또는 적어도 순니파에서 정신적이며 정치적 지도자로서 예언자의 후계자였다. 칼리프 제도(caliphate)는 1924년에 철폐되었고, 수많은 현대 지하드 전사들은 이 사건으로부터 이슬람 세계의 기우들의 유래를 찾는다. 그들은 칼리프 제도를 회복하기 원하고, 그 위에서 이슬람 세계를 연합시키고 이슬람 국가들에 이슬람법(Sharia, 샤리아)을 다시 시행하고자 한다. 사우디아라비아와 이란을 제외하면 샤리아는 오늘날 부분적으로만 시행되고 있다. 현대 이슬람 전사들은 지하드 깃발 아래서 비무슬림 국가들에게 무력으로 샤리아를 전하려고 애쓰고 있다.

에게) 사람들에 대항하여 싸우라는 명령을 받았는데, 그들이 알라 이외에 경배받을 권리가 있는 신은 어떤 신도 없다는 것과 무함마드가 알라의 메신저이며, 예배(As-Salat)를 올리고 자카트(Zakat)를 내는 사람이라고 증명될 때까지 싸우라. 그래서 그들이 그 모든 것을 행한다면 그들은 이슬람법을 제외하고 자신의 목숨과 재산을 구하게 되고, 그들의 회계는 알라께서 하실 것이다"라고 말한다.[9)]

≫≫≫ 그건 무함마드의 의견에 불과한 게 아니라 율법이다

좋다. 그렇게 무함마드는 사람들이 무슬림이 되거나 이슬람법에 복종할 때까지 대항해 싸우라는 명령을 받았다. 그리고 쿠란은 전쟁을 가르친다. 하지만 그것이 무슬림들이 이 모든 것을 가르친다는 것을 의미하는 것은 아니다. 안 그런가? 우리는 제2장에서 성경의 일부분이 대부분의 유대인들과 기독교도들에 의해 문자 그대로 취해지지 않는다는 사실을 알아보지 않았는가? 이슬람도 마찬가지 아닌가? 이슬람을 나쁘게 보려고 가장 좋은 당혹스러운 구절들을 고르고 있지는 않는가?

한마디로 아니다. 불쾌한 사실은 불신자들에 대한 폭력적인 지하드 전쟁이 극소수 극단주의자들에 의해 고수된 이단적 교리가 아니라 주류 이슬람 신학의 지속적인 요소라는 점이다. 이슬람은 율법적 질문들에 몰두된 상태이다. 사실 이슬람법은 정부의 구조와 국가 간의 관계에 대한 규제뿐만 아니라 개인의 행동에 대한 지극히 사소한 세부사항에 대한 지시를 포함하고 있다. 또한 불신자들에 대한 지하드 전쟁의 중요성을 명백하게 확인해 주고 있다. 이것은 순니파 무슬림의 4대 법학파 모두 적용된다. 말리키(Maliki) 법학파, 하나피(Hanafi) 법학파, 한발리(Hanbali) 법학파 및 샤피이(Shafi'i) 법학파는 전 세계 대다수의 무슬림들이 속한다. 이 법학파들은 수세기 전에 지하드의 중요성과 그 방법들에 관한 율법을 공식화했다. 그러나 그것은 이 율법들이 고대사이며 최근의 판결에 의해서 대치되어 왔다는 것을 의미하는 것은 아니다. '이즈티하드(ijtihad)의 문' 또는 알라의 통치를 발견하기 위하여 쿠란과 이슬람의 전통에 자유롭게 문의하는 것이 수세기 동안 닫혀져 있었다. 이것은 이슬람 세계에서 일반적으로 수용된 하나의 원칙이다. 다시 말하면 주요 문제들에 관한 이슬람 가르침은 오래 전에 해결되었고, 지금은 문제로 제기되지 않는 상태이다. (확실히 오늘날 이슬람이 해석될 수 있도록 '이즈티하드의 문'의 재개를 요구하는 개혁주의 성향을 가진 무슬림들이 있다. 그러나 지금까지 이러한 요구는 이슬람 세계 내 대부분의 중요하고 영향력 있는 권위자들에게 관심을 끌지 못하고 있다.)

따라서 '이즈티하드의 문'의 전반적인 재개를 막는 것은 일어날 것 같지 않지만, 이런 판결은 주류 무슬림에게 규범으로 남아 있게 될 것이다. 4대 순니파 법학파들은 모두 지하드의 중요성에 합의한다. 말리키 법학파의 이븐 아비 자이드 알-카이라와니(Ibn Abi Zayd al-Qayrawani, 996년 죽음)는 다음과 같이 선언했다.

> 지하드는 신성한 제도의 계율이다. 어느 개인들에 의한 지하드 수행은 다른 이들을 그것으로부터 면제시킬 수 있다. 우리 말리키파는 적이 먼저 공격하는 경우를 제외하고는 알라의 종교를 받아들이도록 적에게 초청하기 전에 적과 적대행위를 시작하지 않는 것이 바람직하다고 주장한다. 그들은 이슬람의 개종이나 지지야를 지불하는 것 중 하나를 선택해야 한다. 세금이 적으면 그들에게 전쟁이 선포될 것이다.[10]

마찬가지로 오사마 빈 라덴과 다른 현대 지하드 전사들이 가장 좋아하는 사람인 한발리 법학자 이븐 타이미야(Ibn Taymiyya, 1328년 죽음)는 다음과 같이 선언했다.

합법적인 전쟁은 본질적으로 지하드이고, 지하드의 목적은 이 종교가 전적으로 신을 위한 것이고 신의 말씀은 최고의 진리임을 알리는 것이기 때문에 모든 무슬림에 의하면 이를 방해하는 사람들은 반드시 대항해 싸울 대상이다. 여성들, 아이들, 승려들, 노인들, 맹인들, 장애인들과 병자들처럼 저항할 수 없고 싸울 수 없는 자들은 그들이 말(예를 들면 선전)과 행동(예를 들면 스파이 행위나 전쟁의 원조)으로 저항하지 않는 한 죽이지 말아야 한다.[11]

한발리 법학파는 같은 맥락에서 다음과 같이 말하고 있다.

먼저 그들에게 신앙을 받아들이라고 요구하지 않으면서 신앙의 부름을 받지 않은 사람들에게 전쟁을 선포하는 것은 합법적이지 않다. 그 이유는 예언자가 그의 장군들에게 불신자들을 신앙으로 부르라고 지시했기 때문이다. 또한 그 사람들은 그들의 재산이나 그들의 자녀들을 노예로 삼기 위해서가 아니라 종교를 위해서 공격받을 것이라는 사실을 인식하게 될 것이며, 이것을 숙고하면 전쟁에서 자신을 구하고자 그 부름에 합의하도록 유발될 수도 있을 것이기 때문이다. … 만일 그 부름을 받아들이면서 불신자들이 그것에 동의하지도, 항복하는 세금을 내겠다고 합의하지도 않으면 무슬림들은 신께 도와달라고 부르짖으며 그들에게 전쟁을 일으킬 의무가 있다. 신은 그분을 섬기는 자들을 도우시는 분이며, 그분의 적들인 불신자들을 멸하시는 분이며, 매사에 그분에게 도움을 간청하는 것이 필요하기 때문이다. 게다가 예언자가 우리에게 그렇게 행하도록 명하기 때문이다.[12]

불신자들에게 이슬람을 받아들이도록 초대하고 그들이 거절하면 싸우라는 무함마드의 지시와 같은 말을 하는 샤피이 법학파 학자 아불 하산 알-마와르디(Abu'l Hasan al-Mawardi, 1058년 죽음)도 다음과 같이 동의한다.

> 다르 알-하릅(Dar al-Harb, 전쟁의 영역)의 불신자들[mushrikun]은 두 유형이 있다. 첫째, 이슬람의 부름이 도달했지만 거절하고 무기를 든 자들이다. 부대의 아미르(amir)는 무슬림에게 최대 이익이 되고 불신자들에게 최대 해악이 된다고 판단되는 것에 따라 그들과 싸울 선택권이 있다. 두 번째로, 알라가 그의 메신저의 부름을 분명히 했기 때문에 요즘에는 그런 사람이 별로 없긴 하지만 이슬람의 초대가 도달하지 않았던 자들이다. … 그들에게 예언자의 기적들에 관해서 알려주고 그들이 수락하도록 증거들을 명확히 하면서 이슬람에 초대한다는 것을 설명하기 전에 공격을 시작하는 것은 금지되어 있다. 그들이 이것을 듣고도 여전히 받아들이기를 거절한다면 전쟁을 감수해야 하며, 그 부름이 도달했던 사람들처럼 취급당하게 된다.[13]

이것이 단순히 역사적인 관심이 아니라는 증거는 카이로의 알-아즈하라(Al-Azhar) 대학교 순니파 이슬람에서 최고의 권위자에게 1991년 인증된 또 다른 이슬람법의 샤피이파 지침서이다. 그 지침서 움다트 알 살리크(*'Umdat al-Salik'*, '여행자의 의지'라는 의미로 사용됨)는 "정통 순니파 공동체의 실행과 신앙에 부합된다"고 선언되었다.[14] '더 낮은 자아에 대항하는 영적인 전쟁'을 '더 큰 지하드'라고 정의한 후 '더 작은 지하드'에 대해서 11페이지를 할애한다. 그것은 이 지하드를 '비무슬림에 대항하는 전쟁'이라고 정의하면서 어원적으로는 무자하다(mujahada)라는 단어에서 파생되된 종교를 확립하기 위한 전쟁을 의미한다고 적고 있다.[15]

움다트 알-살리크는 이 전쟁의 성격을 상당히 구체적인 용어로 자세히 적고 있다. "칼리프는 무슬림이 되거나 비무슬림 인두세를 낼 때까지 유대인들, 기독교도들 및 조로아스터교도들에게 전쟁을 일으킨다." 한 요르단 법학자는 불신자들과 싸우기 전에 그들을 이슬람을 믿도록 부르라는 무함마드의 지시와 일치하는 다음과 같은 논평을 제시한다. "칼리프는 먼저 유대인들, 기독교도들 및 조로아스터교도들을 신앙과 실천에서 이슬람으로 초대하고, 만약 그들이 원하지 않을 경우 자신의 고유 종교를 지키면서 비무슬림의 지지야를 지불하게 함으로써 이슬람의 사회질서에 들어오라고 초청한다는 전제에서만 이 전쟁을 일으킨다."[16] 또한 칼리프가 없더라도 무슬림들은 지하드를 일으켜야 한다.[17]

이런 율법들은 수세기 동안 이로 인해 고통받은 사람들에게 잘 알려져 왔다. 그리스 정교회 대주교이자 신학자 그레고리 팔라마스(Gregory Palamas, 1296–1359 : 오늘날 그리스 정교회에서 성자로 추앙받음)는 터키인들에게 잡혀 한동안 투옥생활을 한 인물로 무슬림들에 관해 다음과 같이 말했다. "신께서 싫어하시는 이 악명 높은 사람들은 로마인들[비잔틴인들]을 신에 대한 그들의 사랑으로 잘 이용했다고 자랑하고 있다 … . 그들은 활, 검, 방탕으로 살고 있고, 노예를 삼는 일에서 쾌락을 발견하고 살해, 약탈, 전리품에 자신들을 바치고 있다. 그들은 이런 범죄를 저지를 뿐만 아니라, 심지어 대단한 착각이지만 신께서 그런 행위들을 인정한다고 믿고 있다."[18]

PC 신화 : 이슬람은 아주 작은 소수 극단주의자들에 의해서 납치되어 왔던 평화의 종교이다

이것은 물론 모든 이슬람에 대한 PC 신화의 모태이다. 하지만 이슬람 신학과 오늘날의 신문에서 나온 태산 같은 반대 증거에도 불구하고 그것의 완고함과 탄력성은 단순히 순진한 다문화주의와 냉소적인 이중성이 아니다. 심지어 폭력적인 지하드를 옹호하는 20세기 최고의 옹호론자 중 한 사람인 무슬림형제단 이론가 사이드 쿠틉(Sayyid Qutb) 조차도 이슬람이 평화의 종교라고 가르쳤다. 그러나 그는 아주 특별한 평화를 생각하고 있었다. "이슬람이 평화를 추구할 때 그 목적은 이슬람 추종자들이 살고 있는 지구의 한 부분을 요구하는 피상적인 평화가 아니다. 이슬람이 원하는 평화란 그 종교(즉 그 사회의 율법)가 신을 위해 정화된 모든 사람들의 복종은 신만을 위한 것이 되고, 어떤 사람들이 다른 사람들 위에 군림할 수 없는 상태이다. 예언자의 기간이 지난 후에 지하드 운동의 마지막 단계들만이 뒤따를 예정이다. 첫 단계나 중간 단계들은 적용될 수 없다."[19]

다시 말해서 이슬람은 모든 사람이 무슬림이거나 적어도 이슬람 국가에 속한 상태일 때 찾아올 평화의 종교인 것이다. 그 평화를 확립하기 위하여 무슬림들은 전쟁해야만 한다.

⋙ 그러나 온건파 무슬림들은 어떤가?

앞의 세 장에서 설명했듯이 이슬람은 고도의 교리와 신학 및 불

오늘날처럼 : 체첸 지하드 전사들이 지하드에 관한 이슬람법을 인용하다

지하드를 명하는 이슬람의 법률서적들은 선반에 팽개쳐 있는 게 아니다. 지하드 전사들은 불신자들에게 대항하는 전쟁을 통해 무슬림들의 책임을 이행한다고 신병들을 설득하고 있다. 한 가지 사례는 2003년 후반 이츠케리아 체첸공화국의 국가안보의회(Majlis al-Shura) 샤리아 위원회(Shariah Council)에서 나왔다. 지하 간행물 지하드 투데이(*Jihad Today*)에서 샤리아 위원회는 '오늘날의 지하드와 그 해결책'이라는 제목의 기사를 하나 실었다. 그 기사에는 순니파 4대 법학파 중 세 법학파가 체치냐(Chechnya : 체첸인이 사는 지방역주)에 있는 러시아인들에 대항하는 지하드에 대한 논쟁을 인용했다.

먼저, 지하드가 무엇인가?

한발리 법학파는 지하드를 개인적인 참여, 재산, 언어 등을 통해 알라의 길에서 힘과 에너지를 전쟁에서 소비하는 것으로 정의했다.

말리키 법학파는 무슬림이 알라의 말씀을 높이겠다는 협정을 하지 않거나 무슬림들의 영토를 무단침입한 불신자와 벌이는 전쟁이라고 규정한다.

한발리 법학파는 이것이 반역자이거나 약탈자이거나 강도와 같은 무슬림들과 벌이는 무장투쟁이 아니라 불신자들과 싸우는 전쟁이라고 말한다.[20)]

신자들에 대항하는 전쟁을 명하는 법률체계를 가졌다는 면에서 세계 여러 종교들 중에서 독특한 종교이다. 그러나 많은 사람들은 내가 이러한 증거를 수집한 것이 사람들에게 모든 무슬림은 테러리스트이며 여러분들의(당신들의) 아랍 혹은 파키스탄 출신 편의점 직원이 비밀리에 미국의 파멸을 모의하고 있다고 믿게 만드려 한다고 주장할 것이다. 심지어 일부는 내가 그 편의점 점원과 다른 무고한 이들에 대한 폭력을 부추긴다고 말할 것이다.

이것은 물론 터무니없는 난센스이지만 분명히 지적할 필요가 있다. 우선, 불신자들에 대항하는 전쟁은 이슬람의 왜곡이 아니라 쿠란, 하디스(Hadith), 무함마드의 사례 및 모든 이슬람 법학파의 통치에서 반복적으로 승인된 사실이 모든 무슬림을 테러리스트로 만들지는 않는다.

여기에는 그럴 만한 주요한 이유들이 있다. 그 중 하나는 쿠란이 어려운 고전적 아랍어로 되어 있기 때문에 그 언어만으로 무슬림은 예배할 때 쿠란을 낭독하고 암송해야만 한다. 놀랍게도 무슬림으로 자칭하는 수많은 사람들은 실제로 쿠란이 말하는 것을 잘 모르고 있는 것이다. 대중매체들이 '무슬림'과 '아랍'이라는 단어를 지속적으로 혼용하고 있다고 해도 오늘날 전 세계 대부분의 무슬림들은 아랍인이 아니다. 고전적인 쿠란의 아랍어가 아닌 현대 아랍어조차도 그들에게는 낯설다. 그들은 종종 쿠란을 실제 의미도 모르면서 기계적으로 암송한다. 어떤 파키스탄 무슬림이 내게 쿠란의 많은 부분을 암송했고, 그것을 정확히 파악하기 위해 언젠가는 번역서를 구입할 계획이라고 자랑스럽게 말했다. 그런 사례는 대부분의 비무슬림들을 놀라게 할 수 있을 정도로 다반사이다.

최근까지 다른 문화적 요인들은 특히 동유럽과 중앙아시아의 무슬림이 불신자들을 어떻게 다룰 것인지에 대한 이슬람의 실제 가르침을 실천하거나 그것에 관해 알지 못하게 막아왔다. 그러나 그것은 변하고 있다. 전 세계의 다양한 지역에서 무슬림 강경파들은 항상 사우디아라비아의 재정 후원을 받지 않아도 폭력적 이슬람을 '순수한 이슬람'으로 설교하고 무슬림들에게 자신들의 종교를 완전히 준수하라고 설교하면서 평화로운 무슬림 공동체를 깊이 침입해 왔다.[21)]

이 지하드 신병 모집은 쿠란과 다른 중요한 이슬람 교재들에 초점을 맞춘다. 미국 시민권자이며 뉴욕 주 래커와나(Lackawanna)의 예멘(Yemen) 공동체 지도자이자 한때 그곳 사원의 대표였던 사힘 알완(Sahim Alwan)의 사례를 보자. 그는 알 카에다 훈련 캠프에 참가한 첫 번째 미국인이다. 그가 왜 거기에 갔을까? 그는 알 케이다의 모집자 카말 데르위쉬(Kamal Derwish)를 통해서 참가하게 되었다. 알완은 데르위쉬가 쿠란에 대해서 다음과 같이 가르쳤다고 설명했다. "네가 어떻게 준비하는지를 배울 필요가 있다. 네가 전쟁에 정말로 가야 할 경우엔 네가 준비되어 있어야 한다. 전쟁이 있다면 너희는 지하드를 위해 부름을 받아야 할 것이다. 그것은 캠프 자체의 모습이었다. 이는 무기 사용법을 배우러 가는 것이다."[22]

물론 이슬람 내부의 변화를 주장하는 일부 무슬림들이 있지만 그들의 동기가 무엇인지 분별하기는 어렵다. 예를 들면 저명한 미국 무슬림 대변인 시라즈 와하즈(Siraj Wahaj)는 종종 온건파로 소개된다. 1991년 그는 미국 의회에서 축복기도를 한 첫 번째 무슬림이 되기도 했다. 그럼 왜 변화가 일어나지 않는가? 9·11 공격 이후 얼마 지나지 않아서 그는 불안한 미국인들이 무슬림들로부터 듣고 싶어하는 발언을 했다. "지금 나는 설교를 통해 실제로 극단주의에 대항하는 지하드를 일으키고 싶은 책임감을 느끼고 있습니다."[23]

그의 속 마음이 더 극단적인지 분명하지 않았지만 결국 그는 미국이 '이슬람 의제를 받아들이지' 않는다면 무너질 것이라고 경고했으며,[24] 그는 "무슬림들이 정치적으로 현명했다면 미국을 양도하고 그 헌법 정부를 칼리프 제도로 대치할 수 있었을 것이다"라며 개탄했다.[25] 1990년대 초반 그는 뉴욕 시와 뉴저지에 있는 사원들에서 셰이크 오마르 압델 라흐만(Sheikh Omar Abdel Rahman)의 연설을 후원했다. 라흐

당신이 읽지 말았어야 할 책

• 조셉 샤흐트의 『이슬람법 입문』(*An Introduction to Islamic Law*, Joseph Schacht, Oxford : Clarendon Press, 1982). 이 책은 학구적으로 눈을 뜨게 해줄 만큼 중요하다. 샤흐트는 오늘날 대학교에서 이슬람 연구를 지배하고 있는 편견에서 완전히 자유로운 진지한 학자이다. 일례 : "불신자들에 대한 이슬람적 견해의 토대는 전쟁의 법이다. 그들은 개종되거나 복종되거나 살해되어야 한다."

만은 나중에 1993년 세계무역센터 폭파를 공모한 혐의로 유죄선언을 받았고, 와하즈는 '잠재적으로 비기소된 공모자' 로 불렸다.[26)]

헌법이 대체되는 것을 보고자 하는 누군가가 헌법을 수호하려고 맹세한 사람들을 위해 기도를 인도했다는 사실은 현재 진행 중인 더 큰 문제에 대한 하나의 징후일 뿐이다. 정부와 미디어는 온건파 무슬림을 찾으려고 노력하고 있다. 그들의 절박함이 증가함에 따라 그들의 선정기준은 내려갔다. 불행하게도 지금이나 장래 비무슬림 국가에서 샤리아를 강요하기 위해 진정으로 폭력적인 지하드와 어떤 의도든지 단념하는 무슬림 지도자들을 찾기는 만만치 않은 일이다.

그럼에도 불구하고 미국과 전 세계에는 오늘날의 글로벌 지하드와 무관하길 원하는 엄청나게 많은 무슬림들이 있다. 그들의 신학적 기반이 취약할수록 많은 이들이 무슬림들에게 비무슬림 이웃들과 평화롭게 공존하도록 허용할 실용적인 온건파 이슬람을 창출하려고 노력하고 있다. 그러나 이 온건파 이슬람은 오늘날 세계에서 유의미할 정도로 존재하지 않는다. 중앙아시아와 다른 곳에서와 같이 무슬림들이 비무슬림들과 평화적으로 공존하는 곳에서 지하드에 대한 가르침이 개혁되거나 거절되었던 것만은 아니다. 그들은 그 가르침들을 단순히 무시해 왔다. 역사는 우리에게 그들이 언제라도 기억될 수 있다고 가르치고 있다.

Chapter 4

이슬람 : 비관용의 종교

알고 있나요?

* 이슬람법은 유대인들, 기독교도들 및 이슬람 사회의 다른 비무슬림들에 대해 이류 계급의 신분을 명하고 있다.
* 이 율법들은 어떤 이슬람 권위자에 의해서 철폐되거나 개정된 적이 없었다.
* 유대인들이 기독교 유럽보다 이슬람의 영토에서 더 잘 지내고 있다는 생각은 거짓이다.

미국의 무슬림 대변인들은 이슬람의 비전을 온화하고 개방적이며 순응적이라고 제시하기 위해 노력해 왔다. 오사마 빈 라덴과 그의 동료들의 광적인 요지부동과는 너무나도 동떨어진 비전이다. 무슬림과 비무슬림으로 이루어진 PC 감시단은 실제로 이슬람이 서구 사회에 어떤 문제도 일으키지 않을 정도로 평화롭고 온화하며 관용적이라는 사상과 다르다는 이견을 배제했다. 그들은 이슬람이 유대교와 기독교와 비슷하고, 그 두 종교처럼 '극단주의자들'에 의해 자칫 (그 종교의 잘못은 전혀 없어도) '납치될' 수 있다고 묘사한다. 오늘날 대부분의 미국인들은 이것을 격언조로 받아들인다. 이슬람은 하나의 인종이 아니고 오늘날 대부분의 무슬림들이 아랍인으로 동일시되는 인종 그룹의 구성원들이 아니라는 사실에도 불구하고 많은 이들은 그것을 거부하는 것이 '인종차별주의' 행위라고 간주할 것이다.

하지만 그 일반적인 견해에는 한 가지 문제가 있다. 그것은 사실이 아니라는 점이다. 우리는 이미 이슬람이 전쟁의 종교라는 사실을 보았다. 이슬람은 또한 비관용의 종교이기도 하다.

| PC 신화 : 이슬람은 관용적인 신앙이다

과거 이슬람제국 시대에 무슬림들과 화합하며 살았던 유대인들과 기독교도들은 PC 노선으로 가고 있다. 지하드 테러리스트들이 2004년 3월 11일 마드리드를 폭파했을 때 해설자들은 무슬림들이 스페인을 통치했던 시기에 그곳은 무슬림들, 유대인들 및 기독교도들이 평화와 조화 속에 공존하던 관용의 빛이었다고 회상했다. 지하드 전사들이 2003년 11월 15일 이스탄불에 있는 유대교 회당들을 폭파했을 때 해설자들은 그 폭파가 무슬림들, 유대인들 및 기독교도들에게 고요한 도시로 알려진 곳에서 일어난 일이어서 매우 가슴이 아팠다고 읊조렸다.

이슬람의 관용에 대한 절대적인 교리는 중요한 정치적 함의를 내포하고 있다. 또한 그것은 유럽과 미국의 반테러리즘 연구자들이 사원에서 모니터링 활동을 방해하고 있으며, 그것은 이슬람 테러리즘이 정치적 불안과 사회경제적 불균형에서 나왔다는 잘못된 견해를 영속시킨다. 무슬림 인구가 급속도로 증가하고 있는 유럽 정부들은 과거 알-안달루스(Al-Andalus)에서 이슬람의 헤게모니가 그리 나쁘지 않았다고 스스로 안심시킨다. 유럽과 미국 정치인들과 종교 지도자들은 자국에서 증가하고 있는 이슬람 공동체들을 끌어들이고 정치적 지원을 얻고자 애쓰고 있다. 그들은 이슬람 공동체가 쉽게 동화될 것이며, 정치 과정에서 평화롭고 적극적인 참여자들이 될 것이라고 가정하고 있다. 왜 아니겠는가? 이슬람은 관용적이며 다원론을 가르치니까. 무엇이 서구 민주주의에 참여하는 더 나은 기반이 될 수 있겠는가?

관용적인 이슬람이라는 개념은 유엔에서도 채택되었다. 2005년 3월 터키 일간지 자만(*Zaman*)은 '이슬람혐오증에 대면하기 : 관용과 이해에 대한 교육'에 대해 다룬 유엔 세미나에서 "오토만 제국이 다른 종교들에게 보인 관용은 오늘날에도 채택될 본보기로 삼아졌다." 그리고 "여러 종교들과 국가들이 수백 년 동안 한 지붕 아래서 살아온 하나의 사회적 모델"이라고 칭송을 받았다고 실었다.[1]

다른 종교들이 한 지붕 아래서 살았을 때, 한 종교는 주인이고 다른 종교들은 멸시받는 하급 종교들로 살았다는 사실이 유엔에서 나온 게 아닌 듯 싶다.

≫≫≫ **딤마**(dhimma)

쿠란은 유대인들과 기독교도들을 '성서의 백성'이라고 부르고, 이슬람법은 그들을 '보호받는' 또는 '죄지은' 사람들이라는 의미의 아랍어 딤미스(*dhimmis*)라고 부른다. 그들은 성서의 백성들로 알라로부터 진정한 계시('성서')를 받았기 때문에 '보호받는' 사람들이다. 그들은 힌두교도들과 불교도들처럼 철저한 이교도들 및 우상숭배자들과는 다른 신분을 갖게 된다. (역사적으로 후자의 두 그룹은 이슬람 지배자들이 실제적인 문제에서 궁극적으로 딤미의 지위를 부여했음에도 불구하고 이슬람 정복자들에게 더욱 심한 대우를 받아왔다.) 유대인들과 기독교도들은 예언자 무함마드를 거부했을 뿐만 아니라 알라로부터 받은 합법적인 계시를 왜곡했기 때문에 '죄 지은' 사람들이다. 그 죄로 인해 이슬람법은 유대인들과 기독교도들은 이슬람 국가에서 살 수는 있지만 무슬림들과 동등할 수는 없다고 명하고 있다. 한 무슬림 법학자는 칼리프가 "이슬람에 부름을 받은 후 이슬람을 거부하는 사람들에게 알라의 정의는 '모든 종교 위에 있도록 하시었으니' (쿠란 9 : 33)라고 찬양하면서 복종하거나 보호받는 딤미 공동체로서의 삶을 받아들일 때까지 그들에 대항하는 지하드를 해야 한다"고 설명했다.[2] 유대인들, 기독교도들 및 다른 비무슬림들이 자신의 종교를 수행할 때 그들은 모든 면에서 열등한 신분이라는 사실을 상기시켜 제한적인 조건 하에서 실천해야만 한다.

이 더 낮은 신분은 634년에서 644년까지 칼리프였던 우마르 이븐 알-카탑(Umar ibn al-Khattab)에 의해서 처음으로 언급되었다. 이븐 카티르(Ibn Kathir)의 쿠란 주석서에 의하면 우마르와 조약을 체결한 기독교도들은 다음과 같이 서약했다.

> 우리는 우리 지역 내에 수도원, 교회, 수도사를 위한 성전을 세우지 않고, 복원이 필요한 어떠한 예배장소도 복원하지 않으며, 무슬림에게 반감을 일으킬 목적으로 그것들을 사용하지 않을 것을 우리 스스로에게 맹세합니다.[3]

물론 이것은 이슬람 당국이 원할 때마다 교회를 몰수할 빌미를 제공했다. 수많은 사례에서 기독교도들의 증언이 무시되고 용납되지 않았기 때문에 종종 한 무슬림이 어떤 교회가 '무슬림에게 반감을' 조성하기 위해 사용되고 있었노라고 간단히 고발하면 그 교회를 몰수해 버렸다.

칼리프 우마르와 맺은 기독교도들의 협정서는 다음과 같이 이어진다. "우리는 어떤 무슬림이든 밤에 찾아오든 낮에 찾아오든 우리 교회 내에서 쉬는 것을 막지 않을 것이다. … 손님으로 찾아오는 무슬림들은 3일 동안 숙식을 즐기게 될 것이다."[4] 또한 협정서는 딤미스가 쿠란 9장 29절에 따라 '자신들이 정복된 처지임을 느끼게' 하는 숱한 굴욕적인 규정들을 명시하고 있다. 그 기독교도들은 다음과 같이 약속했다.

> 우리는 우리들 가운데 누군가가 이슬람으로 개종하는 것을 막지 않을 것입니다. 우리는 무슬림을 존중하고, 그들이 앉을 자리를 선택했을 때 그 자리를 양보하고 다른 곳으로 옮기겠습니다. 우리는 그들의 의복, 모자, 터번, 샌들, 머리모양, 어투, 별명, 그리고 직함들을 모방하지 않을 것이며, 또는 안장을 얹고 타거나 어깨에 칼을 메거나, 어떤 종류의 무기를 수집하거나 이런 무기를 가지고 다니지 않겠습니다. 우리는 아랍어로 우리 도장을 새기기 않고, 술을 팔지 않겠습니다. 우리는 앞머리를 자르고, 우리가 어디 있든지 우리의 전통 의상을 입고, 허리에 띠를 두르고, 교회 밖에 십자가를 세우는 것을 삼가고 무슬림 길거리나 시장에서 보이는 곳에 십자가와 우리 책들을 드러내지 않겠습니다. 우리는 우리 교회에서 종소리를 내지 않으며, 신중하게 내는 것을 제외하고, 무슬림이

있을 때는 우리 교회 안에서 우리의 성서를 암송할 때 목소리를 높이지 않겠습니다.

이런 약속들과 다른 규칙들이 다 명시된 이후 협정서는 다음과 같이 결론을 맺고 있다. "이것들은 우리가 안전과 보호를 위한 보답으로 우리 자신과 우리 종교를 따르는 사람들에게 불리하게 내세운 조건들입니다. 우리가 우리 자신에게는 불리하고 당신들에게는 유리하게 세운 이런 약속 중 어떤 것이라도 어긴다면 우리의 딤마[보호에 대한 약속]는 깨지고 당신들은 저항과 반역하는 사람들에게 허락되어진 일을 행해도 됩니다."[5]

이 모든 것은 오늘날 샤리아의 일부이다. 이슬람법의 현대 설명서에 따르면 '종속된 백성들'은 반드시 '비무슬림 인두세[지즈야]를 납부해야' 하고, "의상에서는 무슬림들과 구별되어 넓은 천 허리띠[zunnar]를 두르고, '앗 살라무 알라이쿰'(as-Salamu alaykum, 전통적인 무슬림 인사말 "당신에게 평화가 임하기를")이라고 인사받지 않는다. 늘 길 가장자리로 다녀야 하고, 그들이 높은 집을 샀다고 그 집을 허물어 버리지는 않지만 주변에 있는 무슬림들의 건물보다 높거나 그 건물들 만큼 높은 건물을 건축할 수가 없다. 포도주나 돼지고기를 내보여서는 안 되고 … 토라나 복음서를 소리 내어 암송하거나 장례식이나 축제일을 공식적으로 공개할 수 없다, 새로운 교회를 건축하는 것은 금지되어 있다."[6] 이 조건을 위반한다면 율법은 그들이 무슬림 지도자의 판단에 따라 죽임을 당하거나 노예로 팔릴 수 있다고 명시하고 있다.

또한 딤미스는 무슬림들에게 전도하는 것을 죽음의 벌을 받는다는 조건으로 엄하게 금지되었다. 이슬람을 떠난 무슬림들에게도 비슷한 사형이 동반되는 금지이다. 이 두 가지 금지는 다른 딤마 제도의 규정과 함께 오늘날도 이슬람법의 일부로 남아 있다.

이 율법들은 서구의 압력을 통해서 딤미스의 노예해방으로 이어진 19세기 중반 오토만 제국이 쇠약해질 때까지 수세기 동안 이슬람 국가에서 무슬림들과 비무슬림들 간의 관계를 지배했다. 하지만 그것들은 다양한 시기에서 약화되거나 묵살되었지만 항상 문서로 기록되어 있었고, 언제든지 의지를 가진 통치자에 의해서 다시 시행되었다.

하마스(Hamas)로 알려진 '이슬람 저항운동'의 헌장에서는 이슬람의 관용에 대한 신화를 어떻게 조작하는지 날카롭게 인식하고 있다. "이슬람의 그림자 아래서 이슬람, 기독교 및 유대교 세 종교 교인들은 안전과 보호 가운데서 공존할 수 있다. 이 안전과 보호는 이슬람의 그림자 아래서만 가능할 뿐이고, 최근 역사와 고대 역사는 그 결과에 대한 최고의 증인이다. … 이슬람은 권리를 가지고 있고, 다른 이들의 권리 침해를 피하는 모든 사람에게 권리들을 준다."[7] 그러나 하마스는 '이슬람의 그림자 아래서' 수반되는 권리 박탈에 관해서는 정확히 밝히지 않는다.

알 카에다 창시자들 중 한 사람인 셰이크 압둘라 아잠(Sheikh Abdullah Azzam, 1941-1989)은 이슬람 국가가 딤미스로부터 지지야를 징수해야 한다고 주장한다. 그는 자신의 저서 『무슬림 영토의 방어』에서 다양한 지하드의 범주들을 논의하고 있다. 전통적인 이슬람 신학에 따라 그는 공격적인 지하드가 이슬람 공동체의 의무사항이라고 설명하면서 "울라마[Ulama : 무슬림 학자들]는 이런 유형의 지하드가 지지야 납부를 유지하기 위한 것이라고 언급해 왔다"라고 덧붙여 말한다.[8]

오늘날처럼: 무슬림 지도자들은 딤마의 회복을 요구한다

물론 과거 이슬람 제국들에서 유대인들과 기독교도들은 딤미스로 살았다. 그러나 그것은 과거의 유물일 뿐이다. 안 그런가? 오늘날 어떤 무슬림들도 그들의 딤미스 신분을 재시행하고 싶어하지 않는다. 안 그런가? 물론 그들은 원한다. 2002년 10월 영국에서 친오사마 무슬림 지도자인 셰이크 오마르 바크리 무함마드(Sheikh Omar Bakri Muhammad)는 오늘날 이슬람 세계에서 칼리프가 없다고 해서 무슬림들이 단순히 불신자들을 죽일 수 있음을 의미하지 않는다고 썼다. 그는 그들이 여전히 무슬림에게 종속된 사람들로 살 선택권을 제공받아야 한다고 단언했다. "우리는 칼리프위(Khilafah)가 없어서 그냥 비무슬림들을 누구든지 죽일 수 있다고 말할 수 없습니다. 우리는 여전히 그들의 딤마를 이행해야만 합니다."[9]

마찬가지로 1999년 5월 팔레스타인 자치정부의 종교재단 차관인 셰이크 유세프 살라메(Sheikh Yussef Salameh)는 "기독교도들이 무슬림 통치 하에서 딤미스가 되어야 한다는 사상을 칭송했고, 그러한 제안들은 2000년 10월 제2차 인티파다 이후 더욱 일반화되었다."[10]

메카의 한 사원에서 셰이크 마르주크 살렘 알-감디(Sheikh Marzouq Salem Al-Ghamdi)는 최근 금요예배의 설교에서 딤미스에 대한 샤리아의 명령들에 대해 명확히 설명했다.

> 예언자에 의해 정해진 조건들에 따라 무슬림들 사이에서 살고 있는 불신자들이 이슬람 국고에 지지야를 내고 있다면 문제될 게 하나도 없다. 다른 조건들은 … 그들이 교회나 사원을 개조하지 않고, 망가진 그것들을 재건축하지 않는다면, 그들의 집을 지나가는 무슬림을 사흘 동안 먹인다면, 무슬림이 앉고 싶어할 때 자리에서 일어난다면, 무슬림의 의상이나 언행을 모방하지 않는다면, 말을 타거나 검을 소유하거나, 어떤 무기로도 무장하지 않거나, 와인을 팔지 않고, 십자가를 보이지 않고, 교회 종을 울리지 않고, 기도하는 동안 언성을 높이지 않고, 쉽게 확인할 수 있도록 앞머리를 밀며, 무슬림을 반대하여 누구도 선동하지 않으며, 무슬림을 습격하지 않는다면 … 이런 조건들을 위반하면 그들은 어떤 보호도 받지 못한다.[11]

PC 신화 : 역사적으로 딤마는 그렇게 나쁘지 않았다

하지만 실제로 그건 불가능하다. 안 그런가? 이슬람 옹호론자이며 이슬람으로 개종한 스티븐 슈와르츠(Stephen Schwartz)는 현실적으로 딤마 제도가 그렇게 나쁘지 않았다고 지적하면서 그것에 대한 공포는 좀 과장되었다고 주장한다. "오늘날 서구에서 딤마는 이슬람 지배의 공포스러운 상징으로서 선동적 요소로 제시되고 있다."[12] 어떤 법도 동일한 열성과 철저함으로 보편적으로 실행될 수 없다는 것은 분명 사실이다. 9세기 예루살렘의 대주교 테오도시우스(Theodosius)는 "무슬림들은 정의롭고 우리에게 어떤 잘못이나 폭력적인 행동도 하지 않는다"라고 썼다.[13] 그러나 아무리 잘 봐주어도 기독교도들과 유대인들의 법적 지위는 여전히 불안했다. 역사가 트리톤(A. S. Tritton)은 다음과 같이 적고 있다.

> 일순간 딤미는 전적으로 무시할 수 있는 핍박받는 벌레처럼 보이며, 그 다음 불평은 그의 주변에 있는 무슬림들에게 미치는 위해한 영향으로 이루어진다. 한번 제정되어 지켜지고, 그리고 나서는 누군가가 다시 기억해내지 않는다면 잊혀진다. 사건들이 논리에 의해 지배되었다면 이슬람이 종속된 종교들을 삼켰을 거라고 느낄 터이지만, 그 종교들은 비록 학대를 당하지만 활기차게 살아남는다.[14]

정말로 학대를 받았다. 굴욕은 여러 형태로 나타났지만 거의 늘 존재했다. 역사가 필립 히티(Philip Hitti)는 9세기에서 일어난 악명 높은 일례에 주목한다. "850년과 854년 칼리프 알-무타와킬(al-Mutawakkil)은 기독교도들과 유대인들이 집에 나무로 된 마귀의 형상들을 부착해야 하고, 무덤도 땅과 평평하게 하며 노예들의 의복에는 꿀 색깔의 패치를 두 개 대고 … 안장 뒷가지에 두 개의 석류 같은 공 두 개로

표시를 한 나무 안장을 얹은 노새와 당나귀들만 타라고 선포했다."[15)]

역사가 스티븐 룬시만(Steven Runciman)에 의하면, 오토만 제국 내 기독교도들은 "자신들이 종속된 사람들이라는 사실을 절대로 잊을 수 없게 되었다"고 언급했다.[16)] 정복자들은 성지까지 착복했다. 16세기 술탄 무라드 3세(Murad III)와 술탄 메흐메드 3세(Mehmed III)의 스승인 사딘(Hoca Sa'deddin)에 의하면, 터키인들이 1453년 콘스탄티노플을 점령했을 때 "도시 내에 있던 교회들은 나쁜 우상들에서 비워졌으며, 더럽고 우상숭배의 불결함으로부터 청소되었고, 그 이미지들의 손상과 이슬람 예배처와 설교단을 세움으로써 … 수많은 수도원과 예배당은 천국의 정원으로 선망의 대상이 되었다."[17)]

14세기 선구적인 사회학자 이븐 할둔(Ibn Khaldun)은 기독교도들의 선택권들을 설명했다. "이슬람으로의 개종이냐, 인두세 납부냐 혹은 죽음이냐 [중에 하나를 선택하는 것]이다."[18)]

》》》 납세자의 비애

비무슬림들에게 특별세, 즉 지즈야를 징수하는 일은 1040을 채우는 것만큼이나 만만한 일이 아니었다. 시리아의 안티오크 정교회 총대주교이자 연대기 기록자인 미첼(Michael, 1126-1199)은 칼리프 마르완 2세(Marwan II, 744-750년 재위) 시기에 기독교도들에게 이 납세 부담이 얼마나 짓누르는 일인지를 기록했다.

마르완의 가장 큰 관심은 금을 모으는 것이었고 그의 멍에는 그 국가의 백성들에게 무겁게 지워졌다. 그의 군대는 수많은 악행을 저질렀다. 즉 폭력, 약탈, 남편이 보는 앞에서 여성들을 능욕했다.[19]

마르완만 그런 것이 아니었다. 미첼에 의하면 그의 계승자 중 한 사람인 알-만수르(al-Mansur, 754-775년 재위)는 "도처에 사는 모든 사람들에게 아무 세금이든 물렸다. 그는 기독교도들에게는 모든 조공을 두 배로 징수했다."[20]

지지야 납부는 종종 무슬림 세무 공무원이 딤미의 머리나 목 뒤를 때리는 독특하고 품위를 떨어뜨리는 예식을 치르며 이루어졌다. 트리톤은 다음과 같이 설명했다. "딤미는 세금을 납부하면서 자신이 열등한 사람이라고 느끼도록 만들어야 한다. 그는 존경을 담은 대우를 받아서는 안 된다."[21] 이것은 쿠란 9장 29절에서 명해진 대로 딤미가 '정복된' 느낌을 받도록 보장했다. 12세기 쿠란 해설자인 자마크샤리(Zamakhshari)는 지지야가 '비하와 굴욕을 주면서' 징수해야 한다고 지도했다.[22] 13세기 샤피이 법학자 안-나와위(an-Nawawi)는 "인두세를 납부하고자 하는 불신자는 징수원에게 경멸을 받아야 한다. 징수원은 앉아 있고 불신자는 그 앞에 서서 머리 숙여 인사한다. 징수원이 불신자의 턱수염을 잡고 그의 양 뺨을 때리는 동안 불신자는 돈을 저울에 올려놓아야 한다"고 지도했다.[23]

역사가 바트 예오르(Bat Ye'or)에 의하면, 세금 납부과정에서 이렇게 얻어맞는 일은 "12세기 초까지 쿠란식 세금을 유대인에게 지속적으로 강탈한 예멘과 모로코와 같은 아랍-무슬림 국가에서 의식처럼 행해지면서 변함없이 지켜졌다."[24]

비무슬림들은 종종 이 세금을 피하기 위해 이슬람으로 개종했다. 그래서 북아프리카와 중동의 거대한 기독교 인구가 결국 작고 사기가 떨어진 소수집단이 된 것이다. 17세기 유럽 여행가 진 밥티스트 타브니어(Jean-Baptiste Tavernier)에 의하면, 1651년 키프로스에서는 "400여 명의 기독교도들이 그랜드 세이그뉴얼(Grand Signeur)에 사는 기독교도들에게 부과한 조공인 하라즈[kharaj : 비무슬림들에게 부과된 토지세, 지지야와 동의어로 쓰임]를 납부할 수 없었기 때문에 무슬림이 되었다." 이듬해 바그다드에서는 기독교도들이 "빚 또는 하라즈를 납부해야 했을 때 세금 낼 돈을 마련하기 위해 자녀를 터키인들에게 팔라고 강요당했다."[25)]

그러나 다른 경우들에서 보면 이슬람으로의 개종은 딤미스에게 금지된 일이었다. 그러면 세금 토대가 파괴될 테니까 말이다.[26)]

≫≫≫ 너무 강경하게 밀어붙이기

결과적으로 이 모든 억압은 반발을 유발시켰다. 역사가 아포스톨라스 바칼로폴로스(Apostolos E. Vacalopoulos)는 그리스의 19세기 초의 독립투쟁을 둘러싼 교훈적인 상황들을 다음과 같이 기록하고 있다.

> 1821년 혁명은 오토만 지배에 대한 그리스인들의 거대한 저항이었다. 그것은 무자비하고 선포되지 않은 전쟁이었고, 이미 노예생활의 첫해부터 시작되었다. 경제적인 약탈, 지적인 파괴, 문화적 후퇴로 특징지어지는 전제지배의 야만성은 반란을 유발시키기에 충분했다. 온갖 규제, 불법 세금징수, 강제 노동, 핍박, 폭력, 투옥, 사망, 소년소녀의 납치

와 터키의 하렘에 감금하기, 그리고 다양한 방탕하고 호색적인 행위들이 나타났다. 이 모든 것들은 생존본능에 대한 지속적인 도전이자 인간의 품위에 대한 저항이었다. 그리스인들은 모든 모욕과 굴욕에 분개했고, 그들의 번민과 억울함은 반항의 품으로 밀어넣었다. 아르타(Arta)의 고관 중 한 사람이 그 투쟁의 격렬함을 설명하며 한 말은 과장이 아니었다. 그는 다음과 같이 말했다. "우리는 라야스[rayas : 딤미](즉 우리 기독교 백성들)에게 잘못했고, 그들의 부와 명예를 다 망가뜨렸다. 그래서 그들은 절박해졌고, 무기를 들게 되었다. 이것은 시작에 불과하며, 마침내 우리 제국의 멸망으로 이끌 것이다." 오토만 지배 하에서 그리스인들의 고통은 소요사태의 근본 원인이었다. 심리적 동기는 상황의 특성으로 인해 제공되었던 셈이다.[27]

오늘날 지하드 전사들은 서구 세계가 그들의 부와 명예를 망하게 했다고 불평한다. 그러나 그들이 무고한 사람들에게 지속적으로 폭력행위를 저지른다면 이 불평은 점차 공허하게 울릴 것이다. 이런 폭력행위가 지속된다면 결국 우리가 지금까지 목격한 것보다 더욱 강경하고 직접적인 이슬람화에 대한 저항이 일어날 수도 있다.

PC 신화 : 유대인들은 기독교 유럽보다 무슬림의 영토에 있는 게 더 나았다

PC 대변인은 딤마가 진정으로 유대인들과 기독교도들을 지속적이고 제도화된 차별과 괴롭힘으로 속박했을지라도 유대인들이 기독교 유럽에서 받은 대우만큼 심하지는 않았다고 단언한다. 역사가 폴 존슨(Paul Johnson)은 다음과 같이 설명한다. "이론적으로 무슬림 지배

하에서 유대인 딤미의 지위는 기독교도들 밑에 있을 때보다 더 안 좋았다. 그들은 종교생활의 권리, 심지어 생존권까지도 아무 때나 마음대로 제거될 수 있었기 때문이다. 그러나 실질적으로 7–8세기 문명세계의 절반을 급속도로 정복했던 아랍 전사들은 의지할 만한 세금 수입을 제공해 주고 그들에게 봉사하는 교양 있고 근면한 유대인 공동체들을 몰살시킬 마음이 없었다."[28]

분명히 법적인 제재에서 무슬림법은 유대인들에게는 기독교 세계의 그것보다 훨씬 더 가혹한 것이었다. 1272년 교황 그레고리 10세는 교황 그레고리 1세가 598년에 처음 승인했던 말을 되풀이했다. 유대인들은 "그들에게 주어진 그 [특권들]에서 어떤 불이익도 당해서는 안 된다." 그레고리 10세는 또한 강요된 개종(이슬람법이 하듯이)을 금지하고 "어떤 기독교도들도 유대인들을 생포하거나, 투옥하거나, 상처를 입히거나, 고문하거나, 사지를 절단하거나, 살해하거나 폭력을 가할 생각을 해서는 안 되며, 더욱이 어느 누구도 국가 당국의 사법행동을 제외하고는 그들이 유대인들의 돈 또는 그들이나 다른 이들로부터 물질을 받고자 하는 목적을 위해서 살고 있는 땅에서 그 좋은 관습을 변경할 생각을 해서는 안 된다"고 명했던 이전의 교황들의 선언들을 되풀이했다.

이것은 이슬람의 종속된 백성들에 대한 '보호'와 비슷하다. 하지만 그레고리 교황은 다음과

> **무함마드 vs 예수**
>
> "사자들을 앞서 보내시매 저희가 가서 예수를 위하여 예비하려고 사마리아인의 한 촌에 들어갔더니, 예수께서 예루살렘을 향하여 가시는 고로, 저희가 받아들이지 아니하는지라, 제자 야고보와 요한이 이를 보고 가로되, '주여, 우리가 불을 명하여 하늘로 좇아내려 저희를 멸하라 하기를 원하시니까?' 그러자 예수께서 돌아보시며 꾸짖으시고"
>
> **– 예수(누가복음** 9 : 52–55)

같이 덧붙인다. "게다가 아무도 어떤 식으로든 그들이 명절을 지키는 동안 그들을 방해하지 말라. 그것이 밤이 됐든 낮이 됐든 몽둥이를 가지고든 돌을 가지고든 뭘 가지고 하든 말이다." 이것은 딤미가 공개적으로 자신들의 종교적인 축제를 지키는 것을 샤리아가 금지한 것과는 분명하게 구별된다. 또한 유대인의 증언이 기독교도와 반대되는 것을 용납하지 않았다는 사실에 대해서 교황도 역시 기독교도들이 유대인들에게 증언하는 것을 금한다. 샤리아는 무슬림이 딤미에 증언하는 데는 아무 문제가 없지만 무슬림에 증언하는 것을 금지한다.[31]

무함마드 vs 예수

"이븐 압바스(Ibn Abbas)는 다음과 같이 말했다. '그대의 친척들에게 경고하라' (쿠란 26 : 214)고 계시되자 알라의 예언자가 나갔고, 앗-사파(As-Safa) 산을 올라가서 '야 사바하' (Ya Sabahah)![29] 라고 외쳤다. 그러자 사람들이 물었다. '누구지?' 그들은 무함마드의 주위에 모여들었고, 그걸 본 무함마드가 말했다. '보이십니까? 기병대들이 이 산의 능선으로 올라오고 있다고 알려드린다면 제 말을 믿으시겠습니까?' 그러자 그들이 말했다. '우리는 당신이 거짓말을 하는 걸 들어본 적이 없소.' 그러자 무함마드가 말했다. '다가올 심한 형벌에 대해 당신들에게 경고하는 사람이오.' 아부 라합(Abu Lahab)은 말했다. '당신이 멸망하기를! 당신이 우리를 모은 이유가 이것입니까?' 그리고 나서 아부 라합은 떠났다. 알-마사드 장(Surat Al-Masad)에는 '아부 라합의 손이 멸망하리라' 고 계시되었다."[30] 알-마사드 장은 쿠란 111번째 장이다. "아부 라합의 손이 멸망하고 파멸할 것이며, 그의 재물과 그가 얻은 것이 그를 유익하게 하지 못하리니, 그는 곧 타오르는 불지옥에 이르게 될 것이며, 그의 아내는 연료를 운반할 것이요, 그녀의 목에는 단단히 꼬인 동아줄이 감기리라!"

– 쿠란 111 : 1–5

이것은 학대가 없었다고 말하려는 게 아니다. 그레고리 10세에 의해 선언된 것처럼 유대인들의 보호는 위반시 종종 경의를 표한다. 하지만 근대 이후 유대인들이 이슬람의 구속이 아닌 서구 세계에서 살았다는 것은 결코 우연이 아니었다. 그 이유는 아마도 기독교 국가들에서는 아무리 불완전하다 해도 존엄성의 평등과 만민을 위한 권리에 대한 사상이 존재하기 때문이다. 이것은 쿠란과 이슬람 신학에서는 모순되는 사상이며 이슬람 세계에서는 한 번도 뿌리내리지 않았던 사상이었다.

| PC 신화 : 딤마 제도는 과거의 일이다

하지만 이 모든 것은 역사에 대한 의문이다. 안 그런가? 이슬람 옹호론자들은 오늘날 아무도 딤마의 회복을 요구하지 않는다고 주장했다. 우리는 이미 그게 사실이 아님을 알아보았다. 또한 딤마 제도가 오늘날의 이슬람 세계에서는 발견되지 않는다는 가정도 사실이 아니다. 샤리아가 (비무슬림들은 절대로 자신들의 종교행위를 할 수 없는 곳인) 사우디아라비아와 이란을 제외하고는 어디에서도 완전히 자리매김을 하고 있지 않기 때문에 딤마의 율법은 이슬람 세계에서 효과적이지 못하다. 그러나 그들의 요소들은 전 무슬림 국가에서 서적으로 남아 있다. 오늘날 이슬람 세계 어디에서도 비무슬림들은 무슬림들과 동등한 권리를 누리지 못하고 있다.

이집트에서 발생한 최근의 대표적인 사건들이다.

- 신앙을 저버리는 배교행위는 이슬람법에서 최고의 범죄이다. 이집트 관리들은 22명의 기독교도들을 체포했는데, 그 중 많은 사람들이 2003년 10월 비밀리에 기독교로 개종한 무슬림이었다. 그들은 심문을 받고 고문당했다. 당국은 그들 중 일부가 다른 무슬림들을 기독교로 개종시켰다고 혐의를 밝혔다.[32)]
- 2003년 10월 교인들이 새로운 구조물을 세우기 위해 공식 허가를 받았던 아시우트(Assiout : 나일강 서안에 위치한 이집트 지방 최

대의 도시역주)의 형제단 교회의 사업은 뒤집어졌다. 그들이 건축하기 전에 건물 허가증이 철회되었다. 이것은 새 교회를 건립하거나 오래된 교회를 수리하는 것을 반대하는 딤미 금지법을 상기시킨다.[33]

- 2003년 11월 25일 이슬람에서 기독교도로 개종한 여자와 결혼한 콥트 기독교도 불로스 파리드 레제크-알라 아와드(Boulos Farid Rezek-Allah Awad)는 이집트를 떠나려다 체포되어 12시간 동안 구속되었다. 이집트 보안 경찰관이 그에게 아내에 관해 물었을 때 레제크-알라는 아내가 이미 이집트를 떠났다고 말했다. 아마도 배교에 대한 사형이 떠올랐는지 그 경찰관은 대답했다. "당신 아내를 데리고 와서 당신이 보는 앞에서 절단하겠소."[34] 하지만 몇 달 후 레제크-알라는 이집트를 떠나 캐나다에 정착하도록 허락받았다.[35]

당신이 읽지 말았어야 할 책

- 『딤미 : 이슬람 내의 유대인과 기독교도』(*The Dhimmi : Jews and Christian Under Islam*, 1985), 『이슬람 내 동부 기독교의 쇠퇴 : 지하드에서 딤마 제도로』(*The Decline of Eastern Christianity Under Islam : From Jihad to Dhimmitude*, 1996), 『이슬람과 딤마 제도 : 어디에서 문명이 충돌하는가?』(*Islam and Dhimmitude : Where Civilizations Collide*, 2001). 이 책들은 바트 예오르(Bat Ye'or)의 저서이다. 예오르는 딤마 연구의 개척적인 학자이다. 이 책들은 딤마 제도의 냉엄한 현실을 잘 알려주고 있고, 그 사실을 다른 설명으로 무마해 버리는 이슬람 옹호론자들과 은폐론자들에게 그 거짓말을 알려주는 주요 자료들로 가득 차 있다.

파키스탄에서 일어난 일이다.

- 2003년 11월 파키스탄 경찰은 기독교도 안와르 마시흐(Anwar

Masih)를 신성모독 혐의로 체포했다. 파키스탄의 데일리 타임즈에 따르면, 마시흐는 무슬림 이웃인 나시르(Naseer)와 함께 이슬람에 대해 토론했다. "토론 중 하위급 감시자가 말하자 마시흐는 화를 내며 알라를 모독했다. 나시르는 그 토론내용을 어머니의 다른 두 이웃들인 아타울라(Attaullah)와 유나스 살피(Younas Salfi)에게 전했다. 세 사람은 다른 주민들을 모아서 마시흐의 집에 돌을 던졌다. 경찰은 그곳에 와서 마시흐의 집이 공격받은 사실을 무시하고 마시흐를 체포했다."[36]

- 그 다음달 파키스탄의 다즈코트(Dajkot) 마을에 있는 한 교회가 예배 중에 "불신자들아, 예배를 멈추고 이슬람을 받아들여라!"고 외치는 무슬림의 공격을 받았다. 파키스탄 크리스찬 포스트에 따르면 군중은 "교회에 들어와 예배자들을 때리기 시작했다. 무슬림 공격자들은 성경을 훼손하고 교회 안에 있는 모든 집기를 부수었다." 그러나 경찰은 '어떤 보고서도 작성하지 않았고', 현지 병원의 무슬림 의사들은 유력한 현지 무슬림의 지시를 받고서 부상당한 기독교도들을 치료하지 않았다.[37]
- 2004년 5월 사무엘 마시흐(Samuel Masih)라는 또 다른 기독교도는 폐결핵을 앓으며 병원 침대에 누워 있는 상태에서 신성모독 혐의로 무슬림 경찰관에게 망치로 얻어맞아 죽었다.[38]

그리고 쿠웨이트에서 일어난 일이다.

- 쿠웨이트인 후세인 캄바르 알리(Hussein Qambar Ali)는 1990년대 이슬람에서 기독교로 개종했다. 쿠웨이트의 헌법은 종교의

자유를 보장하고 있고, 다른 종교로 개종하는 것에 관한 전통적인 이슬람의 금지에 대해서는 언급하지 않고 있다. 그는 배교행위로 체포되어 재판을 받았다. 재판과정에서 검사는 샤리아가 쿠웨이트의 세속법보다 앞선다고 선포했다. "슬프지만 나는 우리의 형법이 배교에 대한 형벌을 포함하고 있지 않다고 말해야 한다. 사실 제 소견으로 입법부는 알라와 그의 메신저가 선포했던 것보다 배교에 대한 형벌을 강요할 수 없다. 배교에 관한 결정할 수 있는 것은 쿠란, 순나, 합의 그리고 알라가 주신 법령이다."[39]

PC 신화 : 이슬람은 무슬림 국가들에서 이슬람 이전의 문화들을 존중한다

이슬람은 비무슬림을 모독하거나 폄하할 뿐만 아니라 무슬림들로 하여금 이슬람 이전의 문화를 훼손하도록 이끈다. 노벨문학상 수상자 네이폴[V. S. Naipaul, 영국 작가 네이폴은 2001년 『당혹스러운 도착』(*The Enigma of Arrival*, 1987)으로 노벨문학상을 받았다. 하지만 제3세계에 대한 서구인의 편견을 비판한 『오리엔탈리즘』을 썼던 에드워드 사이드는 그를 '백인의 검둥이'라고 혹평했다**역주**]은 다음과 같이 언급했다. "637년 예언자가 사망한 지 5년 후 아랍인들은 페르시아를 침략하기 시작했다. 그들은 모든 페르시아의 위대한 과거, 즉 이슬람 이전의 과거를 암흑의 시대로 선포했다."[40]

그건 예사로운 일이 아니었다. 이슬람의 역사를 통해서 반복된 장면이다. 이슬람 신학은 그렇게 불신자들을 폄하하여 이슬람 문화에서 그들의 업적에 대한 어떤 관용의 여지도 남기지 않는다. 무슬림들

오늘날처럼: 무슬림들은 다른 종교의 고대 성지의 가치를 깎아내린다

터키인들이 점령한 북키프로스에 사는 무슬림들은 4세기 산 마카르(San Makar) 수도원을 호텔로 변경하려고 시도했다. 리비아에서는 어리석은 카다피(Qaddafi) 대령이 트리폴리의 가톨릭 성당을 사원으로 바꾸었다. 아프가니스탄에서는 탈레반 정부가 2001년 3월 그 유명한 바미얀 석불을 폭파시켰다. 유럽의 기독교 유적들도 똑같은 운명을 겪을 수 있지 않겠는가?

오늘날 과거 1천 년 동안 그 어느 시기보다도 더욱 원기충천해 있는 지하드 전사들이 만일 하고 싶은 대로 한다면 그들은 분명히 그렇게 할 수 있을 것이다. 『로마 제국 흥망사』(*The Decline and Fall of the Roman Empire*)의 저자 에드워드 기본(Edward Gibbon)은 8세기 무슬림이 프랑스의 침략에 성공했다면 "아마도 옥스퍼드 대학교에서는 쿠란 해석을 지금 가르치고 있을 것이며, 그 설교단은 무함마드 계시의 신성함과 진리를 할례받은 백성들에게 설명할 것이다"라고 말했다.[41]

그런 날이 앞으로 올지도 모른다.

은 이슬람을 받아들이기 이전의 국가를 자힐리야(jahiliyya) 시대 또는 무지의 시대라고 부른다. 네이폴은 다음과 같이 설명한다. "이슬람 이전의 시기는 암흑의 시대이다. 그것은 무슬림 신학의 일부이다. 역사는 신학을 섬겨야 한다." 그 사례는 파키스탄인들이 어떻게 모헨조 다로[Mohenjo Daro, '사자(死者)의 언덕'이라는 뜻. 파키스탄 남부 수도 카라치의 북동 300Km에 있는 인더스 문명 최대의 도시 유적이다**역주**]에 있는 유명한 고고학 유적지를 훼손하고 이슬람을 설교하는 가치로 삼았다.

다운(*Dawn*)의 특집 기사는 그 유적지에 대한 견해를 보여주었다. 저자는 쿠란에서 인용한 구절들이 모헨조 다로에 새겨지고 '적절한 장소들'에 세워져야 한다고 말했다. (무함마드여 그들에게 말하라).

유죄한 자들을 위하여 그 땅에서 여행하며 그 결과의 본질을 보아라….

말하라(무함마드여, 불신자들에게). 그 땅을 여행하며 너의 앞에 있던 사람들을 위하여 그 결과의 본질을 보아라.

그들 대부분은 우상숭배자들이었노라.[42)]

Chapter 5

이슬람은 여성들을 억압한다

알고 있나요?

* 쿠란과 이슬람법은 여성을 남성의 소유 이상 그 무엇으로도 취급하지 않는다.
* 쿠란은 아내에 대한 폭력행사를 인정한다.
* 이슬람은 또한 동혼, 가정에서 여성의 실제적인 감금행위, 임시 결혼, 즉 매춘(시아파에서만 가능함)을 허용한다.

2005년 3월 18일 아미나 와두드(Amina Wadud)라는 무슬림 여성이 뉴욕 시에서 이슬람 기도 예배를 인도했다. 그녀는 세 개의 사원에서 여성이라는 이유로 예배 주최를 거절당했다. 기도 예배는 아트 갤러리로 정해졌지만 갤러리 측에서는 폭탄 협박을 받은 후 철회했다. 결국 어느 성공회 교회에서 열리게 되었다. 그 행사장 바깥에서 한 무슬림 항의자가 격노한 목소리로 외쳤다. "이 사람들은 이슬람을 대표하지 않는다. 만약 이곳이 이슬람 국가였다면 그녀는 교수형에 처하거나 살해당하거나 온 몸이 성하지 못했을 것이다."[1] 그건 의심할 여지가 없는 사실이다. 그럼에도 불구하고 와두드는 그러한 대우가 근본적으로 이슬람이 아니라고 주장했다. 그녀의 주장에 따르면 쿠란에서는 남성과 여성이 동등하다는 것이다. 무슬림 남성들이 여성들을 섹스와 살림살이에만 쓸모 있는 존재로 여기는 것은 쿠란을 왜곡해서 생긴 일이라는 것이다.[2)]

| PC 신화 : 이슬람은 여성들을 존중한다

일반적으로 이슬람에서 여성 학대는 문화적이며, 쿠란에서 유래된 것이 아니라고 알려져 있다. 실제로 이슬람이 여성들에게 서구보다 더 나은 삶을 제공한다는 사실은 거의 격언이 될 정도로 널리 수용되고 있다. 로스앤젤레스에 있는 무슬림 여성연맹은 다음과 같이 주장한다. "영적 평등, 책임, 남성과 여성 간의 상호 의무는 쿠란에서 잘 발전된 주제이다. 신의 시각에서 보면 남성과 여성 간의 영적 평등은 정신적 · 종교적 이슈에만 국한되어 있지 않고 오히려 인간 행동의 모든 임시적 측면에서 평등에 대한 토대이다."[3)]

또 다른 무슬림 여성들의 옹호자인 이집트인 나와 엘-사다위(Nawal el-Saadawi) 박사는 한술 더 뜬다. 무슬림 신학자들은 그녀의 견해가 이슬람적인 수준에 미달한다고 지적하면서 이집트 당국과 충돌을 빚고 있다. "우리 이슬람 종교는 여성들에게 다른 종교보다 더 많은 권리를 부여했고 영예와 자부심을 보장했습니다."[4)]

같은 맥락에서 2004년 12월 크리스천 사이언스 모니터는 이슬람으로 개종한 일부 라틴 아메리카 여성을 특집으로 다루고 있다.[5)] 그들 중 한 사람인 자스미네 피네트(Jasmine Pinet)는 "이슬람 개종은 여성으로서 더 큰 존중을 받았다"라고 설명했다. 피네트는 무슬림 남성들이 여성들을 존중한다고 칭송했다. "그들은 '이봐, 마미(*mami*, 스페인어 속어로 baby, sexy라는 뜻역주), 안녕하세요?' 라고 말하지 않아요. 대개 그들은 '자매님, 안녕' 이라고 말해요. 그들은 당신을 성적 대상으로 쳐다보지 않아요." 모니터는 오늘날 미국에 4만 명의 라틴 아메리카 무슬림들이 살고 있고, "수많은 라틴계 개종자들은 이슬람에서 여성들이 더 나은 대접을 받고 있다는 그들의 믿음이 개종한 중요한 요인이었다고 말한다."

부르카(burqa), 일부다처제, 사우디아라비아에서 여성들의 운전 금지법, 그리고 서구에 잘 알려진 여성들에 대한 이슬람 기록의 다른 요소들을 통해 경악하는 독자들을 위해 모니터는 하버드 대학교의 여성학과 종교학 교수 레일라 아흐메드(Leila Ahmed)를 인용한다. "아프가니스탄과 탈레반이 여성들과 이슬람을 대표한다고 생각하는 사람들을 보면 나는 경악한다." 아흐메드는 다음과 같이 말한다. "우리는 여성들에게 이슬람을 열어줄 이슬람 재고의 초기 단계에 있다. [무슬림 학자들은] 가능한 모든 방법을 통해 쿠란에서 법률내용까지 이슬람의 핵심 구절들을 재독하고 있다."

하지만 탈레반이 정말로 여성 차별에 관한 이슬람의 특징을 창시했던 것일까? 쿠란과 다른 이슬람의 핵심 구절들을 '재독' 하는 것이 정말로 '여성들에게 이슬람을 개방' 하는 데 도움이 될까? 다음은 '재독해야만' 할 구절들 중 일부이다.

- 여성은 남성보다 열등하고 남성의 지배를 받아야 한다. "남성은 여성의 보호자이나니 이는 신께서 그녀들보다 강한 힘을 주기 때문이니라"(쿠란 4 : 34).

- 쿠란에서는 여성을 남성이 원할 때 사용하는 경작지(*tilth*)에 비유한다. “여성들은 너희들이 가꾸어야 할 경작지와 같나니 너희가 원할 때 너희의 경작지로 가까이 하라”(쿠란 2 : 223).
- 여성의 증언은 남성에 비해 반 정도의 가치가 있다고 선언한다. “두 남성의 증인을 세울 것이며, 두 남성이 없을 경우는 한 남성과 두 여성을 선택하여 증인으로 세울지어다. 왜냐하면 한 증인이 잘못을 한다면 다른 증인은 기억을 할 것이기 때문이라”(쿠란 2 : 282).
- 남성들은 네 명의 아내를 둘 수 있고, 노예 소녀들과도 섹스를 할 수 있다. “만일 너희가 고아들을 공정하게 대처하여 줄 수 없을 것 같은 두려움이 있다면 결혼을 할 것이니, 둘 또는 셋 또는 네 명의 여성과 결혼함이 나으니라 그러나 그들에게 공평을 베풀어 줄 수 없다는 두려움이 있다면 한 여성이거나 너희 오른손이 소유한 것이거늘 그것이 너희를 부정으로부터 보호하여 주는 보다 적합한 것이라”(쿠란 4 : 3).
- 쿠란은 아들의 유산이 딸의 두 배가 되어야 한다고 규정한다. “알라께서는 너희 자식들에 대한 유산으로 너희에게 명하시니 아들에게는 두 명의 딸에 해당하는 양이니라”(쿠란 4 : 11).
- 쿠란은 남편들에게 불순종하는 아내들을 때리라고 말한다. “여성은 헌신적으로 남성을 따라야 하느니라 순종치 아니하고 품행이 단정치 못하다고 생각되는 여성에게는 먼저 충고를 하고, 그 다음으로는 잠자리를 같이 하지 말 것이며 세 번째로는 가볍게 때려줄 것이로다”(쿠란 4 : 34).

무함마드의 많은 아내들 중 가장 사랑받았던 아이샤(Aisha)는 확실한 말로 여성들에게 권고했다. "오 여성들이여, 너희 남편이 너희에게 가진 권리들을 알고 있다면 너희 모두는 너희 얼굴로 너희 남편 발에 묻은 먼지를 닦을 것이다."[6)]

개인 무슬림들은 여성들을 존중하고 영예롭게 여길지 모르지만 이슬람은 그렇지 않다.

오늘날처럼: 여학생들이 부르카 때문에 죽다

여성들에 대한 이슬람 의복 규정들로 야기된 억압 사례는 2002년 3월 메카에서 15명의 여학생들이 학교에서 발생한 화재에서 참변을 당한 것이었다. 사우디아라비아 종교 경찰 무타와(muttawa)는 여학생들이 그 건물 밖으로 나오지 못하게 했다. 학교에는 여성들만 있어서 여학생들은 겉옷을 다 벗고 있었다. 종교 경찰들은 실제로 학교 문을 열려고 했던 경찰, 소방수들과 싸울 정도로 이슬람법의 위반보다 그 여학생들의 사망을 선호했던 것이다.[7)]

≫≫≫ 커다란 이슬람식 가리개

쿠란은 여성들이 "그녀들의 시선을 낮추고 순결을 지키며 밖으로 나타내는 것 이외에는 유혹하는 것도 보여서는 아니되니라. 가슴을 가리는 베일을 써서 남편과 그녀의 아버지, 남편의 아버지, 그녀의 아들, 남편의 아들, 그녀의 형제, 그녀 형제의 아들, 그녀 자매의 아들, 여성 무슬림 이외에는 드러내지 않도록 해야 되느니라"라고 지도한다

(쿠란 24 : 31). 무함마드는 자신의 교우이자 훗날 제1대 칼리프가 되었던 아부 바크르(Abu Bakr)의 딸 아스마(Asma)가 '얇은 옷을 입고' 방문했을 때 더욱 구체적으로 말했다. 예언자는 큰 소리로 외쳤다. "오 아스마야, 여자가 월경할 나이에 이르면 신체의 일부를 제외한 다른 부분을 드러내는 것이 적합지 아니하니라. 그리고 그는 그녀의 얼굴과 두 손을 가리켰다."[8)]

오늘날 이 가리개는 이슬람에서 여성들의 가장 높은 상징이 되었다.

≫≫≫ 동혼

쿠란은 이혼에 관한 명령에서 동혼을 당연시한다. 쿠란은 여성이 임신했는지 확인하는 시기를 논의하면서 다음과 같이 말한다. "생리 기간이 끝나버린 여성이라도 너희가 의심할 경우는 그녀들의 정해진 기간은 석 달이며 **생리에 이르지 아니한 여성**도 마찬가지라" (쿠란 65 : 4, 강조가 추가됨). 다시 말해 알라는 사춘기 이전의 여성도 결혼할 수 있을 뿐만 아니라 남편에게 이혼당할 수도 있다는 시나리오를 구상하고 있다.

그러한 구절이 무함마드에게 '계시된' 한 가지 이유는 그 자신도 어린 신부가 있었기 때문이다. 예언자는 '여섯 살이 된 소녀' 아이샤와 결혼했고, 그녀가 아홉 살이 되었을 때 동침했다.[9)] 동혼은 7세기 아라비아에서 일반적인 현상이었다. 쿠란은 오래 전에 버려졌어야만 했던 관례를 가지고 그것을 신성한 계시로 인정해 주었다.

오늘날처럼 : 이슬람 세계에서 동혼

이것은 쿠란이 절대진리이고 무함마드가 모든 인간 행동을 위한 모델이 되는 사회에 살고 있는 수백만 명의 여성들과 소녀들에게 해당되어 왔다. 아프가니스탄과 방글라데시에 사는 십대 소녀들 중 절반 이상이 결혼한 상태이다.[10] 아야톨라 호메이니는 신실한 무슬림에게 생리를 시작하지 않은 소녀와 결혼하는 것은 '신이 내린 축복'이라고 말했다. 그는 아버지들에게 충고했다. "당신의 딸들이 당신 집에서 초경을 하지 않도록 최선을 다하시오."[11]

이란 소녀들은 부모의 허락을 받아 아홉 살이 되면 결혼할 수 있고, 열 세 살이 되면 동의 없이 가능하다.[12] 동혼은 가정폭력의 원인이 된다. "이집트에서 결혼한 사춘기 소녀들의 29%는 남편에게 얻어맞고 있었으며, 그 중 41%는 임신 중에 얻어맞았다. 요르단의 연구에서는 보고된 가정폭력 사례의 26%가 18세 이하의 아내들에게 행해진 것이었다고 지적했다."[13]

≫≫≫ 아내 구타

무함마드는 "여성들이 그들의 남편에게 대담해졌다"고 들었다. 그래서 그는 여성들을 때릴 수 있게 허가했다. 일부 여성들이 불평하자 무함마드는 "많은 여성들이 남편에 대해 불평하면서 무함마드의 집에 찾아왔다. 그들은 아내의 좋은 본보기가 아니다"라고 주장했다.[14] 무함마드는 아내들을 구타하는 남편들이 아니라 불평하는 여성들 때문에 기분이 언짢았다. 또한 그는 다음과 같이 추가했다. "남성에게 왜 아내를 때리는지 이유를 물어보지 않도록 할 것이다."[15]

또 다른 하디스에서는 어떤 여성이 무함마드에게 재판해 달라고 찾아왔던 사례를 얘기하고 있다. "아이샤는 그 부인이 초록색 베일을 쓰고 찾아와서 남편에게 불평해서 얻어맞아 생긴 시퍼런 멍을 보여주었다고 말했다. 그것은 여성들 간에 서로 지지하는 습관이었다. 알라의 메신저가 왔을 때 아이샤는 말하길, '나는 신앙심 깊은 이 여자만큼 여성들이 고통을 많이 당하는 것을 보지 못했어요. 보세요. 그녀의 피부는 옷보다 더 초록색이잖아요!' "[16]

"나는 신앙심 깊은 이 여자만큼 여성들이 고통을 많이 당하는 것을 보지 못했어요"라고? 나왈 엘-사다위(Nawal El-Saadawi)에 따르면 아이샤는 '우리 이슬람 종교가 여성들에게 다른 종교보다 더 많은 권리를 주었다' 고 착각하고 있는 것 같다. 하지만 무함마드는 아이샤가 그 여성의 멍을 보고 놀란 사실에 마음이 움직이지 않는다. 무함마드는 그 여성의 남편이 나타나자 아내를 때린 일을 책망하지 않는다. 사실 그는 아무런 언급도 없다. 알라는 이미 그에게 남성이 불순종하는 아내를 이런 식으로 대해야 한다고 계시해 주었는데 뭐하러 언급하겠는가?

무함마드는 아이샤도 때렸던 것이다. 어느 날 밤 그는 그녀가 자고 있다고 생각하고선 밖으로 나갔다. 아이샤는 몰래 그의 뒤를 따라갔다. 그 일을 알게 되자 무함마드는 그녀를 때렸다. "그는 내가 고통

오늘날처럼 : 아내 구타

파키스탄 의학연구소는 파키스탄 아내들의 90% 이상이 맛없는 음식을 요리했다는 이유로 얻어맞거나 성적 학대를 받았다고 발표했다. 어떤 이들은 사내 아이를 낳지 못했다고 벌을 받았다고 한다.[17]

을 느낄 만큼 내 가슴팍을 내리치면서 말했다. 알라와 그의 사도가 너에게 불공평하게 다루리라고 생각했느냐?"[18]

>>> 그들이 거절하지 못하는 한 가지 제안

무함마드는 여성들이 남편들의 소유물이라고 강조했다. "알라의 메신저가 '만일 남편이 아내에게 침실로 오라고 부르는데 아내가 거절해 남편이 화가 난 상태로 잠들게 되면 천사들이 아침까지 그녀를 저주하리라' 고 말했다."[19] 이것은 이슬람법에 명문화되어 있다. "남편은 아내가 자신을 그에게 주거나 제공할 때만 아내를 지원할 의무가 있다. 그것은 곧 남편에게 자신의 전 존재를 완전히 즐기도록 내주며 밤낮 어느 때나 섹스를 거절하지 않는 것을 뜻한다."[20]

>>> 혼자 외출하지 말라

이슬람법은 다음과 같이 규정하고 있다. "남편이 아내가 집을 나가지 못하도록 금지할 수도 있다."[21] 그리고 "남편과 함께 혹은 그녀와 동행하는 그녀의 결혼상대가 될 수 없는 친족의 일원이 없이는 그 도시를 떠날 수 없다. 그 여행이 하즈(hajj)처럼 의무적인 여행이 아니라면 말이다. 그 외의 경우 그녀가 혼자 여행하는 것은 율법에 벗어나며, 남편이 그렇게 허락하는 것도 벗어나는 일이다."[22]

국제사면위원회에 의하면 사우디아라비아에서는 "동행이 없이

혼자 걷는 여성들, 또는 남편이나 가까운 친척이 아닌 남자와 함께 걷는 여성들은 매춘이나 다른 '도덕적' 범법행위의 혐의로 체포당할 위험에 처해 있다"고 한다.[23]

⋙ 임시 남편들

무슬림 남성에게는 이혼만큼 간단한 일이 없다. 자기 아내에게 "당신과 이혼하겠어"라고 말하기만 하면 이혼이 성사된다. 이 명백한 난폭성은 쿠란의 다른 구절에 의해서 경감되는 듯하다. "만일 한 여성이 남편으로부터 학대와 외면을 두려워할 때 그 둘 사이에 화해를 함은 그들 사이에 죄악이 아니니 화해가 최선이니라"(쿠란 4 : 128). 하지만 합의에 대한 이런 요구는 두 평등자의 만남을 위한 요구가 아니다. 적어도 하디스에서 해석되어 온 바로는 그렇다. 아이샤는 이 구절을 다음과 같이 설명한다. "이 구절은 남편이 더 이상 아내로 두기를 원하지 않고 그녀와 이혼하고 다른 여자와 결혼하고자 하는 여자에 관한 것이다. 그래서 그녀는 그에게 '나를 내쫓거나 이혼하지 말고 다른 여자와 결혼하라. 당신은 나에게 소모하지도 동침하지 않아도 된다'라고 말한다."[24]

한편, 홧김에 아내와 이혼했다가 나중에 화해하고자 하는 가능성에 대해서는 이슬람법의 이상한 점을 보여준다. 동일한 남편에게 연거푸 세 번 이혼을 당한 이슬람 여성이 있었다. 그녀는 반드시 다른 남자와 결혼을 한 상태에서 그 남편에게 돌아가기 전에 반드시 그와 이혼해야 한다. "자유인 남자가 세 번 이혼을 선언했을 때, 그녀가 타당한 결혼으로 다른 남자와 결혼하고 그 새 남편이 그녀와 동침하기까지는 그가 이혼한 아내와 재혼하는 일은 율법에 어긋나는 일이다."[25]

무함마드는 다음과 같이 주장했다. 옛날에 한 여자가 도움을 청하러 찾아왔다. 그녀의 남편이 그녀와 이혼했고 그녀는 재혼했다. 하지만 두 번째 남편은 고자였고, 그녀는 첫 남편과 재혼하고 싶어했다. 예언자는 그녀가 '현 남편과 완전한 성관계를 하고 그가 너와 완전한 성관계를 즐기지 않는다면' 첫 남편과 결혼할 수 없다고 말하며 물러서지 않았다.[26]

이것은 '임시 남편들'이라는 현상을 낳았다. 임시 남편들은 어떤 남자가 홧김에 그 부인과 이혼할 경우, 그 이혼녀가 다시 그녀의 남편과 가족에게 돌아갈 수 있도록 하룻밤 동안 그 불쌍한 이혼녀와 '결혼'하게 된다.

≫≫≫ 예언자의 허가

무함마드가 이미 아홉 명의 아내와 숱한 첩을 거느렸을 때 알라는 무함마드에게 원하는 여자는 아무나 취하라는 특별한 허락을 해주었다. "예언자여! 실로 우리는 그대에게 허용하였나니 그대가 이미 지참금을 지불한 부인들, 알라께서 부여한 이들로 그대의 오른손이 소유하고 있는 이들과, 삼촌의 딸들과 고모의 딸들과 외삼촌의 딸들과 같이 이주하여 온 외숙모의 딸들과 예언자에게 스스로를 의탁하고자 하는 믿음을 가진 여성들과 예언자가 결혼하고자 원할 경우 그대에게는 허용되나 다른 믿는 사람들에게는 허용되지 아니함이라"(쿠란 33 :

50). 그런 편리한 예언들은 쿠란에 수도 없이 많다. 알라는 무함마드에게 양자의 아들이 이혼했을 때 그녀를 필요한 절차와 함께 아내로 받아들이도록 명령한다(33 : 37).

무함마드의 소원은 쓴 열매를 맺었다. 이 두 쿠란 구절은 여성이 인간으로서 남성과 함께 존엄의 평등이 부여되지 않았고, 남성에게 상으로 주어지고 이용되는 대상물이라는 만연된 가설의 두 요소일 뿐이다. 물론 일부다처제는 이 가설의 토대이며, 이슬람과 함께 서쪽으로 움직이고 있다. 2004년 후반기 일부다처제는 영국 내 무슬림들 사이에서 너무도 일반화되어서 영국인들은 그것을 납세대상으로 인식하는 것을 고려 중이었다.[27)]

오늘날처럼 : 그 책을 내려놓으라

파키스탄 이슬람 강경파들은 여성들의 교육에 강력히 반대하여 2004년 2월 혼란스러운 5일 동안 여덟 개의 여학교를 전소시켰다.[28)]

>>> 임시 아내들

이란에서 지배적인 시아파 이슬람은 또한 '임시 아내들'을 허락한다. 이것은 남성이 단기적으로 여성과의 교제를 획득하기 위한 규정이다. 임시 결혼, 즉 무타(mut'a)에서 부부는 시간적 제한을 지니는 점을 제외하면 모든 면에서 평범하기 짝이 없는 혼인서약서에 서명을 한다. 무함마드의 전통에서 임시 결혼은 "사흘 밤 동안 지속되어야 하며, 그들이 부부관계를 계속하고자 한다면 그럴 수 있고 이혼하고 싶어하면 그렇게 할 수 있다"고 규정하고 있다.[29] 그러나 그러한 결합은 사흘 밤까지도 지속되지 않는다.

이 관례의 권위는 하디스 구절뿐만 아니라 쿠란 구절(4 : 24)의 시아파 해석에 그 기초를 둔다. "자비르 빈 압둘라(Jabir bin Abdullah)와 살라마 빈 알-아크와(Salama bin Al-Akwa)가 다음과 같이 말했다. 우리가 군대에 있을 동안 알라의 메신저가 우리에게 와서 말했다. '너희는 무타(Mut'a, 결혼)를 하도록 허락을 받았으니 그렇게 하여라.'"[30] 무슬림 전체의 83%에 해당하는 순니파 무슬림들은 나중에 무함마드가 이 규정을 폐지했다고 주장하지만 시아파는 반대하고 있다. 어쨌든 임시 아내들은 외로운 신학생들에게 교제를 제공할 수 있는 시아파 성도들로 소집하곤 한다.

≫≫≫ 강간 : 증인 4명이 필요하다

무엇보다 여성에게 가장 위협이 되는 것은 여성 증언의 타당성에 대한 이슬람의 제한과 관련된 강간에 대한 무슬림의 생각일 수도 있다. 법정에서 여성의 증언은 한 남성 증언의 절반 가치가 있다고 한다(쿠란 2 : 282).

한 무슬림 율법 지침서에서 보면 '재산을 다루거나 또는 판매와 같은 재산을 다루는 거래와 관련된 사례들'에만 제한시킴으로써 이슬람 율법학자들은 여성 증언의 타당성을 많이 제한해 왔다.[31] 성추행의 경우 4명의 남성 증인이 필요하다. 이 증인들은 음행, 간음 또는 강간이 일어났다고 단순히 증언만 하는 게 아니라 그 행위를 직접 목격했어야 한다. 이 독특하고 파괴적인 추정은 무함마드의 삶에서 일어난 한 사건에 그 기원을 두고 있다. 그의 아내 아이샤가 불륜으로 누명을 썼을 때였다. 아이샤는 그가 가장 총애하는 아내였으므로 그런 고소는 특히 무함마드를 괴롭혔다. 알라가 나타나서 그의 예언자를 도왔다. 알라는 아이샤의 무죄를 밝혀주고 성적인 죄에 대한 4명의 증인들의 추정을 제도화시켰다. "왜 그들은 그것을 입증할 4명의 증인을 세우지 못했느뇨? 그들은 알라 앞에서 허위자들이라" (쿠란 24 : 13).[32]

결과적으로 샤리아의 명령을 따르는 국가에서 강간을 증명하기란 거의 불가능하다. 남성들은 벌을 받지 않고 강간을 저지를 수 있다. 그들이 혐의를 부인하고 증인들이 없는 한, 그들은 희생자의 증언이 받아들여지지 않기 때문에 벌을 면할 것이다. 더 심한 것은 여성이 강간한 남성을 고소할 경우 오히려 죄를 뒤집어 쓸 수 있다. 남성 증인들이 발견되지 않을 경우 희생자의 강간에 대한 고소는 강간에 대한 인정이 되니까 말이다. 그것은 파키스탄에서 투옥된 여성들의 75%가 사실은 강간의 희생자가 되는 죄 때문에 갇혀 있다는 어두운 사실을 설명해 준다.[33] 최근 나이지리아 강간죄를 간음혐의로 변질시키고 사형을 선고했던 일련의 사건들이 국제사회의 이슬람 당국에 대한 압력으로 수정되었다.[34]

무함마드 vs 예수

"서기관들과 바리새인들이 간음 중에 잡힌 여자를 끌고 와서 가운데 세우고 예수께 말하되, '선생이여, 이 여자가 간음하다가 현장에서 잡혔나이다. 모세는 율법에 이러한 여자를 돌로 치라 말하였거니와, 선생은 어떻게 말하겠나이까?' 저희가 이렇게 말함은 고소할 조건을 얻고자하여 예수를 시험함이리라. 예수께서 몸을 굽히사 손가락으로 땅에 쓰시니 저희가 묻기를 마지 아니하는지라 이에 일어나 가라사대, '너희 중에 죄 없는 자가 먼저 돌로 치라' 하시고 다시 몸을 굽히사 손가락으로 땅에 쓰시니 저희가 이 말씀을 듣고 양심의 가책을 받아 어른으로 시작하여 젊은이까지 하나씩 하나씩 나가고 오직 예수와 그 가운데 서 있는 여자만 남았더라. 예수께서 일어나사 여자 외에 아무도 없는 것을 보시고 이르시되, '여자여 너를 고소하던 그들이 어디 있느냐? 너를 정죄한 자가 있느냐?' 대답하되, '주여 없나이다.' 예수께서 가라사대, '나도 너를 정죄하지 아니하노니, 가서 다시는 죄를 범치 말라' 하시니라"

– 예수(요한복음 7 : 53–8 : 11)

"그에게[거룩한 선지자] 가미드(Ghamid)에 사는 한 여성이 찾아와 말했다. 알라의 예언자여, 나는 간음을 행했으니 나를 정결케 해주십시오. 그[거룩한 예언자]는 그 여성을 돌려보냈다. 다음날 그녀가 말했다. 알라의 예언자여, 어째서 저를 돌려보냈습니까? … 알라로 맹세하건대 저는 임신을 했습니다. 예언자가 말했다. 글쎄, 네가 그렇게 주장한다면 네가 아이를 출산할 때까지 가 있어라. 그 여성이 출산하고 아이를 강보에 싸고 찾아와 말했다. 여기에 내가 낳은 아이가 있습니다. 예언자가 말했다. 가서 아이 젖을 뗄 때까지 키워라. 그녀가 아이를 이유시키자 다시 찾아왔다. 그는 말하길, 알라의 예언자여, 여기에 젖을 떼고 음식을 먹게 된 아이가 있습니다. 그[거룩한 예언자]는 그 아이를 한 무슬림에게 위탁했고 형벌을 내렸다. 그리고 그녀는 가슴팍까지 닿는 구덩이에 던져지게 되었고, 그는 사람들에게 그녀를 돌로 치라고 명했다. 칼리드 빈 왈리드(Khalid bin Walid)는 돌을 하나 가지고 앞으로 나와 그녀의 머리에 내던지자 피가 그의 얼굴로 분출했고, 그렇게 그는 그녀에게 막 대했다. 알라의 예언자는 그녀에게 퍼부은 그[칼리드]의 저주를 들었다. 그때 그[거룩한 예언자]는 말했다. 칼리드, 살살 다루시오. 나의 생명을 쥐고 계신 그분이 말하노니, 그 여성은 회개를 많이 한 나머지 과오를 범한 세리가 그렇게 회개했다면 그는 용서를 받았을 정도요. 그러자 칼리드는 그녀를 위해 기도했고, 그녀는 매장되었다."[35]

≫≫ 여성 할례

여성 할례는 아직도 일부 이슬람 국가 여성들에게는 비참함의 또 다른 원천이다. 여성 할례는 아프리카와 남아시아의 수많은 문화단체와 종교단체에서도 발견되기 때문에 이슬람만의 특정 관습이 아니다. 무슬림 사이에서 그것은 주로 이집트와 그 주변에서 만연해 있는 일이다. 하지만 이 끔찍한 관례에 대해 쿠란이나 하디스에서 (많아야) 부족한 증거가 있다는 사실에도 불구하고 여성 할례를 행하는 무슬림은 종교적 의미를 부여하여 그것에 투자한다. 이슬람 율법 지침서는 할례가 '남녀 모두에게' 요구되는 일이라고 주장한다.[36]

알-아즈하르의 그랜드 셰이크인 셰이크 무함마드 사예드 탄타위(Sheikh Muhammad Sayyed Tantawi)에게 여성 할례는 "여성들에게 영예를 주는 칭송할 관례이다."[37] 알-아즈하르의 대이맘인 탄타위는 BBC 방송에서 "거의 십억에 달하는 순니파 무슬림을 위한 가장 높은 영적인 권위이다"라고 말했다.[38] 아마도 셰이크 탄타위의 눈에는 여성 할례가 희생자들에게 끼치는 고통이 그 결과를 두고 볼 때 가치가 있는 것이다. 대부분의 권위자들은 여성 할례가 여성이 간음을 덜 저지르도록 여성의 성적 반응을 감소시키기 위해 고안되었다고 의견을 모으기 때문이다.

당신이 읽지 말았어야 할 책

• 『베일 속의 목소리 : 여성들의 눈을 통해 본 이슬람 세계』(*Voices Behind the Veil : The World of Islam Through the Eyes of Women*, edited by Ergun Mehmer Caner, Grand Rapids, MI : Kregel Publications, 2004).

⋙ 장기적인 전망? 어둡다

남성들이 쿠란을 읽고 믿는 한, 여성들은 일부다처제의 상심과 비인간화, 쉽고도 변덕스러운 이혼이라는 위협에 직면하게 되고, 더 심한 것은 폭력을 포함하여 거짓 고소, 그리고 실제로 가장 기본적인 인간적 자유의 모든 것을 상실함에 복종해야 하는 멸시받는 이류 시민이 될 것이다. 이런 것은 한 단체, 정당, 또는 지극히 단명한 것의 현상들이 아니다. 그것들은 쿠란을 절대적이고 영원히 타당한 완벽한 알라의 말씀으로 존중함의 결과들이다. 남성들이 계속 액면 그대로 쿠란을 받아들인다면 여성들은 위험에 처하게 될 것이다.

Chapter 6

이슬람법 : 거짓말, 도둑질 및 살인

> **알고 있나요?**
> * 이슬람의 최상위 윤리도덕적 원리는 '이슬람에 유익한 것이 정도'라는 것이다.
> * 이슬람은 상황에 따라서는 도둑질과 살인은 물론 거짓말도 용납한다.
> * 이는 오늘날의 대규모 위장전술로 연결된다.

앞서 살펴보았듯이 이슬람은 비무슬림과 그 종속자에 항전할 뿐만 아니라 이슬람을 전파하기 위해서라면 거짓말, 도둑질 및 살인을 허용한다. 이슬람에는 기독교의 십계와 같은 윤리강령은 없다. 이슬람이 유대교와 기독교의 윤리적 외양을 갖추고 있다고 생각하는 것도 바로잡아야 할 PC 신화 중 하나이다. 이슬람에서는 이슬람의 성장을 도모할 수만 있다면 무엇이든 용납된다.

≫≫≫ 거짓말 : 잘못이다 그렇지만 예외는 있다

무함마드는 진실의 필요성을 완곡한 말로 설명한다. "진실을 말하는 것은 의무이다. 왜냐하면 진실은 덕으로 이어지고, 덕은 우리를 천국으로 이끌기 때문이며, 끊임없이 진실을 말하고 진실을 갈구하는 자는 궁극적으로 알라와 같은 신뢰를 얻게 되기 때문이다. 거짓은 음란에 빠지게 만들고 음란함은 다시 지옥으로 귀결되므로 거짓을 경계해야 한다. 끊임없이 거짓말하는 자는 알라에 의해 거짓말쟁이로 낙인찍히게 된다."[1)]

그러나 다른 많은 이슬람 원리와 마찬가지로 이는 무슬림에게만 적용된다. 무함마드는 불신자에 관한 한(특히 무슬림과 전쟁 중인) '전쟁은 거짓' 이라고 말한다.

구체적으로 살펴보자. 무함마드는 전쟁에서 거짓말을 해도 된다고 가르쳤다.[2)] 이 가르침으로부터 이슬람의 두 가지 원리가 발생한다. 예언자의 명예와 그가 주창한 종교를 수호하기 위한 정치적 암살과 교전시 거짓의 허용이 그것이다. 종교적 거짓말을 허용하는 교리[타끼예(taqiyya), 키트만(kitman)]는 시아파 이슬람의 교리이다. 순니파(전 세계 무슬림의 85% 이상)는 예언자가 금하고 있다는 이유를 들어 이를 표면적으로는 반대한다. 그러나 순니파 무슬림이 신뢰하는 전통적 관습에서 동일한 원리를 찾아볼 수 있다.

비무슬림에 대한 정치적인 거짓말은 쿠란에 다음과 같이 언급되어 있다. "신앙인들은 불신자들을 신앙인들에 우선하여 친구로 택하지 아니하도다. 그렇게 하는 자 있다면 알라의 신앙이 조금도 없나니 항상 경계하여 그들로부터 너희 자신을 보호하는 길밖엔 없도다"(쿠란 3 : 28). 다시 말해 자기 자신을 보호하기 위한 경우를 제외하고는 비무슬림들과 친구가 되지 말라는 말이다. 비무슬림의 친구가 되어 그들에 대항할 수 있는 힘을 키우라는 것이다. 저명한 쿠란 논평가인 이븐 카티르(Ibn Kathir)는 다음과 같이 설명한다. "알라는 자신의 신자가 비무슬림의 지지자가 되거나 무슬림이 아닌 자와 동료가 되는 것을 금한다." 그러나 "비무슬림으로부터 신변의 위험을 느끼는 지역이나 시대적 상황에 놓인 무슬림들은 제외된다. 이들이 표면적으로는 비무슬림들에게 호의를 보일 수는 있지만 내면적인 호의는 용납되지 않는다."[3]

순니파에 박해당하던 시아파 무슬림들은 타키예 사상(믿음의 가장)을 이론으로 발전시켰다. 시아파는 순니파에 반대되는 자신들의 믿음을 부정하고 자신들이 믿음에 대해 거짓말을 할 수 있었다. 쿠란에서도 이러한 관습을 용인한다. 이슬람을 부정하는 무슬림은 지옥에 떨어진다고 경고하지만 강요에 의해 이슬람을 부정해야 되는 경우, 내면에 진실한 믿음을 지니고 있다면 예외로 한다. "그의 마음은 믿음으로 가득하나 강요된 것은 제외될 수 있으되 믿음을 가진 후 알라를 불신하여 그의 마음이 불신으로 가슴을 펴는 자 그들 위해 알라의 노여움이 있을 것이요 큰 벌이 그들에게 있으리라"(쿠란 16 : 106). 이와 연계된 교리가 심중 유보(kitman)인데, 이는 진실을 말하기는 하되 남을 속이기 위해 완전한 진실을 말하지 않는다는 교리이다. 시아파 교리이지만 이슬람 역사를 둘러보면 이슬람이라는 종교가 쿠란에 기초하고 있기 때문에 순니파도 이러한 관습이 있었음을 알 수 있다.[4] 이븐 카티르는 시아파는 아니지만 "강압에 의해 믿음을 부정해야 하는 상황에 놓인 자에게는 자신을 보호하기 위해 비무슬림들과 어울리는 것을 허용

하거나 또는 이를 거부할 수 있는 선택권이 있다는 데 학자들도 동의한다"고 말한다.[5)]

오늘날의 지하드주의자들은 믿음을 가장하는 관습의 유용성을 지지한다. 다음부터는 무슬림 대변인이 TV에서 비무슬림 미국인과의 친분과 미국에 대한 그의 충성심에 대해 말하는 것을 볼 기회가 있거든 이 관습을 기억해 달라. 무슬림 대변인이 진실을 말할 수도 있겠지만 완전한 진실이 아니라 단순한 거짓말일 수도 있다. 누가 인터뷰를 하건 간에 쿠란의 이 구절에 대한 질문은 하지 않을 것이다.

하지만 여기서 강압이란 무엇을 말하는 것일까? 이븐 카티르는 단지 물리적인 압력만 염두에 둔 듯한데 강압에는 여러 형태가 가능하다. 자국에 거주하는 이슬람 대변인이므로 비무슬림들이 언짢아할 내용을 축소하거나 부인하도록 강요받는다고 느낄 수 있지 않을까?

≫≫≫ 도둑질 : 도둑질 대상이 누구냐가 관건

이슬람법은 가혹한 처벌로 악명이 높다. 가장 널리 알려진 것이 도둑질한 자의 신체를 절단하는 처벌일 것이다. "물건을 훔친 남녀의 손을 자를지어니, 이는 그 두 손이 얻은 것에 대한 알라로부터 벌이거늘 알라는 전능과 지혜로 충만하심이도다"(쿠란 5 : 38).

그러나 이슬람에 대항하는 비무슬림의 경우는 여기서도 예외 적용된다. 쿠란에는 전리품과 관련된 법령이 있다. 전리품의 1/5을 알라와 자선사업에 기부해야 한다(쿠란 8 : 41)는 것이 그것이다. 무함마드가 쿠라이쉬족과 후다이비야 조약을 체결한 뒤(제1장 참조) 혼란과 불신에 빠진 추종자들에게 더 많은 전리품을 얻을 것이라 약속했다. "알라는 너희가 갖게 될 많은 전리품을 약속하신 후 너희를 위해 이것을 서둘러 주사 사람들의 손들을 제지하여 주셨으니, 그것은 믿는 신자들을 위한 예증이며 너희를 바른 길로 인도하여 주실 것이라는 예증이니라"(쿠란 48 : 18-20). 실제로 무슬림이 습격을 통해 전리품을 획득한 경우는 수없이 많다.

≫≫≫ 살인 : 살해대상이 누구냐가 관건

무슬림 호전론자들은 쿠란 5장 32절을 인용하길 좋아한다. "타인과 지상에 아무런 해악을 끼치지 아니한 자 가운데 한 사람이라도 살해하는 것은 모든 백성을 살해하는 것과 같으며, 또한 한 사람을 구제하는 것은 모든 백성을 구제하는 것과도 같다 하였다." 그러나 빈번히 인용되는 이 구절이 말 그대로 살인을 일체 금하는 것은 아니다. 일단, 그 대상이 '이스라엘의 자녀' 이며, 시점이 과거이고 무슬림을 대상으로 하지 않았다. 사실 이 구절은 유대인이 무함마드에 대항하여 전쟁을 일으키지 말라는 일종의 경고성 문구로 이에 순응치 않을 경우 끔찍한 처벌을 받게 된다. 결국 요점은 알라가 이스라엘의 자손에게 '영토 내 위법행위' 를 더 이상 확산시키지 못하도록 경고하는 것이며, 만약 이것이 지속 될 경우에 대해 다음과 같이 언급하였다.

> 이런 일로 말미암아 우리는 이스라엘 자손에게 율법을 내렸나니, 지상에 아무런 해악을 끼치지 아니한 자 가운데 한 사람이라도 살해하는

것은 모든 백성을 살해하는 것과 같으며 한 사람을 구제하는 것은 모든 백성을 구제하는 것과도 같다 하였으매 예언자들이 말씀을 가지고 너희에게 오셨으니라 그후에도 너희 가운데 대다수는 지상에서 과오를 저지르고 있도다 실로 알라와 예언자에 대항하여 지상에 부패가 도래하도록 하려 하는 그들은 사형이나 십자가에 못박히거나 그들의 손발이 서로 다르게 잘리우거나 또는 추방을 당하리니 이는 현세의 치욕이며 내세에서는 무거운 징벌이 그들에게 있으니라(쿠란 5 : 31-33).

사실 '불신자의 살해' (9 : 5 : 2 : 191)라는 쿠란의 호전성을 보더라도 다른 많은 경우와 마찬가지로 무슬림과 비무슬림 간에 분명 다른 잣대가 적용됨을 알 수 있다. 쿠란에 "실수의 경우는 예외지만 신자를 살해해서는 안 된다"(4 : 92)라고 명시하고 있지만 불신자에 대한 유사한 문구는 찾아볼 수 없다.

따라서 이슬람법에는 이중의 잣대가 있음을 짐작할 수 있다. 순니파의 샤피아 법학파에 따르면 '정의롭지 못한 살인' 은 최악의 범죄 중 하나이다. 규율에 따르면 "불신에 빠져 고의적이고 정당화될 수 없는 살인을 저지르는 자는 반드시 처벌되어야 한다"고 명시하고 있으나 '비무슬림을 살해한 무슬림' 에게 처벌은 허용되지 않는다.[6)]

호메이니의 이슬람공화국 법학에 지대한 영향을 미친 이란인 수피 지도자 셰이크 술탄후세인 타반데(Sheikh Sultanhussein Tabandeh)는 『보편적 인권선언에 대한 무슬림의 입장』(*A Muslim Commentary on the Universal Declaration of Human Rights*)이라는 저서를 남겼는데, 여기서 그는 무슬림이 살해될 경우 살인자를 극형에 처해야 한다고 주장하는 반면, 만약 살인자가 무슬림이고 희생자가 비무슬림이라면 "이슬람에서 비무슬림은 신앙심과 신념이 가장 저급한 자들이므로 만약 무슬림이 비무슬림을 살해했다면 그를 처형하지 않을 것이다. 왜냐하면 그의 신념과 믿음이 살해된 자보다 강하기 때문이다. 그는 벌금형에 처해질 것이다"라고 말한다.[7]

존 퀸시 아담스(John Quincy Adams) 가 본 이슬람

"7세기 이집트 하가르(Hagar) 가문의 후손으로 시대를 초월하는 천재성과 광인의 초자연적인 에너지, 사기꾼 기질을 지닌 방랑하는 아랍인이 자신을 천국에서 온 예언자라 선포하고 지구상에 황폐와 기만을 전파하였다. 전지전능한 신을 섬기는 모세의 율법의 장엄함에 그는 자신을 예언자이자 사도라는 거짓말을 덧붙였다. 예수의 새로운 계시, 영생에 대한 믿음과 희망, 미래의 보복을 차용하여 성적 욕망의 만족을 보상과 제재와 결부시켜 인간 수준으로 비하시켰다. 그는 여성을 비하하고 일부다처제를 허용하여 인간의 경사에 재를 뿌렸고, 자신의 종교의 일환으로 전 인류를 상대로 무차별적 인간 말살의 전쟁을 선포했다. 교리의 본질은 폭력과 탐욕이었으며, 인간의 정신세계를 야만성이 지배하게 하는 것이었다. 상반된 이 두 종교는 1200년간의 전쟁에 이미 접어든 것이다. 전쟁은 잔인하다 … 거짓 예언자의 무자비하고 방종한 교리는 인간에게 동기유발을 시킬지 모르지만, 이 땅의 평화와 인간을 향한 선량한 의지는 결코 있을 수 없다."

>>> 보편적 도덕가치? 이슬람에는 없다

그의 기념비적인 저서 『인간의 폐멸』(*The Abolition of Man*)에서 기독교 호전론자인 루이스(C. S. Lewis, 1898-1963)는 타오(Tao) 또는 자연법 사례를 통해 광범위한 문화와 문명 속에서 인류가 고수하고 있는 원리를 정리하였다. 그가 말하는 원리는 부모, 윗사람, 선조에 대한 의무, 자손에 대한 의무, 신의성실의 원칙, 관용의 원리 등이다. 그는 구약, 신약, 베르길리우스의 『서사시』, 『바가바드 기타』, 『논어』, 호주 원주민의 글에 이르기까지 다양한 출처를 통해 이러한 원리의 보편성을 논하였다. 여기에는 쿠란이나 기타 무슬림의 인용구는 완전히 누락되어 있다.

무슬림 원리가 누락된 원인에는 저자 루이스가 무슬림에 대한 지식이 없었기 때문이라고 생각할 수도 있지만 그럴 가능성은 거의 희박하다고 본다. 왜냐하면 루이스가 생존했던 시기에 그의 고국인 영국의 활동무대에 중동과 아시아 지역도 포함되었기 때문이다. 여러분들은 루이스가 몇 가지 원리를 쿠란에서 차용할 수 있었을 것이라고 생각할 것이다. 그러나 그가 이를 인용할 수 없었던 것은 이슬람이 무슬림에게만 관용을 베풀고 '보편적 관용의 법칙'을 지향하지 않았기 때문일지 모른다. 불행히도 이슬람은 불변의 진리에 따르지 않는다.[8] 예수의 가르침인 "무엇이든지 남에게 대접을 받고자 하는 대로 너희도 남을 대접하라"(마태복음 7 : 12)는 이슬람을 제외한 전 세계 모든 종교적 전통에서 발견할 수 있는 덕목이다. 쿠란과 하디스에는 보편적인 자선이 끼어들 여지가 없을 정도로 신자와 불신자 간의 구별이 확실하다. 불신자들은 질의, 의혹, 저항, 투쟁의 대상이다. 그 이상은 없다. 그들은 관용을 베풀지 않으며, 그들은 절대 사랑받을 수 없다.

바로 이것이 여타 종교적 전통과 이슬람 간의 확연한 차이점이다. 신자를 죽인 자보다는 불신자를 죽인 자에게 덜 가혹한 처벌을 내리는 종교를 부끄럼 없이 정당화하는 셰이크 타반다를 이슬람 외의 다른 근대 종교에서 찾아볼 수는 없을 것이다.

PC 신화 : 이슬람은 무고한 자의 살해를 금한다

9·11 사태가 발생했을 때 무슬림 대변인들과 서구의 중동 전문가들은 우리에게 이슬람이 무고한 생명을 앗아가는 것을 금하고 있다고 역설했으며, 대다수 전 세계 무슬림에게도 오사마 빈 라덴이 세계

무역센터 건물에 있던 3천 명의 인명을 살상한 일은 이슬람 지하드의 대의명분을 갖추지 못한 범죄임이 분명했다.

그러나 이슬람법은 민간인 살해를 전적으로 비난하지는 않는다. 이슬람법은 '무슬림에 대항하여 싸우는 자가 아닌 이상' 여성과 어린이의 살상을 금하고 있다.[9] 다시 말하면 어떤 식으로든 전쟁에 조력하고 있다면 민간인도 살상할 수 있다는 의미로 해석될 수 있다는 뜻이다. 그렇게 본다면 이스라엘에는 민간인이 한 명도 없다는 주장도 설득력이 있다. 어떤 무슬림 지도자는 이스라엘에 산다는 이유만으로 모든 사람이 무슬림 영토의 침입자가 되고 이슬람과 전쟁에 개입할 수밖에 없게 된다고 말한다. 세계적으로 유명한 셰이크 유수프 알-카라다위(Sheik Yusuf al-Qaradawi)는 한 발 더 나아가 다음과 같이 말한다. "이스라엘 여성들은 군사적으로 무장되었기 때문에 자국 여성들과는 다르다. 나는 이러한 유형의 순교가 알라의 전지전능함을 정당화시킨다고 생각한다. 알라는 정의롭다. 그의 끝없는 지혜는 강한 자가 지니지 못한 능력, 즉 팔레스타인의 사례에서 볼 수 있듯이 자신의 신체를 무기로 전환시킬 수 있는 능력을 약자에게 주었다."[11]

당신이 읽지 말았어야 할 책

• 『여행자의 신뢰 : 이슬람 신성법 지침서』(*Reliance of the Traveller : A Classic Manual of Islamic Sacred Law*, Amana Publications, 1994)라는 영문 제목으로 출간된 누 하 민 켈러(Nuh Ha Min Keller)의 저서 『움다트 알-살리크』(*Umdat al-Salik*). 이 책은 샤피아 법학파의 법률 지침서로 이슬람 평신도를 대상으로 한 이슬람법 가이드북이다. 알-아즈하르(Al-Azhar) 대학 인증을 받은 책으로 순니파 이슬람 최고 교육기관인 알-아즈하르 이슬람연구아카데미(Al-Azhar Islamic Research Academy)는 "정통 순니파 공동체의 관습과 믿음을 따른 책"으로 소개하였다.[10]

Chapter 7

알라는 과학을 어떻게 말살했는가

알고 있나요?

* 과장된 이슬람 문화의 황금기는 비무슬림의 영향을 많이 받았다.
* 이슬람 신앙의 본질은 과학 및 문화발전에 역행하는 것이었다.
* 과학적 의문에 실용적 기초를 마련한 것은 이슬람이 아니라 유대교와 기독교였다.

이슬람 문화의 전성기는 전설과도 같다. 무슬림은 대수학, 0, 고대의 항법기구인 아스트롤라베(astrolabe)를 발명했으며, 농업에 새로운 장을 열었고, 유럽이 중세 암흑 시대라는 큰 실수를 저지를 때 아리스토텔레스 철학의 지킴이가 되었다. 지난날 이슬람 제국은 거의 모든 분야에서 동시대 유럽인을 비롯해 전 세계인의 업적을 압도하는 성과를 보여주었다.

그런데 정말 그랬을까?

아닐지도 모르겠다. 모방을 인정한다면 모르지만.

⋙ 순수미술과 음악은 어떤가?

이슬람 문학은 널리 알려져 있다. 혹은 적어도 수피 시인 잘랄루딘 루미(Jalaluddin Rumi, 1207–1273)와 『천일야화』 정도는 누구나 알 것이다. 그 밖에도 동성애에 관한 이교적 견해를 밝힌 페르시아 시인 아부 누와스(Abu Nuwas, 762–814) (제8장에서 살펴보겠다), '예언자를 가장하는 자'란 성을 물려받은 알-무타납비(al-Mutanabbi, 915–965), 이교도인 터키계 수피 네시미(1417년 죽음), 페르시아 역사를 시로 표현한 페르시아 서사시인 하킴 아부 알-카심 만수르 페르도우시(Hakim Abu al-Qasim Mansur Firdowsi, 935–1020)도 있다. 하킴은 자신의 작품에서 기독교와 조로아스터교 연대기를 인용했는데 그후 오랫동안 잊혀졌다.

이들은 대부분 이슬람 이단자임을 자청하는 자였다. 파르디 우드-딘 아타르(Farid ud-Din Attar)의 12세기 우화인 『새들의 회의』(*The Conference of the Birds*)를 제외하면 이슬람에서 영감을 얻은 사람은 거의 없는 것으로 보인다. 그들은 위대한 작품을 남겼지만 그 중 대부분은 이슬람의 특성이 살아 있는 작품들이 아니라 그것이 결여되어 주목을 받는다. 그러나 이슬람적 영감은 구소련이 만델스탐, 사하로프, 솔제니친에 미친 것만큼 많은 영향을 미쳤다.

이슬람이 예술분야에서 거둔 성과는 무엇이 있을까? 무슬림 베토벤이나 미켈란젤로는 왜 없을까? 모짜르트 피아노 협주곡 20번이나 이슬람 모나리자나 피에타 상은 왜 없을까?

애써 찾아보려 시간을 낭비할 필요는 없다. 이슬람 국가에도 음악과 미술이 존재했고, 음악·미술적으로 상당한 성과를 보인 무슬림들도 있다. 그렇지만 이는 이슬람에 역행하는 일이었고, 서양음악과 미술 전통에 필적할 만한 것은 없었다. 왜냐하면 이슬람법이 인간적인 음악과 미술 표현을 금했기 때문이다. 음악분야도 마찬가지로 바흐의 B단조 미사곡이나 가스펠에 필적할 만한 것은 없다. 무엇보다도 이슬람에는 음악적 창조성이 끼어들 여지가 없었기 때문이다.

이슬람법은 아하디스(ahadith)를 인용해 무함마드로 하여금 악기를 금하게 하였다.

> 전지전능한 알라가 신자들을 이끌고 자비를 베풀기 위해 나를 보내시어 플룻, 현 등의 악기와 십자가, 이슬람 도래 이전의 무지를 없앨 것을 명하셨다. 부활의 날 알라는 여가수의 노래를 듣는 자 모두의 귀에 납물을 부을 것이다. 노래는 물이 목초를 적시듯 마음 속 위선을 부추긴다. "지상이 이들을 집어삼킬 것이며, 그들을 동물로 만들어 버리거나 그들에게 돌을 던질 것이다." 혹자가 질문하였다. "알라의 예언자여, 그때가 언제입니까?" 알라가 답하길, "여가수와 악기가 나타나고 와인이 법으로 허용될 때이다." 내 공동체에 우상숭배하는 자가 나타나고 실크, 와인, 악기가 법으로 허용될 것이다.[1)]

마치 옛 아메리카 식민지 시대에서 거리에 침을 뱉을 때 적용하던 규율같이 오늘날에는 일반적으로 효력이 없는 고대의 법으로 생각해서는 안 된다. 이란의 아야톨라 호메이지는 로큰롤이나 랩뿐만 아니라 음악 자체의 해악에 대해 강경한 입장을 보였다.

> 음악은 청년의 정신을 흐려놓는다. 음악과 마약은 다르지 않다. 둘

다 서로 다른 형태의 무기력을 양산한다. 자국이 독립국이길 원한다면 음악을 금지하라. 음악은 국가와 청년에 대한 반역이다.[2)]

미술은 어떤가? 이슬람은 재현미술을 절대적으로 금지한다. 무함마드에 따르면 "천사는 개나 생명체(인간이나 동물 등)의 이미지(그림 등)가 있는 집은 들어가지 않는다."[3)] 또 다른 카라바지오를 양산해서는 안 된다.

물론 서양 박물관에는 이슬람 미술로 법랑 세공품이나 서예작품이 전시되어 있다(물론 모스크 내의 건축적 · 예술적 미학을 전시하기는 불가능하긴 한다). 그렇지만 서양의 예술적 전통에 비한다면 어떤 다문화주의자라도 예술품의 수가 너무 적다는 건 인정할 것이다.

PC 신화 : 이슬람은 위대한 문화와 과학의 번성에 토대가 되었다.

이슬람은 중요한 문화 혹은 과학발전에 토대가 될 만한 업적을 남기지 못했다. 중세 시대의 이슬람 세계에서 과학문화적 번성기가 도래했던 것은 사실이다. 그렇지만 이러한 번성기가 이슬람의 영향만으로 가능했다는 증거는 어디에서도 찾아볼 수 없다. 오히려 이슬람에서 유래한 것이 아니라 비무슬림들이 무슬림 주인을 섬기는 과정에서 유래했음을 증명할 수는 있다.

예를 들어 무슬림의 자존심이라 할 수 있는 사원의 건축설계는 비잔틴 교회의 형태와 구조를 차용한 것이다(물론 돔과 아치 건축술은 이슬람이 도래하기 천 년 전부터 발전되어 온 것이다). 최초의 대형 사원인 7세기 바위 사원은 비잔틴 모델을 모방했을 뿐만 아니라 비잔틴 장인의 손으로 지어졌다. 이슬람의 건축적 혁신은 흥미롭게도 군사적인 필요에서 발생되었다. 이슬람 미술과 건축 역사가인 올레그 그라바르

(Oleg Grabar)는 다음과 같이 말한다. "이슬람의 주요 건축물 중 그것이 사회적이건 개인적인 권력이건 간에 어떤 식으로든 권력이 반영되지 않은 것은 없다. 건축물은 의례 과시를 위한 것이고, 과시는 거의 대부분의 경우 권력의 표현이다. 11세기 카이로 또는 14세기 그라나다의 성문이 그 예인데, 여기에는 다양한 궁륭(vaulting)기법이 사용되었다. 스퀸치 돔은 삼각 궁륭기법과 함께 사용되었고 반원통형 궁륭은 교차형 궁륭기법과, 단순한 반원형 아치는 뾰족하거나 말발굽 모양의 아치기법과 함께 사용되었다. 혁신적인 이슬람 궁륭기법, 특히 스퀸치 돔과 교차형 궁륭기법의 정교함을 군사적 용도로 보기는 어렵다. 왜냐하면 나무지붕이나 천장보다 구조적으로 더 튼튼하거나 화재에 강하다고 볼 수는 없기 때문이다."[4)]

그 밖에도 다른 예는 많이 있다. 아스트롤라베는 무슬림 시대에 완성되었을지 모르겠지만 무함마드 탄생보다는 훨씬 전에 발명된 것이다. 아비센나(Avicenna, 920-1037), 아베로에스(Averroes, 1128-1198)와 여타 무슬림 철학자들의 학문은 이교도 그리스 철학자 아리스토텔레스의 철학을 기초로 하였다. 암흑 시대의 황폐함 속에서도 5세기 안티오크의 프로부스 신부와 같은 기독교도들이 아리스토텔레스의 저서를 보호했는데, 프로부스 신부는 아리스토텔레스를 아랍 세계에 소개한 인물이다.[5)] 기독교도 후나인 이븐 이샤크(Huneyn ibn Ishaq, 809-873)는 아리스토텔레스, 갈렌, 플라톤, 히포크라테스의 저서들을 시리아어로 번역하였는데 그후 그의 아들이 이를 다시 아랍어로 번역하였다.[6)] 야곱파(시리아계) 기독교도인 야후야 이브 아디(Yahya ibn Adi, 893-974)도 철학서를 아랍어로 번역하였고 자신의 저서도 남겼는데, 「도덕의 재편」(*The Reformation of Morals*)이라는 그의 논문은 동시대 무슬림들의 작품으로 오인되어 왔다. 그의 제자 기독교도인 아부 알리 이사 이븐 주라(Abu 'Ali' Isa ibn Zura, 943-1008)도 아리스토텔레스와 다른 희랍 작가들의 저서를 시리아어에서 아랍어로 번역했다. 최초의 아랍어 의학 논문은 크리스천 신부가 저술하였고 유대인 의사가 683년에 아랍어로 번역하였다. 바그다드 최초의 병원은 네스토리안 기독교도 자브라일 이븐 바흐티슈(Jabrail ibn Bakhtishu)에 의해 압바시야조 칼리프의 황금기에 건립되었다.[7] 앗시리아계 기독교도는 페르시아 군데샤푸르(Gundeshapur)에 최초의 메디칼 스쿨을 설립하였다. 세계 최초의 대학은 카이로에 있는 무슬림의 알-아즈하르(Al-Azhar)라는 주장이 있곤 하지만 최초의 대학은 니시비스(Nisibis)의 앗시리아 스쿨이다.

이는 수치스러운 일이 아니다. 어떤 문화도 진공상태에서 갑자기 발생되지 않기 때문이다. 모든 문화는 다른 문화의 성과에 기초하고, 교류국들로부터 빌려오게 마련이다. 그러나 역사적 기록만 봐도 이슬람이 다른 국가보다 월등히 앞선 문화로 이들에게 영향을 미쳤다는 증거는 어디에도 없다. 이슬람 문화가 유럽 문화보다 앞서 나아가던 시기가 있었지만, 이 시기는 무슬림이 비잔틴이나 기타 문명의 성과물을 들여와 향상시키던 시기와 정확히 일치하고 있다. 결국 피정복자들에 비해 비문명인이었던 7세기 페르시아를 침략한 무슬림들은 자신의 소유인 은과 한번도 보지 못한 금을 교환했고, 생전 처음 본 장뇌를 요리에 사용했다.[8] 비문명인이었던 이들이 새로운 예술적·건축학적 계획을 염두에 두고 새로운 세계에 입성했으리란 추론이 가능할까?

반대로 이슬람 문화는 비잔틴과 페르시아에서 취할 수 있는 것들을 취한 뒤 많은 유대인과 기독교도를 무슬림으로 개종시키거나 완전히 복종시키고 난 뒤 지적 정체기에 접어들게 되었고, 아직까지 헤어나지 못하고 있다. 우리를 더 짜증나게 만드는 것은, 만약 이슬람이 그렇게 높은 수준의 문화적 업적을 성취했다면 왜 급격하고도 지속적인 하강국면에 접어들었는가 하는 의문이다.

>>> 황금기에 무슨 일이 일어났나?

다양한 지적 시도에 있어서 무슬림이 한때는 전 세계를 리드했다는 것은 사실이다. 특히 수학과 과학 분야에서는 그러했다. 그러나 이슬람 세계에는 흔적이 남아 있지 않은 시기인 황금기 이후로 수학과 과학 분야는 쇠퇴기에 접어들었다.

의학분야를 예로 들어보자. 무슬림은 최초로 약국을 설립했고, 의사와 약사는 시험을 통해 적정한 수준의 지식과 능력을 갖추어야 했다.[9] 5세기 압바시야조 칼리프 하룬 알-라쉬드(Harun al-Rashid, 763-

윈스턴 처칠의 이슬람론

"무함마드교에 대한 저주는 정말 무섭다. 인간에게는 개의 공수병과도 같은 광신적 열광 외에도 무함마드교에는 무섭도록 숙명적인 냉담함이 있다. 낭비벽, 정리되지 않은 농업경제, 활기 없는 상거래, 자산의 불안정성 등이 예언자의 추종자들이 지배하거나 거주하는 곳에 만연해 있다. 저급한 육욕주의는 위엄과 신성함의 바로 아래 단계인 우아하고 고상한 인간의 삶을 박탈하였다. 이슬람법에서 여성이 어린이이건 부인이건 정부이건 간에 모든 여성은 남성의 사유재산으로 귀속된다는 점에서 남성들 사이에서 이슬람 신앙이 종결되는 그 시점까지는 노예제도의 지속을 의미하게 된다.

무슬림 개개인은 놀라운 자질을 지니고 있을지 모른다. 그들 중 수천 명은 자신의 목숨을 바칠 줄 아는 여왕의 용감하고 충성스런 군인이 될 수 있을지 모른다. 그러나 무슬림은 추종자들의 사회적 발전을 마비시킨다. 이보다 더 시대에 역행하는 세력은 전 세계에서 찾아볼 수 없을 것이다. 무함마드교는 호전적이고 개종을 강요하는 종교이다. 이미 중앙아프리카에 전파되었으며, 두려움을 모르는 전사들을 양산하고 있다. 만약 그리스도교 사회에 과학이 발달하지 않았더라면 근대 유럽 문명은 고대 로마 문명처럼 멸망했을 것이다."

809)의 집권시 바그다드에 최초의 병원이 설립되었고, 그후 더 많은 병원이 설립되었다. 그러나 인간의 신체 내 장기를 처음으로 정확히 묘사한 책인 『인체의 구조』(*De Humani Corporis Fabrica*)를 1543년에 처음 발간한 사람은 무슬림이 아니라 벨기에 출신 의사이자 연구원인 안드레사아스 베살리우스(Andreas Vesalius, 1514-1564)였다. 왜 아랍인이 아닐까? 베살리우스는 인체를 해부할 수 있었지만 이러한 관행은 이슬람에서 금지되어 있었기 때문이다. 게다가 베살리우스의 책은 상세한 해부학 그림들로 가득 차 있었는데, 이슬람에서는 인체의 예술적 표현도 금지되어 있었다.

수학분야도 마찬가지이다. 아부 자파르 무함마드 이븐 무사 알-흐와리즈미(Abu Ja'far Muhammad ibn Musa al-Khwarizmi, 780-850)는 수학의 개척자로 대수학에 관한 그의 아랍어 논문이 번역되기도 했었는데, 그 논문은 수세대에 걸쳐 유럽인들에게 수학의 즐거움을 선사했다. 그러나 사실 알-흐와리즈므미의 원칙들은 그가 태어나기 몇 세기 전부터 발견된 것으로 무슬림의 업적으로 알려진 0의 개념도 여기에 포함된다. 오늘날 우리가 알고 있는 '아라비아 숫자'는 아라비아에서 기원한 것이 아니라 회교국이 되기 전 인도에서 유래했으며, 오늘날 아라비아 언어권에서는 사용되고 있지 않다. 그럼에도 불구하고 알-흐와리지미의 영향을 부정하는 사람은 없다. 대수(algebra)의 어원은 그의 논문 「알-자브르 와-알-무카빌라」(*Al-jabr wa-al-Muqabilah*)의 첫 단어를 딴 것이며, 알고리즘(algorithm)이라는 단어는 그의 이름에서 파생되었다. 알-흐와리지미의 연구업적은 유럽에서 수학적·과학적 탐구에 새 지평을 열었는데 이슬람에서는 왜 그렇지 못했을까? 그 결과는 자명했다. 유럽인들은 다른 발견들과 대수학을 연계하여 활용하였고 기술적으로 큰 발전을 이루어냈다. 그러나 무슬림의 경우는 달랐다. 이유가 뭘까?

우선 유럽 사회에는 혁신이 가능한 지식을 추구하는 전통이 있었던 반면 이슬람 사회는 그렇지 않았다는 것이다. 유럽인들은 무슬림들과 다른 방식으로 아랍인의 성과물들을 이용했는데, 예를 들면 아리스토텔레스와 아비센나, 아베로에스는 12세기부터 유럽 대학에서 연구되었던 반면 이슬람 세계에서는 그들의 업적이 무시되었고, 학교에서도 전혀 가르치지 않았다. 당시 이슬람 학교에서는 오늘날과 마찬가지로 쿠란 암기와 연구에만 주력했다. 그 외에도 저명한 이슬람 철학자들은 있었지만 아비센나와 아베로에스는 서양에서는 연구대상이었지만 이슬람에서는 그렇지 않았다. 왜 그랬을까? 왜 그 당시 이슬람 학교에서는 철학 자체를 가르치지 않았을까?

이는 수피주의자 아부 하미드 알-가잘리(Abu Hamid al-Ghazali, 1058-1128)의 책임이라 할 것이다. 그는 위대한 사상가였지만 이슬람의 철학과 과학적 사상을 말살한 반지성주의의 대변인이었다. 알-가잘리는 쿠란에 드러난 진실을 받아들이길 거부하는 철학자가 있다고 주장했다. 예를 들면 아부 유수프 야쿱 이븐 이샤크 알-삽바 알-킨디(Abu Yusuf Yaqub ibn Ishaq al-Sabbah al-Kindi, 801-873)는 종교와 철학이 진실을 추구함에 있어 동등하기는 하지만 별개의 분야라고 주장했다.[10] 다시 말해 쿠란의 이기적인 예언자와 매음굴의 천국에 주의를 기울이거나 경배할 필요가 없다는 말이다. 서양에는 라제스(Rhazes)로 알려진 아부 바크르 알-라지(Abu Bakr ar-Razi, 864-930)는 여기서 더 나아가 오직 철학만이 최상위의 진실로 이어진다고 역설했다. 다른 무슬림 철학자들도 이와 유사한 위험한 의문을 품고 있었다.[11]

『철학자의 모순』(*Incoherence of the Philosophers*)이라는 저서에서 알-가잘리는 "(이들은) 알라가 계시한 법과 종교적 고백을 부정"하고 "종교적 · 학파적 가르침을 거부하고 이를 인간이 만든 법이고 미화된 속임수라고 믿는다"며 무슬림 철학자들을 비난했다.[12] 그는 알-파라비(al-Farabi)와 아비센나 같은 무슬림 철학자들이 '종교의 (본질적) 원리'에 도전하고 있다고 비난했다.[13]

알-가잘리는 자신의 저서인 『철학자의 모순』에서 철학자들에게 다음과 같은 수사적 질문을 던진다. "결론적으로 이들이 이단자이고 이단적 믿음을 버리지 않는 그들을 죽이는 것이 의무라는 말인가?"[14] 이에 대한 답변으로 "다음 세 가지 주장을 근거로 이들을 이단이라 선포할 필요가 있다." 이들은 자신들의 가르침에서 이 세계는 영원히 존재했고, 알라는 보편적인 것 외에 부분적인 것을 알지 못하며, 신체의 부활은 없었다고 주장한 것이 그것이다. 따라서 이슬람법에 의거하여 이들을 죽이는 것은 '의무'이다. 이러한 대응은 건전한 철학적 전통을 이어나가기 어렵게 만든다. 알-가잘리 이후로도 무슬림 철학자들이 있었지만 그들은 아비센나의 성취를 능가하지 못했다. 아베로에스[아불-왈리드 무함마드 이븐 루쉬드(Abul-waleed Muhammad Ibn Rushd)로 불리기도 함]는 이 같은 알-가잘리의 발언에 대해 그의 저서 『모순의 모순』(*Incoherence of the Incoherence*)에서 "철학자들은 신학자들에게 아부할 필요가 없다고 말했지만 결과는 좋지 않았다"고 적었다. 이슬람 철학의 황금기는 종말을 고했다.

철학자들에 대한 알-가잘리의 공격은 이슬람 문화가 지적 발달을 방해하는 문화임을 명백히 보여주고 있다.

쿠란이 완벽한 책이고 다른 책은 필요하지 않다는 게 그들의 지배적인 생각이다. 무슬림은 쿠란이 완벽한 책이고 이슬람 사회가 완벽한 문명이기 때문에 무슬림들은 다른 문명, 특히 이교도의 지식은 배울 필요가 없다고 생각한다.

> **무함마드 vs 예수**
>
> "하나님 한 분 외에는 선한 이가 없느니라."
>
> **– 예수(마가복음 10 : 18)**
>
> "유대인들이 알라의 손은 묶여 있어 그들의 손들도 묶여 있다 말하니 그들이 말하는 것에 저주가 있을 것이라. 그러나 그분의 두 손은 펼쳐져 있어 원하는 자에게 양식을 주시니라."
>
> **– 쿠란 5 : 64**
>
> 알라의 "손이 묶여 있지 않다"는 개념에는 그의 절대적 자유와 주권이 반영되어 있다. 만약 예수님 말씀처럼 하나님이 선하다면 그의 선함은 창조물의 일관성 속에서 확인될 수 있다. 그러나 이슬람에서는 알라를 선한 자로 칭한다는 것 자체가 그를 구속하는 행위이다.

⋙ 알라의 과학문명 말살

이슬람 과학과 철학적 의문에 최후의 일격을 가한 것은 쿠란이었다. 이슬람의 성서인 쿠란은 알라가 절대적 주권을 지니며 어떤 것에도 구속되지 않는 것으로 묘사하고 있다. 이러한 주권은 너무나도 절대적이므로 유럽의 과학발전에 관건이 된 전제, 즉 유대교와 기독교에게 있어 신이 선하다고 믿고 그의 선함은 일관되므로 이성적인 법에 의해 우주를 창조하였으며 과학적 탐구를 가치 있게 만들었다는 전제는 절대적으로 배척되어야만 했다. 성 토마스 아퀴나스는 다음과 같이 역설했다.

> 논리, 기하, 산술 등의 특정 과학의 원리는 본질적 공식에 따른다. 신은 이러한 원칙에 반하는 것은 만드실 수 없다. 즉 속이 종을 단정짓지 못하게 할 수 없고, 원의 중심에서 원주에 이르는 반지름을 동일하지 않게 할 수 없으며, 직삼각형의 세 각 중 직각을 제외한 두 각의 합이 직

각의 각과 일치하지 않게 만들 수 없다.[15]

그러나 이슬람에서 알라는 절대자유이다. 알-가잘리와 다른 학자들은 자연의 법칙을 문제삼는다. 즉 자연의 법칙은 알라의 자유를 부정하는 신성모독이라는 것이다.[16] 아퀴나스의 주장대로 신이 일관성 있고 이성적인 법에 따라 우주를 창시했다거나 신이 전지전능하다는 것은 알라의 절대주권을 구속하게 된다. 그의 의지가 모든 것을 통제하지만 불가해한 것이다.

따라서 근대 과학은 이슬람 국가보다는 기독교 유럽에서 발달되었다. 이슬람 세계의 알라가 과학을 죽인 것이다.

≫≫≫ 다 잃은 것은 아니다 : 이슬람에 감사해야 할 것들

그러나 이슬람 문화가 거둔 지적·과학적·예술적 성과를 전면 부인하는 것은 아니다. 사실 우리는 이슬람 국가들이 두 가지 기념비적 성과를 거둔 점을 인정한다. 즉 유럽 사회에 신세계를 소개하고 르네상스기를 가져온 것은 사실이다.

크리스토퍼 콜럼버스가 1492년에 아시아로 가는 새로운 서쪽 루트를 개척하려다 대서양을 건너 미국을 발견한 것은 어린이들도 다 아는 사실이다. 그는 왜 아시아로 가는 새로운 길을 개척하려 했을까? 콘스탄티노플이 1453년에 무슬림에 의해 정복당한 뒤 동양으로 향한 무역로가 차단되었기 때문이다. 육로를 통해 향료와 물품들을 수입하던 유럽 무역상들에게는 절망적인 일이 아닐 수 없었다. 콜럼버스의 여행은 무슬림 지역을 우회하여 해상을 통해 인도에 도달하는 길을 터서 유럽 상인들을 곤경에서 구해주기 위한 의도로 시작되었다. 이슬람의 호전성과 비타협성은 결과적으로 유럽에 아메리카를 알려주는 계기가 되었다.

콘스탄티노플의 함락과 이보다 앞선 비잔틴 제국의 쇠락의 또다른 여파는 그리스 지식인들의 서구 유럽으로의 이주일 것이다. 무슬림이 비잔틴 제국으로 영토를 확장함에 따라 많은 그리스인들이 서구 유럽으로 피난하게 되었고, 서구 대학에 전례 없이 많은 플라톤이나 아리스토텔레스 추종자를 양산하게 되었다. 이는 고전철학과 문학의 재발견으로 이어졌고, 이전에는 (이후로도) 경험하지 못한 지적·문화적 전성기를 누리게 되었다. 비잔티움의 서구 철학과 지식의 역사에 대한 기여는 아랍 문명이 아리스토텔레스를 보호한 것보다 훨씬 큰 기여였다.

당신이 읽지 말았어야 할 책

- 『이슬람, 중국, 서구 유럽의 초기 근대 과학의 기원』(*The Rise of Early Modern Science : Islam, China and the West*, Tobby E. Huff, Cambridge : Cambridge University Press, 2nd edition, 2003). 이 책에서 저자 허프는 근대 과학이 이슬람이나 중국에서 발달하지 못하고 서구 유럽에서 발달하게 된 것은 우연이 아니라고 말한다.

물론 이러한 기여는 이슬람이 거둔 "업적"이라 할 수는 없다. 이는 우리가 앞서 살펴본 이슬람의 폭력적 교리의 결과물일 뿐이다. 그러나 사실상 이는 수많은 이슬람 철학 논문과 서예작품보다 훨씬 많은 영향을 주었다고 할 것이다.

Chapter 8

이슬람 천국의 유혹

알고 있나요?

* 쿠란은 천국을 물리적 욕구를 충족시키는 장소라고 명시하고 있다.
* 운명의 날에 9·11 테러범 무함마드 아타(Muhammad Atta)의 짐 속에는 '천국의 혼례복'이 있었다.
* 천국은 알라를 위해 (적을) 죽이고 (적에게) 죽임을 당하는 자만이 들어갈 수 있는 곳이다.

서양인들에게는 이상하게 보일지 모르겠지만 이슬람 순교자들에겐 엄청난 관심사인 천국의 처녀는 신화도 이슬람 신학의 왜곡된 결과물도 아니다. 무함마드는 그의 추종자들에게 완전히 세속적이며 관능적인 천국을 그려주었고, 여기에는 7세기 아라비아 사막에 살고 있는 사람이라면 누구나 꿈꿀 만한 모든 것들, 즉 금, 고급품들, 과일, 와인, 물, 여자 … 그리고 소년이 등장한다.

물론 예언자의 전성기에도 모든 사람이 이를 믿은 것은 아니다.

쿠라이쉬족과의 교전 중 무함마드는 그의 추종자들에게 "적의 동태를 살피고 돌아올 자는 누구인가?"라고 물었다. 그는 알라에게 청해 그 첩자를 '천국의 동료'가 될 수 있게 하겠다고 약속했다. 그러나 자원하는 자가 없자 무함마드는 그의 부하 중 한 사람에게 임무를 맡겨야만 했다.[1)]

지금까지도 천국의 약속은 무함마드가 그의 추종자들에게 동기를 부여하는 주요 수단 중 하나이다. 이 약속으로 인해 지하드 전쟁은 윈-윈 제안이 되었다. 무슬림 전사가 승리할 경우 그들은 지구상의 모든 전리품을 누릴 수 있었고, 그들이 전사할 경우에도 내세에서 거의 동일한 보상을 받을 수 있었다. 바드르 전쟁 중에 무함마드는 천국의 약속으로 무슬림의 사기를 북돋았다. "무함마드의 영혼의 주인인 신이 말하길, 변치 않는 용기로 후퇴 없이 전진하며 적과 싸우는 자는 죽지 않을 것이라 하였다. 그러나 만약 죽어도 신이 그를 천국으로 이끌 것이다."

대추야자 열매를 먹으며 이 이야기를 듣고 있던 전사 우마이르 빈 알-후맘(Umayr bin al-Humam)은 "좋습니다!"라며 탄성을 질렀다. "적들에게 죽임을 당하는 것 말고는 제가 천국에 들어가는 데 방해되는 것이 없습니까?" 그는 먹고 있던 대추야자 열매를 집어던지고 전쟁터에 뛰어들었으며, 곧 그가 원하던 죽음을 맞이했다.[2)]

⋙ 천국의 문 뒤에는 무엇이 있나

천국에서 우마이르 빈 알-후맘은 "황금과 진주의 팔찌로 장식하고”(쿠란 22 : 23), “섬세한 실크와 비단옷을 걸치고”(쿠란 44 : 53), “초록빛 방석과 아름다운 융단에 몸을 기대어”(쿠란 55 : 75), “금으로 장식된 금좌에 앉아”(쿠란 56 : 15), “과실과 나클 나무와 석류”(쿠란 55 : 68)를 포함해 “황금 접시들과 잔들이 그들 주위를 맴돌며”, “그 안에는 그들의 영혼이 원하는 모든 것과 그들의 눈들을 기뻐하게 할 모든 것들이”, “풍성한 과일들”이 담겨 있을 것이다(쿠란 43 : 71, 73). 육식을 좋아하는 자에게는 “그들이 원하는 가금류의 고기”가 있을 것이다(쿠란 56 : 21).

사막에서 평생을 보낸 사람들에게 물은 중요하다. 쿠란에 의하면 천국에는 물이 넘쳐난다고 한다. 천국에는 “아래로는 강이 흐르는 정원”이 있는데(쿠란 3 : 198 : cf. 3 : 136 : 13 : 35 : 15 : 45 : 22 : 23), “그곳에는 풍성하게 넘치는 두 개의 우물이 있도다”(쿠란 55 : 66).

물뿐이 아니다. 천국에는 다양한 음료수도 있다. “강물이 있으되 변하지 아니하고”, 그 이외에도 “우유가 흐르는 강이 있으되 변하지 아니하며, 술이 흐르는 강이 있으니 마시는 이들에게 기쁨을 주며, 꿀이 흐르는 강이 있으되 순수하고 깨끗하더라”(쿠란 47 : 15).

와인? 무슬림에게는 알코올 음료가 금지되지 않았던가? 쿠란은 ‘독주’를 사탄의 작품이라 하지 않았던가?(5 : 90) 그렇다면 사탄의 작품이 천국에도 있을 수 있다는 뜻인가?

눈치챘겠지만 천국의 와인은 예외적이다. 이 와인은 “감각을 마비시키지 않는” 것으로 “그것은 머리가 아프지 아니하고 취하지도 않더라”(쿠란 37 : 47).

이 모든 것은 알라의 축복을 받은 자를 위한 것으로 그들은 기후가 완벽히 조절되는 환경에 둘러싸여 모든 것을 누리게 된다. “그들은

무함마드 vs 예수

"하나님이 세상을 이처럼 사랑하사 독생자를 주셨으니 이는 저를 믿는 자마다 멸망치 않고 영생을 얻게 하려 하심이니라."

– 예수(요한복음 3 : 16)

"알라는 믿는자 가운데서 그들의 영혼과 그들의 재산을 사시나니 천국이 그들의 것이기 때문이라. 그들은 알라를 위해 성전하고 투쟁하며 또 순교하리니 그것은 알라와 약속된 것이라."

– 쿠란 9 : 111

그 천국의 높은 안락의자에 기대어 작열하는 태양의 열사와 추위도 맛보지 아니하리라. 천국의 그늘이 그들 위로 내려져 있으며, 과일들은 그들의 손이 닿기에 가까운 곳에 있느니라"(쿠란 76 : 13–14).

음식과 안락함은 바닥을 보이는 법이 없다. "그 밑에는 강이 흐르고, 일용할 양식이 영원하고 그늘이 있으니라"(쿠란 13 : 35).

≫≫≫ 섹스의 즐거움

그러나 이 모든 것이 아무리 매혹적이라도 우마이르 빈 알–후맘(Umayr bin al–Humam)에게는 별 의미가 없다. 그는 천국에서 자신을 기다리고 있는 사람이 "나이가 같은 청순한 배우자로"(쿠란 78 : 31), "사랑스러운 눈으로 보는 시선이 온화하고(쿠란 37 : 48), 크고 아름다운 눈을 가진 여인이며"(쿠란 44 : 54), "마치 루비와 진주 같은 것을 알고 있었다"(쿠란 55 : 58). "그는 그 여자들과"(쿠란 44 : 54) "결합될 것이었다"(쿠란 52 : 20). "어떤 남성들과 진(Jinn, 영적 존재)도 접촉해 보지 못한 눈을 내려감은 배우자가 있나니"(쿠란 55 : 56). 알라는 "그녀들을 순결케 하였으며"(쿠란 56 : 36), 이슬람 전통에 의해 그들은 영원히 처녀로 남아 있을 것이다.

그러나 천국은 (성적) 성향이 다른 이들에게는 지루한 곳이다. 알라에 의하면 천국에는 축복받은 자들을 "진주처럼 잘 보관된 소년이 그들 주위를 돌며 시중하는"(쿠란 52 : 24), "영원히 사는 소년들"(쿠란 56 : 17)이라 하였다. "너희는 그들이 뿌리는 진주들처럼 생각하리라"(쿠란 76 : 19).

하지만 쿠란은 분명 동성애를 묵과하지 않았던가? 롯이 소돔의 백성들에게 말하길, "너희는 여성을 벗어나 남성들로 하여금 성욕을 갖도록 조성하니 너희는 죄지은 백성들이라"(7 : 81). "너희는 우주의 모든 피조물 가운데서 남성에게만 접근하려 하느뇨? 알라께서 너희를 위해 창조하신 너희 배우자들을 버려두려 하느뇨? 실로 너희는 한계를 넘어선 백성들이라"(26 : 165). 하디스는 "결혼하지 않은 남성은 남색의 혐의로 체포될 것이다. 그는 돌로 쳐 죽임을 당할 것이다"라고 명한다.[3] 또 다른 하디스에서 무함마드는 다음과 같이 말했다. "남색을 한 자와 그 일을 허용한 자를 다같이 죽여라."[4] 동성애에 대한 비난은 여기서 그치지 않고 이슬람 법전에 명시되어 있다. 이런 연유로 한 사우디인이 체형이나 징역형에 처할 것이 두려워 이들의 '수치스러운 행동'을 목격한 파키스탄인을 차로 치고 돌로 머리를 내려친 뒤 불에 태워 죽였다고 한다.[5]

그러나 진주와도 같은 천국의 청년이라는 알라의 약속은 이슬람의 동성애에 대한 이중성으로 이어졌다. 위대한 시인 아부 누와스(Abu Nuwas)는 악명 높은 시 「향수 정원」에서 공개적으로 동성애를 찬양했다.

오, 남색의 즐거움이여! 아랍이여 이제 남색을 탐하라. 도망치지 말

라. 놀라운 즐거움이 있도다. 관자놀이에 곱슬머리가 구불거리는 수줍은 청년을 데려와 가젤이 자신의 짝 옆에 서듯 그와 사랑을 나누어라. 그는 베일로 가리는 창녀와는 다른 패검을 한 소년이다. 부드럽고 피부의 앳된 얼굴을 한 소년과 최선을 다해 사랑을 나누어라. … 여성은 악마다![6]

동성애에 대한 이와 같은 모순적 태도는 이슬람 역사 내내 계속되었다. 콘스탄티노플을 정복한 오토만 술탄 메흐메드 2세(Mehmed II)는 자신의 성적 성향을 공개적으로 드러냈다. 그가 정복한 도시의 연기가 가라앉기도 전에 이미 전쟁을 잊어버린 메흐메드는 비잔틴 관리 루카스 노타라스(Lukas Notaras)의 미소년 아들을 불러들이려 했다. 그러나 노타라스는 술탄에게 불려가 메흐메드의 노리개가 되느니 자신이 보는 앞에서 아들을 죽이라고 말했고 노타라스는 참수당했다.[7]

오늘날처럼 : 자살폭탄 테러범과 천국

알라를 위해 '(적을) 죽이고 (적에게) 죽임을 당하는' 자에게 약속된 천국은 자살폭탄 테러를 정당화할 수 있는 주요 근거이다. 폭탄 테러범들은 알라의 적을 죽이고 자신도 죽임을 당함으로써 천국을 약속받게 된다.

물론 미국 내 무슬림 대변인은 자살을 금지한 쿠란의 말씀을 인용할 것이다. "신앙인들이여! 너희들 가운데 너희들의 재산을 부정하게 삼키지 말라. 서로가 합의한 교역에 의해야 되느니라. 또 너희 자신들을 살해치 말 것이니"(쿠란 4 : 29-30). 무함마드는 하디스에서 다음과 같이 덧붙였다. "스스로를 목졸라 자살한 자는 불지옥에서 영원히 자신의 목을 조르게 될 것이고, 자신을 칼로 찔러 자살하는 자는 불지옥에서도 영원히 자신을 칼로 찌르게 될 것이다."[8]

하지만 이슬람 학자인 존 에스포지토(John Esposito)에 의해 '개혁파'로 불리는 이슬람 학자 셰이크 유사프 알-카라다위(Sheikh Yusaf al-Qaradawi)는 보다 일반적인 견해를 제시했다. 자살금지 교리는 자살폭탄 테러범들에게는 적용되지 않는다는 것이다. 자신이 아닌 알라의 적을 죽이기 위한 것이 그들의 의도이기 때문이라는 것이 그의 논리이다. "이는 자살이 아니니다. 신의 이름으로 행해진 순교이다. 이슬람 신학자들과 법학자들은 이 문제에 대해 논의해 왔다. 이것은 무자헤딘이 자신의 목숨을 바치는 것으로 일종의 지하드라 할 수 있다. 자신의 영혼을 위험에 빠뜨리고 적의 계획을 방해한 뒤 죽음을 당하는 것은 용납된다."[9)]

자살폭탄 테러범인 무함마드 파르하트(Muhammad Farhat)의 어머니 움 니달(Umm Nidal)은 그의 아들이 살인을 한 뒤 자살한 것을 위대한 승리라고 말한다. "지하드는 우리에게 부여된 (종교적) 의무이다." "우리는 우리 아들의 영혼에 이러한 사상을 항상 주입해야 한다. 매일 우리 주변에 발생되는 일들을 보라. 학살, 파괴, 주택에 대한 폭탄투하 … 아들의 영혼, 특히 무함마드에게 있어 지하드와 순교에 대한 사랑이 강화될 수밖에 없었다. 알라를 찬양하라. 나는 무슬림이고 지하드를 믿는다. 지하드는 믿음의 요소 중 하나이며, 알라를 위한 성전(지하드)에 무함마드를 희생할 수 있는 용기를 주었다. 내 아들은 파괴되지 않았고 죽지 않았다. 그는 나보다 더 행복한 삶을 살고 있다."

니달은 계속해서 이렇게 말한다. "내가 내 아들을 사랑하기 때문에 그에게 알라를 위한 순교를 권할 수 있었다 … 지하드는 우리에게 부여된 종교적 의무이며, 우리는 이를 수행해야 한다."[10)]

오늘날처럼 : 천국은 아직도 매력적이다

알 카에다의 마울라나 인야둘라(Maulana Inyadullah)는 "미국인들이 펩시콜라를 좋아하듯 우리 아랍인들은 죽음을 사랑한다"고 외친다.[11)] 무슬림은 죽음을 사랑한다. 왜냐하면 알라가 그들에게 현세의 즐거움보다는 천국의 즐거움을 더 소중하게 여기라 했기 때문이다. "내세보다 현세의 삶을 좋아하는 자들과 알라의 길을 방해하는 자들과 비뚤어짐을 갈구하는 자 그들 모두는 머나먼 방황에 있게 되리라"(쿠란 14 : 3).

선정적이라고밖에 할 수 없는 이슬람 천국의 즐거움은 확실하면서 지속적인 호소력을 지니고 있다. 특히 십대 소년들에게는 강하게 어필한다. 2004년 팔레스타인 자살폭탄 테러범이 되고 싶었던 14세 소년은 그를 무장해제시킨 이스라엘 군에게 "자살폭탄 테러만이 내가 에덴 동산의 72명의 처녀들과 섹스를 할 수 있는 유일한 기회"라고 말했다고 한다.[12] 또 다른 14세 소년도 지하드 전사 징병관이 "천국과 처녀들 그리고 이슬람에 관해 말해줬다"며 그가 어떤 식으로 자신을 이라크 지하드에 끌어들였는지 털어놓았다.[13]

≫≫≫ 천국에 들어가는 방법

우리가 앞서 살펴봤듯이 쿠란에 의하면 천국에 들어가는 가장 확실한 길은 알라를 위해 (적을) 죽이고 (적에게) 죽임을 당하는 것이다. "천국의 정원이 그들의 것이니라 … 이는 진실된 약속이다(쿠란 9 : 111). 무함마드는 다음과 같이 선언했다. "천국은 검의 휘하에 있다(알라의 대의를 위한 지하드)."[14] 쿠란에 따르면 지상에서 알라를 위해 (적에게) 죽임을 당하는 자는 죽지 않고 그 전보다 더 큰 생명력을 얻을 것이라 하였다. "순교자들이 죽었다고 말하지 말라 그들은 살아 있으되 너희들이 인식을 못하고 있을 뿐이니라"(쿠란 2 : 154).

≫≫≫ 암살과 천국의 유혹

십자군 원정기에 암살단파로 알려진 악명 높은 시아 무슬림의 분파인 이스마일파가 세를 확장하고 있었다. 그들이 정치적인 암살을 처음 시도한 단체는 아니지만 그들의 운동에 반대하는 수많은 주요 인사들을 살해함으로써 이슬람 정치권과 십자군에 정치적 암살을 대대적으로 소개한 장본인이 되었다. 암살단파는 살인을 저지른 뒤 사형당

할 것이 분명한데도 평온한 모습으로 체포되곤 했다.[15)]

당신이 읽지 말았어야 할 책

• 『이슬람 순교사』(*Islamikaze : Manifestations of Islamic Martyrology*, Raphael Israeli, London : Frank Cass Publishers, 2003)는 이슬람 자살폭탄 테러범들의 동기가 무엇이었는지를 철저하고도 재미있게 파헤친 책이다.

여성과 비무슬림의 억압, 잔인한 처벌, 이중 잣대, 기타 등등의 내용이 수록된 이 책은 자의식이나 수치심 없이 이러한 문제들을 분명하고도 정확하게 다루고 있다. 정신이 번쩍 날 정도로 깨우침을 주는 책이다.

무엇이 청년들로 하여금 이 단체에 가입하여 자신의 삶을 이런 식으로 희생하게 만들었을까? 우선, 이스마일파는 자신들의 생명을 바쳐서라도 복원하고픈 '순수 이슬람'의 옹호자라고 밝혔다. 하지만 이슬람 천국의 유혹이 이들의 동기 중 하나일 수 있다. 마르코 폴로가 13세기 말에 아시아를 횡단할 때 베일에 쌓인 암살단파의 지도자 산장의 노인에 관해 '많은 사람들이 들려준 이야기'를 토대로 기록을 남긴 바 있다.

> 그는 산과 산 사이 계곡에 가장 크고 아름다운 정원을 만들었는데, 이 정원에는 세계에서 가장 아름다운 과일나무와 금과 이에 준하는 지구상에서 가장 아름다운 것들로 장식된 눈부시게 아름다운 대저택과 궁전들이 있고 수도관이 4개가 있는데 그곳에서는 와인과 우유, 꿀과 물이 흘러나온다. 또한 이 세상에서 가장 아름다운, 하얀 피부의 금발머리 미녀들과 처녀들이 살고 있는데, 이들은 못 다루는 악기가 없고 노래와 춤에도 따라올 자가 없다고 한다. 그는 그의 추종자들에게 이 정원이 천국을 구현한 것이라고 말했다. 무함마드가 사라센에게 말하길, 그들이 천국에 들어가게 되면 그들이 마음대로 부릴 수 있는 아름다운 여성들과 와인, 우유, 꿀과 물의 강을 발견할 수 있을 것이라 했기 때문에 그대로

구현해 놓은 것이라고 말했다.[16)]

이 묘사는 사실이라기보다는 전설에 가까울 가능성이 많다. 그러나 이 이야기는 이슬람 역사 내내 무슬림 전사들에게 동기를 부여하는 역할을 했다. 9·11 테러범인 무함마드 아타(Muhammad Atta)는 운명의 날에 '천국의 혼례복'을 여행 가방에 챙겼는데, 비행사로서 휴대할 수 있는 물건 외에는 모든 짐을 위탁수화물로 맡겼기 때문에 이 옷으로 갈아입을 수 없었다고 한다. 아타의 가방에서 발견된 편지에는 "가장 아름다운 옷을 입고 있는 … 천국의 여인과의 결혼"이라는 글귀가 발견되었다.[17)]

Chapter 9

이슬람-무력에 의한 전파? 두말하면 잔소리

알고 있나요?

* 오늘날의 "이슬람 세계"는 비무슬림 영토의 무자비한 정복에 의해 형성되었다.
* 종교적 식민주의 전쟁이지 자기 방어전이 아니었다.
* 이슬람은 무력에 의한 전파였고 기독교는 아니라는 점에서 두 종교 간 극명한 대조를 이룬다.

거의 모든 서양인들은 십자군 전쟁에 대해 사죄해야 한다고 배워 왔다. 그러나 어느 누구도 사죄하지 않았고, 심지어 잘 알지도 못하는 상대가 있었다는 사실은 간과되어 왔다. 서구 세계와 무슬림의 전면적인 첫 대면은 십자군 전쟁이 아니라 그보다 450년 전에 이루어졌다. 이슬람군이 아라비아에 산재한 부족들을 통일하여 단일 공동체로 만들었을 때 신생 이슬람 아라비아 주변은 기독교의 영토에 둘러싸여 있었다. (기독교의 역사가 오래된 북아프리카의 영토는 물론 비잔틴 제국이 지배하는 시리아와 이집트) 기독교국 5개 도시 중 4곳(콘스탄티노플, 알렉산드리아, 안티오키아, 예루살렘)은 아라비아에 아주 근접해 있었다. 비잔틴 제국의 최대 라이벌인 페르시아에도 기독교 인구가 상당수에 이르렀다.

그러나 현재까지 수세기 동안 중동, 북아프리카, 페르시아(이란)는 이슬람 세계의 중심지로 알려져 있다. 이것이 설교를 통해 얻어진 마음과 정신의 변화일까? 전혀 그렇지 않다. 이슬람은 무력으로 전파되었다. 이슬람 지배 하에서 이 지역의 다수자 집단이었던 비무슬림들은 억압, 차별 및 괴롭힘을 당하게 되었고, 보다 나은 삶을 위해서는 이슬람으로 개종할 수밖에 없었다. 그 결과 그 수가 점차적으로 줄어들어 오늘날의 소수자 집단으로 전락하게 되었다.

| PC 신화 : 초기 무슬림은 주변국에 호전적이지 않았다

무함마드 말년, 후나인(Hunayn, 메카 근처 계곡)에서 이교도인 하와진(Hawazin)과 타쿠이프(Thaquif) 부족을 정복하여 원정에 성공한 그는 타부크(Tabuk)의 비잔틴을 시작으로 아라비아 반도 너머로 영토 확장을 시도했다. 그는 또한 비잔틴 제국의 헤라클리우스 황제에게 서신을 보내 "알라의 예언자가 호스로우(페르시아의 왕), 시저(로마 황제)[헤라클리우스], 네구스(아비시니아의 왕)와 다른 모든 군주들을 고귀한 알라의 세계로 초대한다"고 말했다.[1] 그는 간곡한 어조로 "이슬람을 받아들이면 그대들은 무사할 것이다"라고 설득했다.[2]

모든 군주가 이를 거절했고, 무함마드는 자신의 경고가 허튼 말이 아니었음을 증명했다. 그들 누구도 무사하지 못했다. 무함마드의 죽음 이후 오래되지 않아 ["나의 추종자 중 시저의 도시(콘스탄티노플)를 침략하는 자는 누가 되었건 그들의 죄를 사할 것이다"라는 무함마드의 약속에

고무된] 무슬림들이 비잔틴 제국을 침략했다.[3)]

635년 무함마드 사후 3년, 사도 바울의 극적인 기독교 개종 후 참수형에 처해졌던 다마스쿠스가 무슬림에게 함락되었다. 636년, 634년에서 644년에 걸쳐 이슬람 제국을 지배하고 영토를 확장했던 칼리파 우마르는 이라크의 바스라를 점령했다. 우마르는 그의 부관인 우트바 이븐 가즈완(Utbah ibn Ghazwan)에게 예언자 무함마드가 그랬던 것처럼 불신자들에게 3가지 중 하나를 선택할 수 있도록 했다. 즉 "사람들에게 신을 영접하게 하라. 만약 그대의 부름에 응하는 자가 있거든 그들을 수용하라. 그렇지만 이를 거절하는 자는 굴욕적이며 저급한 신분에 부과되는 인두세를 과세하라. 그들이 만약 이를 거부할 경우 관용을 베풀지 말고 처단하라. 신에게 의지한 자, 너에게 맡겨진 임무에 있어 신을 두려워할지어다."[4)]

예수의 제자들이 처음으로 '기독교도'로 불리기 시작한 안티오키아(사도행전 11 : 26)는 다음해에 함락되었다. 2년 후인 638년 예루살렘도 함락되었다. 다마스쿠스와 안티오키아와 마찬가지로 예루살렘은 당시 기독교 도시였다. 정복자 우마르에게 도시를 내어주는 일은 예루살렘의 총주교 소프로니우스에게는 달갑지 않은 일이었을 것이다. 우마르는 그의 옛 스승이었던 무함마드가 천국으로 승천한 곳(쿠란 17 : 1 참고, 정확한 의미에 대해 수세기 동안 논쟁을 거듭해 온 구절)이라고 믿고 있는 솔로몬 성전에서 행복에 빠져서 서 있었다. 깊은 시름에 빠져 이를 지켜보던 소프로니우스는 다음과 같은 성경 구절을 떠올렸다고 한다. "선지자 다니엘이 말한 바 멸망의 가증한 것이 거룩한 곳에 선 것을 보라."[5)]

PC 신화 : 중동과 북아프리카의 토착 기독교도들은 무슬림들을 해방자로 환영했다

소프로니우스가 "환영합니다. 해방자들이여!"라고 말했다는 것이 십자군 전쟁과 기독교도-무슬림 관계 전문가들의 일반적 견해이다. 비잔틴 제국이 중동과 북아프리카, 특히 이집트에서 기독교도들을 억압했기 때문에 비잔틴 제국을 서둘러 몰아내고 그들을 폭정으로부터 해방시킨 무슬림들을 환영했다는 것이다. 그러나 사실은 이와 다르다. 무슬림은 큰 저항을 받으며 이집트를 정복했다. 639년 12월 암르(Amr) 장군이 이집트 침공을 시작했으며, 642년 11월 알렉산드리아가 함락되고 사실상 이집트의 거의 대부분의 영토가 무슬림에 의해 정복되었다. 그러나 정복과정이 신속히 이루어지긴 했지만 저항이 없었던 것은 아니며, 무슬림은 이러한 저항에 잔인하게 대응했다. 무슬림은 한 이집트 마을을 본보기로 이집트 전역에 적용했다. 동시대인의 말을 빌리면 다음과 같다.

> 무슬림이 니키우(Nikiou)에 도착했다. 이들에 맞설 군인은 한 명도 남아 있지 않았다. 그들은 마을을 점유하고 거리와 교회에서 만나는 남자, 여자, 어린이 등 누구 하나 남김 없이 모든 사람을 학살했다. 그리고는 다른 지역으로 이동하여 그들이 발견하는 모든 거주민을 약탈하고 살해했다 … 더는 말할 수가 없다. 왜냐하면 무슬림이 니키우에서 저지른 공포스러운 만행은 형언하기 어려울 정도로 끔찍했기 때문이다.

토착 기독교도는 살해되고 노예가 되었다.

암르는 이집트를 억압했다 … 그는 이집트에서 전리품을 상당히 많이 획득하고 다수의 죄수를 데려갔다 … 무슬림은 전리품과 인질을 가지고 고국으로 돌아갔다. 총주교 퀴루스는 이집트의 재난에 비통해했다. 왜냐하면 야만인의 후예인 암르가 이집트인들을 대함에 있어 전혀 자비를 베풀지 않았고 그와 맺은 조약에도 전혀 따르지 않았기 때문이다.[6)]

유사한 학살이 자행된 기독교국 아르메니아도 무슬림에게 함락되었다. "적의 군대가 쳐들어와 도시 거주민들을 칼로 학살했다 … . 몇 일 휴식을 취한 뒤 이스마일파들(아랍인들)은 되돌아갔는데 3만 5천 명에 달하는 인질들을 끌고 갔다."[7)]

유사한 상황은 650년 카파도치아의 실리시아와 카이자리아에 도착했을 때 다시 재연됐다. 중세의 기록에 따르면 다음과 같다.

그들이[타이야예(Taiyaye) 또는 아랍 무슬림들] 실리시아에 진입하여 죄수들을 데려갔다 … 그리고 무아위야가 도착하자 모든 거주민들을 칼로 죽이라고 명했다. 보초를 세워 어느 누구도 도망가지 못했다. 도시의 모든 물자를 모아들인 뒤 지도자들에게 숨겨진 것들(보물들)을 내놓으라며 고문했다. 타이야예는 남녀, 소년소녀 등 모든 사람을 노예로 만들고 한 마을에서는 온갖 비도덕적 만행을 저질렀다. 그들은 교회 내에서도 비도덕적인 사악함을 보였다.[8)]

칼리프 우마르는 그의 부하에게 승인 전서를 통해 "그대는 시리아, 메소포타미아, 쿠파, 바스라, 미스르(이집트)에 이르는 광활한 지역

을 보수가 높은 군대로 장악할 필요는 없다고 보나?"라고 묻고 있다.[9]

만약 거주민들이 침략자를 환영하고 그들과 우호적으로 지낸다면 군대가 그 지역을 장악하는 것이 왜 필요할까?

PC 신화 : 초기 지하드 전사들은 단지 비무슬림 주변국들로부터 무슬림 영토를 수호한 것이다

무슬림 군대는 광활한 지역, 즉 무슬림을 위협한 적도 없고 침략자들이 나타나기 전까지는 무슬림에 대해서는 들어본 적도 없던 지역의 국가들을 빠르게 장악해 갔다. 동일한 시기 이집트, 중동, 아르메니아는 무슬림에 정복당했는데 유럽도 예외는 아니었다. 또 다른 무슬림 군대는 사이프러스, 로도스, 크레트, 시실리를 침공했다. 그들은 전리품을 빼앗고 수천 명을 노예로 삼았다. 그러나 이것은 동유럽 기독교국 중 가장 큰 도시이자 전 세계에서 가장 큰 도시 중 하나인 콘스탄티노플이 이슬람에 함락되는 사건의 서곡에 불과했다. 무슬림군은 두 번에 걸쳐 콘스탄티노플을 함락시켰는데, 668년(그후로 수년간) 그리고 717년이었다. 두 번의 시도는 모두 실패로 끝났지만 이슬람 제국의 기독교국에 대한 유혈이 낭자한 제국주의 정책이 앞으로도 계속될 것임을 입증한 것이었다.

이 모든 것은 무슬림 전사들이 신과 그의 예언자의 명령에 따라 행동한 것이다. 당시 한 무슬림 지도자가 다음과 같이 말했다. "위대한 신께서 쿠란에서 말씀하시길, '오, 진정한 신자들이여! 너희가 불신자를 만났을 때 그들의 목들을 때리라.' 여기서 언급한 위대한 신의 명령은 위대한 명령이며, 반드시 존중되고 이에 따라야 한다."[10] 그는 물론 쿠란을 언급했다. "너희가 전쟁에서 불신자를 만났을 때 그들의 목들을 쳐라. 너희가 완전히 그들을 제압했을 때 그들을 포로로 취하라" (47 : 4).

자크 시라크 전 프랑스 대통령은 "유럽은 기독교만큼이나 이슬람 덕을 많이 보았다"라고 말했다.[12] 그러나 이는 닭이 농부 존의 덕을 본 만큼 여우의 덕을 보았다는 얘기나 마찬가지이다. 8세기 유럽 사회는 전쟁터에서 비신자를 만났을 경우, 무슬림의 대응에 관한 알라의 명령을 무슬림들이 얼마나 심각하게 받아들였는지 알게 되었다. 무슬림들은 기독교국 북아프리카를 전멸시켰고, 711년까지 스페인을 침공할 수 있는 위치에 도달했다. 기독교국 유럽은 동과 서 모두 포위되었다. 작전은 잘 진행되었는데, 사실 과할 정도의 성공으로 무슬림 지휘관인 타리크(Tarik)는 자신의 임무 이상으로 군대를 전진시켰다. 북아프리카 왕족인 무사(Musa)가 그를 비난하면서 명령을 어기면서까지 기독교도 스페인까지 진격해 오는 이유를 묻자 타리크는 "이슬람을 섬기기 위함"이라고 짧게 답변했다.[13]

무함마드 vs 예수

"검을 가진 자는 다 검으로 망하느니라."

– 예수(마태복음 26 : 52)

"천국은 검의 휘하에 있음을 알라(알라의 대의를 위한 지하드)."[11]

최선을 다한 섬김의 결과 그는 715년까지 스페인 거의 전역을 장악하고(그후 700년간 지배함) 프랑스로 눈을 돌리게 되었다. 그러나 '망치' 라는 별명을 지닌 샤를 마르텔은 732년 프와티에에서 이들을 저지시켰다.

이 패배에도 불구하고 무슬림들은 포기하지 않았다. 792년, 무슬림 스페인 지도자 히샴이 프랑스로의 원정을 다시 소집했다. 전 세계 무슬림들은 이 성전에 열광적으로 반응했고, 소집된 군대는 파괴력이 대단했지만 결과적으로는 실패했다.

그렇더라도 히샴의 제안이 종교적인 성격이었고 기독교도와 무슬림이 서로 적의를 품기 시작한 십자군 원정보다 300년 앞서 있다는 점에 주목할 필요가 있다. 약 50년 후인 848년 또 다른 무슬림군이 프랑스로 진군하여 상당한 피해를 입혔다. 그러나 시간이 지남에 따라 무슬림의 열정은 사라져 갔다. 무슬림 통치기에 많은 점령군이 기독교로 개종하였고 군대는 흩어져 버렸다.

이보다 앞선 827년에는 지하드 전사들이 시실리와 이탈리아를 노리고 있었다. 침략군 지휘관은 유명한 쿠란 학자였는데, 그는 이 원정을 종교전쟁으로 규정지었다. 그들은 전역에 걸쳐 기독교 교회를 약탈하고 수도사와 수녀들을 공포에 빠뜨렸다. 846년 지하드 전사들이 로마에 당도했고, 이들은 교황에게 공물을 요구했다. 이탈리아는 오래 점유하지 못했지만 시실리는 노르만족이 이들을 쫓아낸 1091년까지 지배했다.

스페인에서는 재정복운동(reconquista)이 일어나 무슬림으로부터 영토를 조금씩 회복하다가 1492년 기독교도가 전국을 완전히 재탈환하게 되었다. 그러나 무슬림들은 스페인에서 전쟁이 발발하자 동부 기독교 지역을 계속 압박해 갔다. 셀주크 투르크가 1071년 만지케르트의 아르메니아인 마을에서 비잔틴 제국을 패배시킴으로써 무슬림이 소아시아 대부분의 영토(중앙부이자 가장 잘 알려진 기독교 영토 중 일부)를 점령하는 데 길을 터주었다. 이후로 기독교도들은 위대한 기독교 도시(사도 바울이 사도서간을 낭독하던 도시)에서 하위(이등) 신분인 딤미로 강등되는 고초를 겪게 된다. 이러한 배경 속에서 교황 우르반 2세가 1095년 첫 번째 십자군 원정을 제창하게 되었다.

오늘날처럼 : 이슬람은 무력에 의해 전파되어야 한다

오늘날 지하드 테러리스트들이 존경하는 근대 이슬람 사상가들 중 몇몇은 (명확히 언급한 것은 아니지만) 비무슬림들에게 종교가 아니라 무력으로 이슬람을 전파해야 한다고 가르쳤다. 왜냐하면 종교적 전파는 "종교에는 강요가 없나니(쿠란 2 : 256). 그렇지만 법과 사회적 규범으로서의 강요는 가능하다"는 쿠란의 말씀을 위반하기 때문이다. 이 사상가들은 무슬림이 비무슬림 국가의 시민들을 딤미나 더 낮은 신분으로 강등시키고, 이들 국가에 이슬람법을 확립하기 위해 투쟁해야 한다고 가르쳤다.

≫≫≫ 서부는 물론 동부도 압박

무슬림군은 서부는 물론 동부도 압박했는데, 이미 634년부터 인도에 해상공격을 감행했다. 육로 침략자들은 8세기부터 현재의 아프가니스탄, 파키스탄, 인도 지역을 공격하기 시작했는데, 그 속도는 느렸지만 꾸준히 진행되었다. 역사학자인 시타 람 고엘(Sita Ram Goel)에 따르면 무슬림 침략자들은 1206년까지 '펀잡, 신드, 델리, 도아브, 카나우즈'에 이르는 지역을 정복했다고 한다.[14] 이후 이슬람의 정복지는 갠지즈 강 너머로 확대되었다.

무슬림들은 힌두교 이교도들을 보호의 대상이 아닌 딤미 신분으로 간주했기 때문에 그들을 특히 더 잔인하게 다루었다. 시타 람 고엘은 인도를 침략한 무슬림들이 수세기 동안 이어져 내려온 전쟁규약을 무시했다고 말한다.

이슬람 제국주의에는 (기존의 전쟁규약과는) 다른 규약이 있는데, 그것은 예언자의 순나(전통)이다. 이 규범에 따르면 전사들은 전쟁에서 결정적인 승리를 거둔 뒤 힘 없는 민간인을 습격하도록 되어 있다. 그들은 방어하는 민간인들이 항거하다 죽거나 도망친 뒤에 마을을 약탈하고 소각시켜야 한다. 소, 브라만, 비크슈(bhikshu, 산스크리트어로 승려역주)는 무슬림 전사들이 민간인을 대량살상할 때 특별히 눈여겨 보는 대상이다. 성전과 사원은 약탈과 방화의 아수라장 속에서도 무슬림의 주요 목표물이었다. 죽이지 않은 자들은 노예로 삼아 팔았다. 사체에서 약탈한 전리품들은 군사임무가 성공했는지를 보여주는 척도가 되었다. 그리고 그들은 알라와 그의 마지막 예언자를 섬기는 무자히드(성전의 전사들)와 카피르[kafir(불신자)-살인자]의 자격으로 이 모든 임무를 수행했다.[15]

≫≫≫ 무슬림이 원한 것은?

끝이 없어 보이는 전쟁의 궁극적인 목표는 무엇일까? 쿠란과 예언자의 명령을 보면 그들의 목표를 분명히 알 수 있다. 예언자가 추종자들에게 다음과 같은 알라의 명을 전했다. “사람들이 알라와 알라의 메신저인 무함마드 외에는 어느 누구도 숭배의 대상이 될 수 없음을 공언할 때까지 투쟁하라.”[16] 어떠한 이슬람 분파도 이슬람법이 전세계 최상위의 법이어야 하며, 무슬림은 어떤 상황에서도 이를 관철시키기 위해 싸워야 한다는 생각을 포기한 적이 없다. 무슬림은 1683년 이후 대규모의 지하드를 중단했는데, 개심을 했거나 한때는 그들을 고무시키던 교리를 거부해서가 아니라 이슬람 세계를 지속시키기에는 세력이 너무나 약화되었기 때문이었지만 최근 중동지역에서 원유가 발굴된 이후 상황이 달라졌다.

이집트인 쿠란 논평가이자 무슬림형제단 이론가인 사이트 쿠틉(Sayyid Qutb, 1906-1966)은 다음과 같이 강조한다.

> 이슬람은 전 세계에 현존하고 있는 자힐리야(불신자의 사회) 개념과 타협하거나 자힐리 체제와 동일한 공간에서 공존할 수 없다. 이슬람과 자힐리야 둘 중에 하나가 살아남는 것이지 세계를 양분할 수 없다. 알라의 명령이거나 자힐리야의 명령이어야 한다. 알라의 이슬람법이 지배하지 못하면 인간의 욕망이 세상을 뒤덮을 것이다. "그들이 그대에게 대답할 수 없다면 그들은 단지 그들의 저속한 욕망을 따랐을 뿐이니, 알라의 복음이 아닌 저속한 욕망을 따른 자보다 더 방황한 자 누구이뇨? 실로 알라는 죄지은 백성들을 인도하시지 아니 하심이랴"(쿠란 28 : 50). … **이슬람의 최우선 의무는 인간의 위상을 알라가 정해주신 고귀한 수준을 끌어올리기 위해** 인간이 지배하는 자힐리야로부터 권력을 찬탈하는 일이다.[17]

이러한 맥락에서 파키스탄 정당인 자마아테 이슬라미(Jamaat-e-Islami)의 설립자 아불 알라 마우두디(Abul Ala Maududi, 1903-1979)는 비무슬림들이 "신의 소유인 지구상 어디에도 비무슬림이 지배할 곳은 없고 그들의 잘못된 교리에 따라 인간사가 결정되어서도 안 된다"고 선언했다. 만약 그들이 이에 응하지 않을 경우 "그들(비무슬림)을 권좌에서 내쫓고 이슬람식의 삶에 순응할 수 있도록 최선을 다하는 것이 이슬람교도의 의무일 것이다."[18]

자신의 의무에 최선을 다하기 위해 이슬람교도들은 폭탄을 가죽 끈으로 묶고 붐비는 버스나 식당에 들어가거나 비행기를 피랍하고 사무실 건물에 돌진하면서 자폭하는 것이다.

| PC 신화 : 기독교와 이슬람은 유사한 방식으로 전파되었다

오늘날의 도덕적 동일성에 대한 논의대상 중 하나로 워낙 일반화된 논쟁거리이기 때문에 기독교에도 이슬람과 마찬가지로 부정적인 면이 있다는 것을 전제로 하지 않는 한은 이슬람의 부정적인 면을 시인할 수 없다고 하는 의견이 있을 정도이다. 종교적이건 비종교적이건 간에 어떤 그룹도 악행이나 덕을 독점하고 있지 않다는 건 확실하다. 그러나 여기에 예외도 있다. 즉 모든 종교적 전통은 가르침의 본질 또는 폭력을 유발하는 가르침에 있어 동일하지 않다는 점이다.

기독교의 태동 후 거의 3백여 년간 로마 정권에 의해 불법화되고 간헐적인 박해의 대상이 되었다. 기독교는 폭력에 의해 전파되지 않았을 뿐만 아니라, 기독교로 개종했기 때문에 폭력의 희생자가 된 희생자의 이름으로 가득 찬 순교자 목록도 있다. 그러나 이와는 반대로 무슬림은 무함마드가 죽을 때까지 조직적이거나 지속적인 반대에 직면한 적이 없었고, 그들의 신앙을 지킴에 있어 지속적으로 무력을 사용했다.

기독교 초기, 로마 교황청은 비기독교 신자들에게 설교를 하고 신앙의 진실함을 확신시키기 위해 선교사들을 파견했다. 유럽의 고대 기독교국은 그들에게 믿음을 전해준 기독교 선교사들, 아일랜드의 성 패트릭, 영국 캔터베리의 성 아우구스틴, 중부 및 동부 유럽의 성 시릴과 성 메소디우스와 그 밖에도 많은 선교사들을 모두 기억하고 있다. 이들은 신부이고 수도사들이었지 군인이 아니었다. 이와 반대로 무슬림들은 비무슬림군에 대응하여 군대를 파견하고 이들에게 무함마드의 세 가지 선택, 즉 개종, 복종, 죽음을 제시했다. 딤미 신분의 피정복자들이 가장 많이 개종하였는데, 이슬람만이 생존의 길이었기 때문이다. 딤미에 대한 약탈을 감안한다면 그들 중 다수가 이슬람으로 개종한 것은 그리 놀랄 일이 아니다.

당신이 읽지 말았어야 할 책

• 폴 프레고시의 『서구 세계의 지하드 : 7세기에서 21세기에 이르는 무슬림 정복사』(*Jihad In the West : Muslim Conquests from the 7th to the 21st Centuries by Paul Fregosi*, Paul Fregosi, New York : Prometheus Books, 1998)는 (기독교와 이슬람의 대립) 초기부터 이슬람 세계와 기독교국 및 후기 기독교 서구 세계와의 전쟁의 양상을 생생하게 담아낸다.

오늘날 다수의 무슬림들은 이슬람은 강요에 의한 개종은 금지하고 있다는 점을 들어 이슬람이 무력에 의해 전파되지 않았음을 강력히 주장하고 있다. 이는 분명 맞는 말이다. 무력에 의해 전파된 것은 이슬람체제의 정치적·사회적 헤게모니이다. 이슬람으로의 개종은 이슬람체제가 전파된 뒤 (딤미가) 비참한 삶을 견디지 못해 이루어지게 된 것이다.

십자군 전쟁 02

Chapter 10

십자군 전쟁을 소집한 이유

알고 있나요?

* 십자군 전쟁은 이슬람 세계에 대항하여 유럽이 일으킨 침략행위가 아니라, 11세기에 들어와서 보다 격렬해진 무슬림 침략에 대한 반응이었다.
* 십자군 전쟁은 종교적 제국주의가 아니라, 기독교 땅 탈환과 기독교도에 대한 방어를 위한 전쟁이었다.
* 십자군 전쟁은 무슬림이나 다른 이들을 무력으로 기독교로 개종시키기 위해 소집되지 않았다.

저널리스트인 아민 말루프(Amin Maalouf)는 그의 저서 『아랍인이 본 십자군 전쟁』(*The Crusades Through Arab Eyes*)에서 십자군의 1099년 예루살렘 탈환이 "이슬람과 서구의 천 년간의 대립을 촉발"했다고 주장한다.[1] 이슬람 학자이자 호전론자인 존 에스포지토의 주장은 더 포괄적인데, 소위 성전이라 일컬어지는 십자군 전쟁이 다문화를 파괴시켰다고 비난한다. "평화적 공존이 500년간 지속된 뒤 정치적인 사건이 발생했고, 제국주의적 교황의 파워플레이가 이슬람과 기독교국 간의 수세기에 걸친 성전으로 이어져 오해와 불신이라는 유산을 남겼다."[2)]

말루프는 '천 년간의 대립'이 십자군이 예루살렘을 탈환하던 때보다 450년이나 먼저 예언자 무함마드가 주변의 비무슬림 국가 지도자들에게 가한 숨겨진 위협, 즉 '이슬람을 받아들인다면 무사할 것'이라는 위협에 의해 시작된 것일 수 있다고 생각하는 것 같지 않다.[3)] 그게 아니라면 십자군 원정이 있기 수세기 전에 기독교 영토의 2/3에 달하는 지역을 무슬림이 장악하여 '천 년간의 적의'가 시작되었을 가능성은 언급하지 않고 있다. 에스포지토는 "638년 무슬림이 예루살렘을 정복한 것이 500년간의 평화적 공존을 보여주는 예이며, 교회와 기독교도들이 괴롭힘을 당하지 않았다"고 말한다.[4)] 그러나 그는 634년 소프로니우스의 설교에 대해서는 언급하지 않았다. 소프로니우스는 "무슬림의 야만적이고 잔혹한 무력 사용"과 "이로 인해 기독교인들의 삶이 얼마나 어려워졌는지"를 토로한 바 있다.[5)]

| PC 신화 : 십자군 전쟁은 이슬람이 도발하지 않았다

잘못된 생각이다. 638년 예루살렘 정복은 수세기에 걸친 무슬림 침략의 시작이었고 성지의 기독교도들은 점증되는 박해에 직면해야 했다. 예를 들어보자. 18세기 초 아모리움(Amorium)에서 온 60명의 기독교 순례자들이 십자가 처형되었고, 동일한 시기에 무슬림 사령관 카에사레아가 이코니움에서 온 순례자 단체를 체포하여 첩자로 몰아 처형했는데, 소수의 이슬람 개종자는 살려주었다. 무슬림은 순례자들에게 돈을 요구하면서 이에 따르지 않으면 부활의 교회를 약탈하겠다고 위협했다. 그후 8세기 무렵 무슬림 통치자가 예루살렘에서 십자가 표시를 금하였다. 그는 또한 지즈야(jizya)를 부과하고 기독교도들이 자기 자식에게조차도 종교적인 지도를 하지 못하도록 했다.

성지에 거주하는 기독교도들에게 야만적인 복종과 폭력은 일상사가 되었다. 772년 칼리프 알-만수르(al-Mansur)는 예루살렘의 기독교도와 유대인들의 손에 표식을 찍도록 명령했다. 기독교로 개종하는 경우는 특히 더 가혹하게 다루었다. 789년 무슬림은 이슬람교도였다 개종한 수도사를 참수했으며, 성 데오도시우스의 베들레헴 사원을 약탈하고 더 많은 수도승을 살해했다. 이 지역의 다른 사원에서도 똑같은 일이 벌어졌다. 9세기 초에는 이들에 대한 박해가 더욱 더 심해져 다수의 기독교인들이 콘스탄티노플과 그 외의 기독교 도시로 도망갔다. 923년에도 교회가 파괴되는 등 박해가 계속되었고, 937년 무슬림들은 예루살렘에서 갈보리 교회와 부활의 교회를 약탈하고 파괴한 종려주일(부활절 직전의 일요일역주) 만행을 저지르기에 이르렀다.[6)]

기독교도를 박해하자 비잔틴 제국은 방어만 하던 정책에서 벗어나 잃어버린 영토를 복원하려는 공격적인 자세를 취하게 되었다. 960년대 니케포로스 포카스 장군(미래의 비잔틴 황제)은 무슬림에 대항하여 크레트, 실리시아, 키프러스와 시리아까지 재탈환하는 성공적인 전쟁을 수행했다. 969년 그는 기독교 도시 안티오키아를 회복했다. 비잔틴인들은 970년대에는 시리아까지 진입했다.[7)]

이슬람 신학에 따르면 일단 이슬람 국가에 귀속된 영토는 영원히 귀속되며, 무슬림들은 통치권을 회복하기 위해 반드시 전쟁을 수행해야 한다고 규정했다. 974년 비잔틴에 일련의 패배를 당한 바그다드의 압바시야조(순니파) 칼리프는 지하드를 선언했다. 그후 944년에서 967년 사이에 알레포 시아파 함단조의 지도자 사이프 알-다울라(Saif al-Dawla)에 의해 지하드 작전이 매년 전개되었다. 사이프 알-다울라는 이슬람 국가에 귀속되었던 영토를 되찾는다는 구실로 무슬림들에게 비잔틴에 대항하여 투쟁하라고 호소했다. 이 호소는 대성공을 거두어 지하드 전사들이 멀리는 중앙아시아로부터 찾아와 지하드에 참여했다.[8)]

그러나 순니파와 시아파의 분열은 궁극적으로 이슬람 지하드에 방해가 되었고, 1001년 비잔틴 황제 바실 2세가 파티마조(시아파) 칼리프와 10년간의 휴전을 선포하게 되었다.[9)]

그러나 바실 2세는 곧 이러한 휴전협정이 쓸모가 없다는 걸 깨달았다. 1004년 제6대 파티마조 칼리프인 아부 알리 알-만수르 알-하킴(Abu Ali al-Mansur al-Hakim, 985-1021)은 기독교도 어머니와 삼촌(두 사람 모두 군주였음) 때문에 폭력적으로 돌변해 교회를 파괴하고 십자가를 불태우고 교회의 재산을 압류하도록 명했다. 그는 유대인에게도 마찬가지로 잔인하게 대응했다. 그후 10년에 걸쳐 3만 호의 교회가 파괴되었으며, 헤아릴 수 없이 많은 수의 기독교인들이 단지 살아남기 위해서 이슬람으로 개종했다. 1009년 알-하킴은 다른 많은 교회들(부활의 교회를 포함)을 포함해 예루살렘의 성묘 교회를 파괴하라는 가장 극적인 반기독교 명령을 내렸다. 페르시아에 의해 화염에 휩싸였던 성묘 교회는 7세기에 재건축되었으며, 예수가 묻힌 역사적 장소로 알-아크사(Al-Aqsa) 사원의 모델이 되기도 했다. 알-하킴은 무덤을 완전히 파괴하라고 명령했다. 그는 기독교도들에게 목에 무거운 십자가(유대인에게는 소 모양의 무거운 나무 블록)를 걸게 했다. 또한 다른 수치스러운 법령들을 만들었는데, 가장 정점이 된 것은 이슬람을 받아들이거나 그가 통치하는 지역을 떠나도록 하는 법령이었다.[10)]

그후 변덕스러운 칼리프는 비무슬림의 박해를 완화하고 심지어 교회로부터 압류한 많은 재물을 반환하기도 했다.[11] 알-하킴의 태도가 변한 이유 중 하나는 아마도 그와 이슬람 정통파 간의 연대가 약화되었기 때문일 것이다. 1021년 그가 미스터리한 상황 속에 사라졌는데, 그의 추종자 중 몇몇은 그를 신성시했으며, 이 미스터리와 무슬림 성직자 무함마드 이븐 이스마일 알-다라지(Muhammad ibn Isma'il al-Darazi)의 밀교적 가르침을 기초로 새로운 분파가 탄생하기도 했다(그의 이름을 따 드루즈파라 명명됨).[12] 알-하킴의 변화된 정책(그의 사후 지속된) 덕분에 1027년 비잔틴 제국은 성묘 교회를 재건할 수 있었다.[13]

그럼에도 불구하고 기독교도의 입지는 불확실했고, 순례자들에 대한 위협은 계속되었다. 1056년 무슬림이 예루살렘에서 기독교도 300명을 몰아내고 유럽 기독교도들이 성묘 교회에 출입하는 것을 금했다.[14] 사납고 광신적인 셀주크 투르크가 중앙아시아를 전멸시킨 뒤 이슬람의 잔인함을 다시 한 번 증명했으며, 토착 기독교도뿐만 아니라 순례자들의 삶(순례행렬을 봉쇄)을 더욱 어렵게 만들었다. 1071년 만지케르트에서 비잔틴인에 대승을 거두고 비잔틴 황제 로마누스 4세 디오게네스를 인질로 데려갔으며, 소아시아의 전 지역을 장악하는 등 거침없이 진격해 나갔다. 1076년 이들은 시리아를 정복했고 1077년에는 예루살렘을 정복했다. 셀주크조의 아트시즈 빈 우와크(Atsiz bin Uwaq) 왕은 예루살렘 거주민에게 해를 주지 않겠다고 약속했지만 일단 그의 군대가 도시에 입성하자 3천 명을 살해했다.[15] 셀주크조는 같은 해 니케아에 룸(Rum, 로마, 새 로마, 콘스탄티노플을 의미함) 술탄위를 확립하였는데, 니케아는 콘스탄티노플에 근접해 있어 끊임없이 비잔틴 제국을 위협하고 그들이 장악한 새 영토의 기독교도들을 괴롭혔다.

무함마드 vs 예수

"마음이 청결한 자들은 복이 있나니, 저희가 하나님을 볼 것임이요. 화평케 하는 자들은 복이 있나니, 저희가 하나님의 아들이라 일컬음을 받을 것임이요. 의를 위하여 핍박을 받는 자들은 복이 있나니, 천국이 저희 것임이라."

– **예수(마태복음** 5 : 8–10)

"알라는 인간에게 알라의 대의를 위한 (성전)에 임할 것을 명하였으며, 알라와 그의 메신저에 대한 믿음 이외 그 어떤 것도 그에게 동기를 부여하지 못할 것이다. 알라는 그에게 보상이나 전리품(만약 그가 살아남게 된다면)으로 화답하거나 (만약 그가 전쟁에서 순교할 경우) 천국에 그를 허락할 것이다."[16]

이슬람의 정복전쟁 전에는 남부 이탈리아, 북아프리카, 중동, 아라비아 등 광대한 지역을 지배했던 기독교국 비잔틴 제국은 그리스보다 조금 더 많은 영토를 차지할 정도로 세력이 약화되었고, 셀주크조의 손에 의해 제국이 멸망될 날만을 기다리고 있었다. 콘스탄티노플 교회(동방교회)에서는 (로마)교황을 분리주의자로 보고 수세기간 설전을 벌였지만 새로운 황제 알렉시스 1세 콤네누스(1081–1118)는 자존심을 굽히고 도움을 청했다. 이것이 첫 번째 십자군 원정이 발생한 배경이다. 십자군 원정은 비잔틴 황제의 요청으로 촉발되었다.

PC 신화 : 십자군 전쟁은 서구의 약탈적 제국주의의 초기 모델이다

약탈적 제국주의? 그렇지 않다. 1095년 클레르몽 회의에서 첫 번째 십자군 원정을 요청했던 교황 우르반 2세는 늦은 감은 있지만 방어적 조치를 취해줄 것을 요청했다. 그의 설명대로 방어책을 강구하지 않으면 '더 많은 신자들이 (투르크와 다른 무슬림군의) 공격을 받을 것'이기 때문에 십자군을 소집한 것이다. 그는 먼저 동서교회의 화합을 강조한 뒤 동로마 제국에 관심을 기울여 줄 것을 요청했다.

동방에 사는 형제들이 그대의 도움을 절박하게 필요로 하므로 그들에게 약속했던 원조를 제공하기 위해 서둘러야 한다. 여러분 중 대부분은 들어 알겠지만, 터키인들과 아랍인들이 그들을 공격하고 서쪽으로는 지중해 해안과 성 조지의 팔이라고 일컬어지는 헬레스폰트 계곡까지 루마니아[그리스 제국] 영토를 정복해 오고 있다. 그들은 기독교인들의 땅을 점점 더 많이 점령하고 있으며, 일곱 차례의 전투에서 승리했다. 그들은 많은 기독교인들을 죽이고 포로로 잡아갔으며, 교회들을 파괴하고 제국을 황폐화시켰다. 만일 여러분이 그들이 죄값을 치르지 않고 계속 만행을 저지르도록 놔둔다면 하나님의 성도들은 더욱 광범위한 공격을 받게 될 것이다. 이 때문에 나는, 아니 하나님, 예수의 전령으로서 이것을 널리 알리고 계급의 구분 없이 보병이든 기사이든, 가난하든 부유하든 모든 사람들에게 동방의 기독교도들에게 신속히 도움을 주고 우리 친구들의 땅에서 그 악한 인종을 멸하도록 설득해야 한다. 또한 그리스도가 이를 명한다.[17]

교황이 개종이나 정복에 관해 아무런 언급도 하지 않았다는 점에 주목해야 한다. "추잡한 무리를 우방의 땅에서 파괴해야 한다"라는 말은 현재의 우리가 듣기에도 강한 표현이다. 그러나 이는 대량학살을 도모함이 아니라 한때는 기독교의 영지였던 곳에서 이슬람을 제거하기 위함이다. 교황의 클레르몽 연설에 대한 요약본에는 우르반 2세가 "그대와 모든 신도들에게 임박한 위협"에 대해 언급한 내용이 있다.

예루살렘의 국경과 콘스탄티노플의 도시로부터 우려할 만한 보고가 계속되고 있다. 즉 페르시아 왕국에서 내려온 인종이, 저주받은 인종이, 하나님으로부터 완전히 분리되어 있는 인종이 마음을 바로 세우지 않고 믿음이 확고하지 않은 한 세대가 폭력적으로 기독교인들의 땅을 침략하고 약탈과 방화로 인구를 급격히 줄어들게 했다. 그들은 포로 중 일부를 자기들 나라로 끌고 갔고, 일부는 잔인하게 고문하여 죽였다. 그들은 또한 하나님의 교회를 파괴하거나 그들의 종교의식을 위해 사용했다. 그들은 제단을 그들의 더러움으로 더럽힌 후에 파괴했고, … 그리스인들의 왕국은 분할되었으며, 횡단하려면 두 달이나 걸리는 너무도 광대한 영토를 빼앗겼다. … 지구 중심인 이 왕도는 그리스도의 적에게 포로가 되었고 하나님을 모르는 자들에게 귀속되어 이교도를 경배하게 되었다. 그러므로 이 왕도는 해방을 갈구하고 여러분에게 도움을 요청하기를 그치지 않고 있다. 특히 그대들에게 도움을 구하는 이유는 앞서 말했듯이 하나님은 다른 모든 나라보다 여러분에게 무기를 들 때 큰 영광을 베풀었기 때문이다.[18)]

교황의 소집에 대한 반발로 무슬림은 성묘 교회를 파괴했다. "정결치 못한 국가들이 소유하고 있는 우리 주와 구세주의 거룩한 무덤과 치욕을 받으며 불경건하게 오염되고 있는 성소들이 특히 그대들을 자극하게 하라."[19)]

십자군은 성지순례를 위해 구성되었다. 유럽 기독교도들은 도로가 막히거나 공격받을 경우 자신들을 방어한다는 종교적인 목적을 지니고 성지를 향했다. 초기에는 많은 군인들이 성지를 향해 길을 떠났고, '민간인 십자군'에 참여한 대부분의 사람들은 서부 소아시아에서 1096년 8월 투르크인에 의해 무자비하게 대학살되었다.

오늘날처럼 : 이슬람의 수호자?

이슬람법에 따르면 무슬림 영토가 공격을 받을 경우 지하드가 무슬림의 의무라고 하였다. "비무슬림이 무슬림 국가를 침략하거나 근접했을 경우 … 지하드는 무슬림 국가의 거주민들에게 개인적인 의무를 부여한다. 그들은 최선을 다해 비무슬림을 쫓아내야 한다."[20]

지하드는 이슬람 역사와 함께한다. 함단조의 왕 사이프 알-다울라는 10세기 중반 비잔틴 제국에 대항하여 매년 지하드를 전개했을 때 무슬림들은 먼 곳에서 찾아와 지하드에 참여했다. 이들은 비잔틴이 무슬림 영토를 장악하기 위한 목적으로 공격해 왔기 때문에 지하드를 전개하는 것이라고 주장했다. 그후 첫 번째 십자군 원정기에 한 시인은 "그대들은 신과 이슬람에는 의무가 없고 젊은이와 노인들만 방어하는가? 신의 부름에 응답하라! 너의 의무이다! 응하라!"[21]라고 간청하기도 했다. 덕망 있는 이슬람 학자이자 오늘날 가장 사랑받는 지하드 전사 이븐 타이미야(Taqi al-Din Ahmad Ibn Taymiyya, 1263-1328)는 지하드를 절대진리라고 말한다. "적이 무슬림을 공격하면 공격받는 자들과 다른 사람들을 위해 그들을 쫓아내는 것이 의무이다."[22]

과거 백 년간 수행된 지하드의 사례는 다음과 같다. 1914년 오토만 제국의 칼리프 술탄 메흐메트 5세는 제1차 세계대전이 발발하자 지하드를 촉구하는 종교적 판결(파트와)을 내렸다. 2003년 체첸공화국의 지하드 전사 그룹은 "무슬림이 거주하는 도시나 마을 등 영토 내에 적이 진입하면 거주민 모두는 전쟁에 임할 의무가 있다"고 선언했다.[23] 2003년 카이로의 알-아즈하르 대학교 산하 이슬람연구원은 "논리와 이슬람 종교법에 의거하여 지하드는 적이 무슬림 영토에 침입했을 경우 무슬림 남성과 여성 모두에게 적용되는 개별 명령이다. 왜냐하면 무슬림 국가의 영토, 명예, 신앙, 고국이 새로운 십자군 전쟁의 공격대상이 되기 때문"이라고 선언했다.[24] 2002년 말 런던을 근거지로 한 악명 높은 지하드 전사 셰이크 오마르 바크리 무함마드(Sheikh Omar Bakri Muhammad)는 "적이 팔레스타인, 체첸, 코소보, 카슈미르 등 무슬림 영토에 진입한다면" "침략지로 이동할 수 있는 거리 내에 거주하는 모든 무슬림은 전 세계 무슬림의 지지를 받아 반드시 투쟁해야 한다"고 말했다.[25]

오늘날처럼 : 전 세계에 퍼져 있는 지하드 전사

이슬람 역사 내내 그래왔던 것처럼 무슬림 전사들은 오늘날도 지하드에 참여하기 위해 멀리서 달려온다. 1990년대 발칸 반도는 아프가니스탄과 체첸공화국의 지하드 전쟁 용사들이 선호하는 곳이다. 보스니아의 지하드 사령관인 아부 압델 아지즈(Abu Abdel Aziz)는 사우디 아라비아의 이슬람 정권과의 회담 이후 문제의 장소를 방문했다. 그의 설명에 따르면 "그들 모두는 보스니아 전쟁이 알라의 말씀에 최고의 권위를 부여하고 무슬림의 순결함을 보호하기 위한 투쟁이라는 종교적 의견에 동의하고 있다. 알라가 말씀하시길(그의 성서에서), '그러나 그들이 너희에게 신앙의 원조를 구할 때는 그들을 도와야 할 의무가 있으니라' 고 말했기 때문이다[쿠란, 알-안팔(al-Anfal, 8 : 72)]. 그들이 어디에 있건 무슬림이라는 이유만으로 박해받고 있다면 무슬림 형제를 방어해 주는 것이 우리의 (종교적) 의무이다."[26]

2003년 이라크 전쟁 이전, 전쟁 중, 그리고 그후 지하드 전사들은 전 세계로부터 이라크로 몰려들었는데, 2003년 독일 보안군의 보고에 의하면 전혀 예상치 못한 지역이 포함되어 있다. "전쟁이 끝난 후 이슬람 극단주의에 의해 고무되어 많은 사람들이 독일과 유럽의 여타 지역에서 이라크로 들어왔다."[27]

PC 신화 : 십자군 전쟁은 이익을 추구하는 탐욕적인 서구인의 소행이다

물론 모든 십자군의 동기가 순수했던 것은 아니었다. 기독교 순례의 높은 이상과는 괴리가 있었던 적이 분명 있었다. 그러나 기독교가 이슬람의 도발을 받은 것이 아니라 기독교도가 평화적인 토착민 무슬림인들에게 제국주의적 침략을 한 것이라는 PC 교리는 역사적으로도 부정확하며, 진정한 역사적 연구라기보다는 서구 문명에 대한 혐오일 뿐이다.

교황 우르반 2세는 십자군이 이익을 창출할 기회라고는 생각하지 않았다. 그는 무슬림에게서 회복한 영토가 알렉시스 콤네누스 황제와 비잔틴 제국에 귀속된다고 선언했다. 교황이 십자군에게 기대한 것은 이익이 아니라 희생이었다.[28]

사실 십자군은 엄청나게 비싼 대가를 치러야 했다. 십자군들은 성지로의 긴 여정을 준비하기 위해 자신의 자산을 팔았으며, 다시는 되찾을 수 없다는 것을 알고 있었다.

그 대표적 사례는 하로렌의 브와이용의 공작인 고드프리로 '십자군 휘장을 받은(십자군에 가담한 것이 알려져)' 유럽 군주들 중 하나이다. 그는 여비를 조달하기 위해 재산을 많이 팔았지만 중동에 머물기보다는 고국으로 돌아올 계획이었다. 왜냐하면 그가 자신의 귀족 작위나 소유물을 포기하지 않았기 때문이다.[29]

십자군 문서에 대한 최근의 연구결과를 보면 그들 중 대다수가 중동지역에서 이윤을 얻거나 영토를 탐하는 '서자들'이 아니었음을 알 수 있다. 고드프리의 경우처럼 대부분은 자신의 영지가 있는 군주들이었으며, (얻는 것보다) 잃는 것이 많은 자들이었다.[30] 분명 첫 번째 원정에서 이익을 추구한 십자군도 있었다. 샤르트르가(家)의 푸셰는 다음과 같이 말했다. "신은 가난한 자는 부자를 만들어 주었고 돈이 있는 사람은 큰 부자를 만들어 주었고 빌라가 없던 자는 신의 선물로 도시를 소유하게 되었다."[31] 그러나 유럽으로 돌아간 대부분의 사람들은 물질적 보답을 받지 못했다.

PC 신화 : 십자군 전쟁은 무력으로 무슬림을 기독교도로 개종시키려 했다

사회적 통념에 따르면 십자군이 한 손에 칼을 들고 중동지역에

쳐들어가 기독교도로 개종시킨 자들을 제외한 이교도를 보이는 대로 죽였다고 한다. 그러나 이는 끔찍한, 정치적 의도에 의한 환상에 불과하다. 클레르몽 회의에서 교황 우르반 2세가 무슬림을 개종시키라는 명령을 내렸다는 문서는 전혀 찾아볼 수 없다. 교황이 유일하게 몰두한 것은 기독교 순례자 방어와 기독교 영토의 회복이었다. 첫 번째 십자군 원정(13세기)이 있은 지 100년 후 유럽 기독교도들이 무슬림을 기독교도로 개종시키기 위한 조직적인 시도가 있었는데, 기독교도가 장악한 영토에 거주하는 무슬림을 대상으로 프란체스카 선교사들이 선교를 시작한 것이다. 그러나 이같은 노력은 성공을 거두지 못했다.

십자군이 승리를 거두고 중동지역에 왕국과 공국을 세웠을 때 기독교도는 무슬림들에게 이전에 살던 지역에서 평화롭게 살 수 있도록 허락하였고, 종교의 자유를 주었으며, 새 사원과 학교를 세우고 자체적인 종교재판을 허용했다. 혹자는 이들의 신분을 무슬림 지배 하의 딤미와 비교하곤 한다. 딤미는 어느 정도는 자치가 허용되었지만 불리한 세율과 다른 여러 제재가 적용되었었다. 십자군은 딤미법의 몇 가지를 채택 적용했지만 유대교나 무슬림에게 복장규정을 적용하지는 않았다. 덕분에 유대인들과 무슬림들은 일상적인 차별과 학대를 피할 수 있었다.[32] 이는 무슬림 관습에 위배되는 일이었다. 주요한 차이점은 딤마는 기독교의 법이나 교리의 일부분이 아니었던 반면 이슬람법에는 규정이 남아 있다는 것이다.

게다가 1180년 초 지중해에서 메카를 횡단했던 스페인 무슬림 이븐 주바이르(Ibn Jubayr, 1145-1217)는 무슬림이 지배하는 이슬람 영토에서보다 기독교도가 통치하는 지역에서 무슬림들이 더 잘 지내고 있음을 알게 되었다. 기독교도의 통치지역은 무슬림 통치지역보다 질서가 잘 잡혀 있고 관리가 잘 이루어지고 있어서 무슬림들조차 십자군의 영역에서 살고 싶어했다.

> 우리는 티브닌(티레 부근)을 떠나 파괴되지 않고 경작이 잘 된 농장과 마을을 통과했다. 거주민들은 모두 무슬림이었지만 그들은 프란즈(Franj, 프랑크족 또는 십자군)와 평화롭게 공존하고 있었다. 신이 그들을 유혹에 빠지지 않게 하길! 그들은 거주지를 소유하고 있었으며, 자산이 전혀 훼손되지 않았다. 시리아에서 프란즈의 통치 하에 있던 모든 지역에서는 동일한 체계가 적용되었다. 자작농 소유의 농지, 마을, 농장이 무슬림에게 귀속되어 있었다. 그들이 자신의 운명을 무슬림 지역에 살고 있는 동포와 비교한다면 많은 이들이 의구심을 갖게 될 것이다. 무슬림 지역의 거주자는 같은 종교의 신자에게 부당한 처우를 당하고 있었던 반면 프란즈는 이들을 평등하게 대우해 주고 있었다.[33)]

십자군들이 자신보다 훨씬 우월하고 선진화된 문명을 공격한 야만인이라는 논쟁은 논의의 가치도 없는 무의미한 것이다.

당신이 읽지 말았어야 할 책

- 『십자군의 약사』(*The New Concise History of the Crusades*, Thomas F. Madden, Lanham, MD : Rowman & Littlefield, 2005)는 십자군 전쟁이 일어나게 된 배경과 적은 누구였는지, 십자군 원정별로 어떤 사건들이 있었는지에 관한 책으로 기존의 PC 신화를 뒤엎는 읽기 쉽고 흥미로운 책이다.

Chapter 11

십자군 원정 : 신화와 현실

알고 있나요?

* 십자군들은 중동의 유럽 식민주의의 원형이 아니다.
* 십자군이 1099년 예루살렘의 유대인과 무슬림을 대학살한 것은 끔찍하고 잔인한 행동이었지만 당시 전쟁법규에 의하면 이례적인 일이 아니었다.
* 십자군은 무슬림은 물론 유대인을 적으로 삼아 소집되지 않았다.

종종 다음과 같은 말을 듣게 된다. "십자군이 유럽을 가로질러 중동까지 진격해 나갔다. 그곳에서 그들은 무슬림과 유대인 남녀, 어린이를 무차별적으로 약탈·살해했고 생존자들에게는 기독교로 개종하라고 강요했다. 피바다를 만든 그들은 레반트에 유럽형 원시 식민지를 건립했다. 이것은 이후 다수의 식민주의자들에게 식민지의 원형이 되었으며, 가톨릭 교회, 유럽 및 서구 문명의 역사에 오점을 남겼다. 십자군의 만행이 너무나 잔인하여 교황 요한 바오르 2세가 이슬람 세계에 십자군(의 만행)에 대해 사과했다."

진실은?

사실과 다르다. 수많은 전문가들이 꾸준히 주장하고 있는 본 단락의 내용은 모두 오류이다.

| PC 신화 : 십자군이 중동에 유럽 식민지를 건립했다

십자군들이 교황 우르반 2세의 부름을 받고 동방으로 진격하게 되어 그 수장들이 비잔틴 황제인 알렉시스 콤네노스와 회동을 가졌다. 여기서 십자군은 교황의 희망대로 정복한 영토를 비잔틴 제국에 귀속하는 개별 약정을 맺었다. 그러나 그들은 1098년 안티오키아를 장악한 뒤 마음을 바꾸었다. 안티오키아의 포위공격이 겨우내 이어지자 무슬림군이 예루살렘에서 북으로 진격했고, 십자군은 비잔틴 황제가 군대를 이끌고 오기를 기다렸다. 그러나 황제는 안티오키아 십자군의 상황이 비관적이라는 보고를 받고 회군했다. 십자군들은 배신감에 사로잡혔고 분노했다. 그후 이들은 예상을 뒤엎고 안티오키아를 장악한 뒤 알렉시스 황제와의 계약을 폐기하고 자신들의 정부를 설립하게 되었다.

그러나 이것이 식민지 제도는 아니다. 십자군 국가는 우리들이 식민지라고 알고 있는 버지니아, 호주 또는 네덜란드령 동인도와는 완전히 다르다. 십자군 국가들은 서유럽의 지배를 받지 않았고, 그들이 세운 정부는 서구의 어떤 정권에도 응하지 않았으며, 또 십자군 통치자는 그 영토에서 거둔 재화를 유럽으로 보내지도 않았으며, 그들은 유럽 국가와는 어떠한 경제적 약정도 체결하지 않았다. 십자군들은 성지의 기독교도들을 영원히 보호하기 위한 목적으로 국가를 건립한 것이다.

사실 많은 십자군들이 자신을 유럽인으로 여기지 않게 되었다. 연대기 작가인 샤르트르가의 푸셰는 다음과 같이 말했다.

> 우리의 시대에 하느님이 서부를 동부에 이주시킨 것에 대해 생각해 보라. 우리 서양인들은 동양인이 되고 말았다. 로마인이었거나 프랑크인이었던 이들이 이제는 갈리레인 또는 팔레스타인 사람이 되었다. 라임이나 샤르트르의 시민들이 이제는 티르 또는 안티오키아의 시민이 되었다. 우리는 이미 자신이 태어난 곳을 잊어버렸고, 많은 사람들이 아예 알지 못하거나 아니면 언급하지 않고 있다. 이미 유산으로 집과 하인을 물려받은 사람도 있다. 또 혹자는 자신과 다른 종족, 시리아나 아르메니아, 심지어 사라센의 여인(세례를 받은)을 부인으로 삼았다. 그게 아니면 장인, 며느리, 사위, 의붓 아들, 의붓 아버지, 손자, 증손자가 자신과 다른 종족이었다. 포도 농사를 짓는 사람도 있고 밭을 경작하는 사람도 있다. 서로 다른 언어의 화법과 숙어를 사용한다. 이제는 일상화된 다른 언어가 두 종족에게 알려졌으며, 선조가 이방인인 두 종족은 신앙에 의해 단결되었다. 말 그대로 '사자와 황소가 함께 짚을 먹는다.' 서로 이방인이었던 사람들이 이제는 토착민이 되었고 체류자였던 자가 거주자가 되었다.[1)]

동시에 식민주의의 또다른 특성, 즉 고국으로부터의 대규모 이주는 실현되지 않았다. 십자군 국가의 정착자들 중 누구도 유럽 출신이 아니었다.

PC 신화 : 예루살렘 점령은 중세 역사상 유례없는 일이었고 서구에 대한 무슬림의 불신을 초래했다

닷새간의 포위공격이 있은 뒤 십자군은 1099년 7월 15일 예루살렘에 입성했다. 기독교인인 익명의 한 동시대인은 그 다음 어떤 일이 있었는지 전 세계인의 뇌리에 각인될 이야기를 전해주고 있다.

> 우리 십자군 중 한 명인 레톨두스(Letholdus)라는 자가 도시의 성벽을 올라갔다. 그가 정상에 도달했을 때 도시의 수호자들 모두 성벽을 따라, 도시를 통해 빠르게 도주했다. 아군이 그들을 솔로몬의 성전까지 쫓아가 죽이고 난도질했다. 살해된 적의 피가 아군의 발목까지 차올랐다.
>
> 데이비드 탑을 관장하던 사령관이 백작(St. Gills)에게 항복하고 순례자들이 찬양하고 감사드리던 성문을 열었다. 도시에 진입한 순례자들은 솔로몬 성전까지 올라가 사라센을 죽였다. 하루 종일 사라센들이 모여 강하게 저항했고 성전이 온통 피로 뒤덮였다. 마침내 이교도들이 패배하고 아군이 다수의 남녀를 인질로 잡아 죽이거나 쓸모가 있는 자는 살려두었다. 성전의 지붕에 남녀 이교도 무리가 있었는데, 탕크레드(Tancred)와 가스통 드 비르트(Gaston de Beert)가 이들을 보호하기 위해 자신들의 깃발을 주었다. 그 뒤 십자군은 도시 전역으로 흩어졌고 금, 은, 말, 노새, 온갖 재화로 가득한 집들을 압류했다. 그후 아군은 구세주 예수의 성묘를 숭배할 수 있게 되고 그들이 진 빚을 갚을 수 있게 된 기쁨에 겨워 울었다.[2)]

이처럼 무자비한 대학살을 인정하는 글은 현대인들을 불편하게 만든다. 그 당시와 현재의 사고방식과 가정 등이 다르기 때문에 생긴 일이다. 3명의 주요 십자군 리더들, 즉 1099년 9월, 다임베르트 대주교, 브와이용의 공작인 고드프리와 투루즈의 백작인 레몽도 교황 파스칼 2세에게 이와 비슷한 내용으로 십자군의 예루살렘 원정에 대해 자랑했다. "아군이 찾아낸 적에게 어떤 일이 있었는지 듣고 싶으십니까? 솔로몬의 주랑과 그의 성전에서 사라센의 피가 아군이 탄 말의 무릎까지 차 올랐습니다."[3] 주목할 만한 점은 가장 존경받던 십자군 지도자 중의 한 명인 고드프리가 살해에 참여하지 않았다는 점이다. 그는 아마도 이러한 행동이 십자군 원칙에 위배된다는 것을 졸병들보다는 더 잘 알고 있었을 것이다.

주교이자 12세기 초 예루살렘 역사의 저자인 발데릭(Balderic)은 십자군이 예루살렘에서 2만 내지 3만 명을 살해했다고 보고했다.[4] 과장되었을 가능성이 있지만 무슬림은 더 높은 수치를 제시한다. 초기 무슬림 자료에 사망자 수가 명시되어 있지는 않지만, 이 사건 이후 100년이 지난 후에 대해 글을 쓴 이븐 알-자우지(Ibn al-Jawzi)에 따르면 기독교도들이 "7만 명 이상의 무슬림을 예루살렘에서 살해했다"고 한다. 12세기 말 십자군에 대항하여 인상적인 승리를 거둔 무슬림 지도자 살라딘의 동시대인인 이븐 알-아티르(Ibn al-Athir)도 동일한 수치를 제시한다.[5] 15세기 역사학자인 이븐 타그리빌디(Ibn Taghribirdi)는 수십만 명이라고 기록하고 있다. 이 대학살 이야기는 수세기 동안 부풀려져 급기야 빌 클린턴 전임 미 대통령이 2001년 11월 선도적 가톨릭 대학인 조지타운에서 그 숫자를 재확인하기에 이르렀는데, 십자군은 무슬림 전사나 무슬림 남성뿐 아니라 '성전 고분에 있던 무슬림 여성과 아이들 전부'를 기독교 연대기 작가의 표현처럼 피가 그들의 발목에 차오를 때까지가 아니라 다임베르트, 고드프리와 레몽이 자랑했듯이 '무릎까지' 차오를 정도로 살해했다고 하였다.[6]

이와 같은 잔인한 행동과 분노는 (반복해서 듣고 있지만) '이슬람과 서구의 천 년간의 적의의 시발점'이었다.[7] 보다 정확히 말하면 천 년에 걸친 반서구 불평불만과 선동의 시작이었다. 십자군이 예루살렘을 약탈한 것은 가증스러운 범죄이다. 특히 그들이 공언하는 종교적 · 도덕적 원칙을 감안하면 더욱 그렇다. 그러나 당시의 군사기준으로 보면 이례적인 일이 아니었다. 당시 포위된 도시에서 저항할 경우 적용되는 일반적인 전쟁원칙이었다. 만약 저항하지 않았더라면 자비를 베풀었을 것이다. 어떤 기록에는 십자군이 예루살렘 거주민들에게 살려주겠다고 약속한 뒤 자신들의 약속을 어긴 것이라 하고, 다른 기록에 의하면 십자군이 유대인과 무슬림들이 안전하게 도시를 떠날 수 있도록 허락했다고도 한다. 레몽 백작은 예루살렘의 파티마조 총독, 이프티카르 알-다울라(Iftikar al-Daulah)에게 개인 안전보증서를 주었다고 한다.[8] 십자군은 이렇게 보증서를 발급해 주면 도시에 남아 있는 사람들은 저항세력과 동일시되어 목숨을 잃게 될 것이라고 생각했다.[9]

그러면 발목 또는 무릎까지 차오르는 피의 강은 어떻게 설명할 수 있을까? 이는 과장된 수사적 표현이다. 기독교 연대기 작가와 십자군 지도자들이 자랑을 늘어놓았을 때 사람들은 모두 각색된 이야기라고 생각했다. 사실 강이 되어 흐른다는 건 불가능했다. 주변지역에서 피난온 사람들로 인구가 늘기는 했지만 예루살렘에는 그 정도로(많은 피를 흘릴 만큼) 많은 사람이 살지 않았다. 초기 무슬림들이 예루살렘을 약탈한 사실을 간단히 설명하고 있는 것은 예루살렘을 십자군이 약탈한 것이 이례적인 일이 아니었기 때문일 것이다. 1160년 무렵 연대기 작가들인 알-아지미(al-Azimi)와 이븐 알-칼라니시(Ibn al-Qalanisi)는 약탈에 대해 각각 기록을 남겼는데 두 사람 다 사망자 추정치를 밝히지 않았다. 알-아지미는 "(십자군이) 예루살렘에 돌아와 이집트인이 지배하던 이 도시를 정복했다. 고드프리가 집권했고 유대인 교회를 불태웠다"고 말했다. 이븐 알-칼라니시는 세부적인 내용을 약간 첨부했다. "프랑크인이 도시로 몰려와 도시를 소유하게 되었다. 수많은 거주민들이 사원으로 도망쳤고, 엄청난 수의 사람들이 살해되었다. 유대인들이 유대인 교회에 모여들었는데 프랑크인들이 그들 머리 위로 불을 질렀다. 올해 이슬람력 8월 22일(7월 14일)에 안전을 보장한다는 조건으로 사원을 그들 손에 넘겼으며, 십자군은 성지와 아브라함의 무덤을 파괴했다."[10] 무슬림 작가들은 사망자 수를 강조(하고 부풀리는 것)하는 것이 얼마나 큰 선동적인 힘을 지니는지 곧 깨닫게 된다.

어찌되었건 무슬림군이 정복한 도시에 입성했을 때 (십자군과) 똑같이 행동했다는 것은 기록을 통해서도 알 수 있는 사실이다. 유사한 사건을 지적하면서 "다들 그런다"(이슬람 호전론자들이 현대 지하드 테러리즘의 현실에 부딪치게 되면 늘 그러하듯)는 식으로 십자군의 행동을 면제하고자 함이 아니다. 하나의 잔인한 행위가 또 다른 잔인한 행위를 면죄해 줄 수는 없다. 그러나 예루살렘의 십자군의 행동이 동일한 시기의 다른 군대의 행동과 일치한다는 것은 알 수 있다. 왜냐하면 모든 국가가 포위공격과 저항이라는 동일한 개념에 동의하고 있기 때문이다.

결국 1148년 무슬림 사령관 누르 에드-딘(Nur ed-Din)은 일체의 주저함 없이 알레포의 기독교도 전원을 살해하라는 명령을 내린다. 1268년 맘룩조 술탄 바이바르스의 지하드 군이 십자군으로부터 안티오키아를 탈환했을 때 바이바르스는 십자군 통치자인 보헤몽 6세가 이미 도시를 떠났다는 사실을 알고 분노했다. 바이바르스는 보헤몽에게 서신을 보내 안티오크에서 자신의 부하들이 어떤 일을 저질렀는지 알게 했다.

> 그대는 그대의 기사들이 말발굽 밑에 엎드려 항복하고, 그대의 집이 약탈당하고, 그대의 재화가 퀸틀 단위로 달아지며, 그대의 여자가 4명씩 팔려나간 뒤 다시 그대의 돈으로 그들을 1디나르에 사들이는 모습을 볼 수 있었을 것이다! 교회의 십자가가 부셔지고 거짓 성서가 한 페이지씩 흩어져 있고 군주들의 무덤이 뒤엎어져 있는 모습도 볼 수 있었다. 무슬림 적군이 그대가 미사 드리던 장소를 짓밟고 수도사, 신부, 집사들을 제단 위에서 참수하고, 군주들을 급사시키며 왕자를 노예로 만드는 모습을 볼 수 있었다. 그대의 궁전이 불길에 휩싸이고, 지옥으로 가기 전에 죽은 자들의 사체가 현세에서 불타 없어지며, 그대의 궁전이 알아볼 수 없게 무너져내리고, 성 바오르 교회와 성 베드로 성당이 무너지고 파괴된 모습을 볼 수 있었다. 그랬다면 그대는 이렇게 말했을 것이다. "내가 먼지로 돌아갔더라면 이러한 소식을 전할 서신이 내게 당도하지 않았을 텐데 … ."[11)]

그 중 가장 악명 높은 것은 1453년 5월 29일 지하드 전사가 콘스탄티노플에 입성한 사건일 것이다. 그들은—십자군이 1099년에 예루살렘에 입성했을 때 그러했듯—포위공격에 오랫동안 저항하던 도시를 마침내 함락시켰다. 역사학자 스티븐 룬치만(Steven Runciman)에 의하면 다시 한 번 피의 강이 재연되었다고 한다. 무슬림 군인들은 "길에서 만나는 모든 사람들, 남녀, 어린이를 무차별적으로 살해했다. 피가 페트라 언덕에서 골든 혼을 향해 가파른 길거리를 따라 흘러내렸다. 그러다 곧 살해 욕구가 가라앉게 되었는데, 군인들이 포로와 귀중품이 큰 이익이 된다는 걸 깨달았기 때문이었다."[12]

유대인 교회와 사원을 모두 침범했던 십자군들처럼 무슬림들도 수도원과 수녀원을 습격하고 거주민을 퇴거시키고 개인 소유의 집들을 약탈했다. 그들은 천 년여 동안 기독교 최대 교회였던 하기야 소피아 성당에 진입했다. 당시 신도들은 도시의 마지막 고난에 관한 기도를 드리려고 신성한 성벽 내에 모여 있었다. 무슬림들은 찬과(오전 기도)의 거행을 중단했다. 전설에 따르면 신부들이 성배를 가지고 성당 동쪽 벽으로 사라졌는데 언젠가는 신성한 예식을 마치기 위해 돌아온다고 한다. 무슬림들은 노약자를 살해하고 나머지는 노예로 만들었다.

살인과 약탈이 끝나고 오토만 제국의 술탄 메흐메트 2세가 이슬람 학자에게 하기야 소피아 성당의 높은 설교단에 올라가 알라 외에 다른 신은 없고 무함마드가 알라의 예언자임을 선언하게 했다. 장엄한 옛 성당은 사원으로 바뀌게 되었고, 콘스탄티노플 및 그 밖의 지역에 있는 수백 개의 교회도 마찬가지 운명에 놓이게 되었다. 수백만 명의 기독교도들은 비참한 딤미 신분으로 강등되었고, 그 외의 사람들은 노예가 되거나 순교자가 되었다.

PC 신화 : 무슬림 지도자 살라딘은 십자군보다 자비롭고 관대했다

십자군 전쟁에서 가장 유명한 인물 중 하나는 무슬림 전사 살라딘이다. 그는 이슬람의 거의 대부분을 통일했고 십자군에 커다란 피해를 입혔다. 오늘날 살라딘은 관대한 무슬림 전사의 원형처럼 여겨지고 있으며, 이슬람의 고귀함과 사악한 서구 식민주의 기독교보다 우위의 종교임을 증명하는 역사적 증거가 되어버렸다. 아민 말루프는 『아랍인의 눈으로 본 십자군 전쟁』에서 십자군을 자신이 살해한 자의 인육을 게걸스럽게 먹는 야만인보다 조금 나은 인간으로 묘사하고 있다. 그러나 살라딘에 대해서는 다음과 같이 묘사했다. "그는 방문객을 정중히 대했는데, 자신의 집에 머물게 하고 밥을 주며 극진히 대접했다. 비록 그들이 이교도일지라도 그들이 원하는 것을 모두 들어주었다. 그는 자신을 찾았던 자가 실망하여 떠나는 것을 참지 못했다. 그의 이런 성격을 알고 이용하려던 사람들이 있었다. 어느 날 프란즈(프랑크인)와 휴전 중인 안티오카아의 군주 브린스(Brins)가 갑자기 살라딘의 텐트를 찾아온 적이 있었다. 그는 술탄이 4년 전에 빼앗아간 지역을 되돌려달라고 요청했고, 살라딘이 그의 요청을 수락했다."[13] 바보 같은 사람 아닌가! 만약 누가 달라고만 했다면 성지를 몽땅 주었을 것이다!

어찌 보면 사실이기도 하다. 살라딘이 1187년 예루살렘 정복의 길을 떠나게 된 계기는 레이날드 드 샤티옹 휘하의 십자군들이 예언자 무함마드의 책 일부를 가져가고 무슬림 대상들을 습격했기 때문이다. 예루살렘의 기독교 통치자는 레이날드의 명령이 왕국 자체의 존립을 위협할 수 있다는 걸 알았기 때문에 이 군사작전을 중지하라고 명했다. 그러나 그는 자신의 전쟁을 고집했고, 결국 기독교도와 전쟁할 명분을 찾고 있던 살라딘은 레이날드의 습격을 보고 바로 그가 찾던 명분을 발견하게 되었다.[14]

살라딘이 1187년 10월 무슬림을 위해 예루살렘을 재탈환했을 때 여러 일화가 남아 있다. 그는 기독교도들을 관대하게 다루었고, 이는

1099년 십자군의 행동과는 극명한 대조를 이룬다. 그러나 살라딘의 본 모습은 오늘날 알려진 것처럼 넬슨 만델라식 다문화주의자의 원형은 아니었다. 그의 군대가 1187년 7월 4일 하틴 전투에서 십자군에 결정적인 승리를 거둔 뒤 그는 기독교 적들을 대대적으로 처형했다. 그의 서기인 이마드 에드-딘(Imad ed-Din)의 기록을 보자. 살라딘은 "적들을 감옥에 가두지 말고 참수형에 처하라("너희가 전쟁에서 비무슬림을 만났을 때 그들의 목을 쳐라"라는 쿠란 47 : 4에 따라)고 명했다. 그의 참모진은 일단의 학자, 수피, 독실한 신자, 밀교주의자들이었는데, 이들 모두 자신들이 적들 중 한 명은 죽일 수 있게 허락해 달라고 빌었고, 그

오늘날처럼 : 이중적인 도덕적 기준

빌 클린턴은 1099년의 예루살렘 약탈이 9·11 테러의 궁극적인 이유라고 말했다. 그러나 1453년 무슬림의 콘스탄티노플 약탈을 뼈저리게 기억하는 사람은 없는 듯하다. 어떤 대통령도 이를 오늘날의 테러리스트들 행동의 근본 원인이라고 지적하지 않는다. 1204년에 있었던 십자군의 콘스탄티노플의 약탈보다는 덜 알려져 있는 것도 사실이다.

이를 보더라도 서구인과 비서구인의 행동평가시 여기에 적용하는 PC 유형들은 상식적이지 않고 납득할 수 없는 이중적 도덕기준에 기초하고 있음을 알 수 있다. 비서구, 비백인, 비기독교도라면 어떠한 대학살이나 잔인한 행위도 용서받지만 기독교 서양인의 잘못은 (포스트-크리스천조차도) 전 세계인이 또렷이 기억하고 있다는 사실이다. 2004년과 2005년에 있었던 아부 그라이브 감옥 추문은 전 세계인을 경악시켰는데, 이를 비난했던 사람들이 사담 후세인, 오사마 빈 라덴과 하마스 같이 더한 악행을 저지른 악인들은 그럴 듯하게 얼버무리거나 무시해 버리고 마는 것이다. 이는 사회적 통념이 완전히 부정되기도 한다는 사실을 암묵적으로 인정하고 있는 것이다. 기독교는 이슬람보다 더 높은 도덕적 기준을 요구하며, 이러한 기준은 기독교도뿐 아니라 그 기준에 의해 형성된 사회에서 생활함으로써 이러한 고귀한 원칙들을 받아들여야 하는 사람들도 준수해야만 하는 것이다.

의 칼을 뽑아들고 소매를 걷어올렸다. 기쁨에 겨운 살라딘은 상좌에 앉아 있었고, 비무슬림들은 절망을 느꼈다."[15)]

살라딘과 그의 군대가 같은 해 예루살렘에 입성했을 때의 사례는 그의 관대함이 실리주의 때문이었음을 알게 해주는 대목이다. 그는 애초에 예루살렘 내의 모든 기독교도들을 죽일 계획이었다. 그러나 예루살렘 내의 기독교 사령관인 이벨린 발리안은 살라딘이 진입하기 전에 도시를 파괴하고 무슬림을 전부 죽여버리겠다고 위협했다. 살라딘은 화를 가라앉히고(도시에 한 번 진입한 적은 있었지만) 도망가지 못한 많은 기독교도들을 노예로 삼았다.[16)]

PC 신화 : 십자군은 무슬림은 물론 유대인을 타겟으로 소집되었다

십자군들이 유대인을 원정대상으로 삼았음은 여러 사례에서 알 수 있듯이 애석하게도 사실이다. 일단의 십자군들이 교황 우르반 2세가 부여한 임무에서 벗어나는 행동을 했다. 첫 번째 십자군 원정을 위해 동방으로 향하던 어떤 십자군이 반유대교 전도자의 선동에 의해 동일한 목적을 지닌 일단의 십자군들과 함께 많은 사람을 대학살하고 유럽의 유대인들을 공포에 떨게 만들었다. 라이닝겐의 백작 에미코와 그의 추종자들이 라인랜드를 거쳐 진격해 나가면서 독일 도시 5곳(슈파이어, 보름스, 마인츠, 트리어, 쾰른)에서 유대인들을 살해하고 약탈했다. 이 지역의 주교들 몇몇이 대학살을 막아보려 노력했으며, 결국 헝가리로 유대인 학살의 대상을 넓히려 했을 때 백작과 그 추종자들은 최후를 맞이하게 되었다. 그러나 그 여파가 남았다. 그의 위업이 중동지방으로 널리 알려지게 되었고, 많은 유대인들이 무슬림과 동맹을 맺어 십자군이 도착했을 때 이들과 맞서 싸웠다. 50년 후 라인랜드의 또 다른 단체가 두 번째 십자군 원정을 떠나게 되었는데 유대인을 다시 학살하기 시작했다.

이는 이루 말할 수 없이 잘못된 판단이자 변명의 여지가 없는 행동이다. 십자군들은 유대인을 보다 현명한 시각에서 바라봤어야 한다. 유대인은 그들과 같은 딤미 신분으로 이슬람 지하드에 함께 저항할 수 있는 자연스러운 동지가 될 수 있었다. 무슬림들은 유대인과 기독교도들을 더도 덜도 아닌 동급으로 거칠게 다루었다. 두 그룹(기독교도와 유대인들)이 딤미의 고통을 함께 나눌 수 있는 동료이자 억압에 저항하는 투사로 서로를 받아들이지 못했다는 사실은 안타까운 일이다. 그러나 심지어 오늘날까지도 마지막 십자군 원정 후 8세기 동안 지녔던 서로에 대한 인식은 별반 달라진 점이 없으니 십자군들에게 이를 기대한다는 것도 공평하지 않은 건지도 모르겠다.

무함마드 vs 예수

"긍휼히 여기는 자들은 복이 있나니 … 만일 너희가 너희를 사랑하는 자들을 사랑하면 무슨 상이 있으리요? 세리들도 이같이 아니하느냐? 또 너희가 너희 형제에게만 문안하면 남보다 더 하는 것이 무엇이냐?"

– 예수(마태복음 5 : 7, 46–7)

"무함마드는 알라의 예언자이시며 그와 함께 하는 이들은 불신자들에 대하여 마음이 강한 자들이며, 그들 스스로의 사이에는 인정이 많은 이들이라."

– 쿠란 48 : 29

어찌되었건 유대인을 부당하게 대우한 것이 십자군의 근원적 특성이라 할 수 있을까? 역사적인 기록에 의하면 그렇지 않다. 교황 우르반 2세가 클레르몽 회의에서 첫 번째 십자군을 소집했을 때 유대인에 관해 아무런 언급도 하지 않았으며, 교황은 에미코가 가장 두려워하던 적이었다. 사실 교황 자신이 에미코의 공격을 비난했었다. 두 번째 십자군 원정의 수장 버나드 끌레르보는 라인랜드로 가서 유대인에 대한 박해를 개인적으로 막아보려 했다. "시편에 유대인에 대해 뭐라 했는지 성서를 아는 모든 사람에게 물어보라. '그들의 멸망을 위해서 기도하지 아니하노라' 라고 말씀하셨다."[17] 교황과 주교는 유대인에 대한 부당한 처사를 끝내도록 계속 요청하였다.

그러나 예루살렘의 약탈과 유대인 대학살이 있었고, 십자군 전쟁이 진행되는 동안에도 유대인들은 유럽에서 온 기독교도들에 대한 적대감을 숨길 수 없었지만 프랑크인이 통치하는 지역에서 거주하고 싶어했다.[18] 무슬림 영토에서는 더 안 좋은 상황이 그들을 기다리는 것을 모두들 너무나도 잘 알고 있었기 때문이다.

| PC 신화 : 십자군은 이슬람 지하드보다 더 많은 살상을 했다

십자군들은 예루살렘에서 대학살을 했다. 살라딘과 그의 무슬림 군대는 그러지 않았다. 맞는 말이다. 무슬림이 포위한 정복지의 거주민들은 그들의 점령을 환영했다. 그들은 그 땅의 종교적 소수자들에게 공정했고 관대했다. 그러나 십자군들은 이와는 반대로 피에 굶주리고 탐욕스러우며 무자비했다. 십자군에 대한 일반적인 통념을 상징하는 말들이다.

우리는 이러한 일반적 통념이 완전한 오류임을 증명해 왔다. 살라딘은 실리적인 이유에서 예루살렘의 거주자들을 대학살하지 않았을 뿐이며, 무슬림 정복자들이 예루살렘 십자군에 필적하거나 더 심하게 폭력적이었던 사례는 어렵지 않게 찾아볼 수 있다. 무슬림 정복자들은 환영받지 못했지만 저항세력이 끈질겼고, 이러한 저항에 잔인함으로 맞섰다. 일단 권력을 장악하자 무슬림은 종교적 소수자를 가혹할 정도로 억압했다.

>>> 교황은 십자군에 대해 사죄했나?

여러분은 "문제될 것 없다"고 말할지 모른다. "그렇지만 당신이 무슨 말을 하든지 간에 십자군은 서구 문명사에 아직도 오점으로 남아 있다. 결국 교황 요한 바오로 2세까지 그들에 대해 사죄해야만 했다. 오늘날에는 십자군을 부정적으로 바라보지 않는데 교황은 왜 사죄해야만 했을까?"

교황 요한 바오로 2세가 십자군에게 사죄했다는 믿음이 만연해 있다. 교황이 서거했을 때 워싱턴 포스트지는 독자들에게 다음과 같은 기억을 상기시켜 주었다. "그의 오랜 재임기간 동안 교황 요한 바오로 2세는 십자군에 대해 무슬림에게 사죄하고 반유대주의에 대해 유대인에게 사죄했으며, 콘스탄티노플의 약탈에 대해 정교회에 사죄했고, 바티칸의 마피아와의 연계와 관련하여 이탈리아인에게 사죄했으며, 갈릴레오를 박해한 것에 대해 과학자들에게 사죄했다."[20)]

> **당신이 읽지 말았어야 할 책**
>
> • 『십자군 전쟁 : 세계적 논쟁』(*The Crusades : The World's Debate* by Hilaire Belloc, 1937, republished by Tan Books, 1992)에서 벨록(Belloc)은 주목을 끌 만한 예언을 하고 있다.
>
> "무엇보다도 가장 중요한 것은 종교에 있어 우리는 후퇴하고 있고 이슬람은 (종교적) 정신을 간직하고 있다는 점이다 … . 무함마드의 세계관으로 본다면 우리는 여러 방면에 걸쳐 분열되어 있다(경쟁적 독립국 간의 분열, 소유한 자와 박탈당한 자간의 적대적 관심 등). 그리고 이러한 분열은 구제할 방도가 없다. 왜냐하면 한때 우리의 문화를 결합시켰던 시멘트, 즉 기독교적 시멘트가 무너졌기 때문이다. 아마도 (이 글이 발행되기) 전에 근동지역의 빠르게 전개되고 있는 상황에 주목할 만한 변화가 찾아올 것이다. 이러한 변화가 연기될지도 모르지만 변화는 이미 찾아왔고, 이것은 지속적이고도 큰 변화이다. 이러한 변화의 끝에 특히 만약 이 과정이 길어진다면 이슬람은 실패자가 될 리가 없다."[19)]

광범위한 리스트이지만 요한 바오르 2세는 결코 십자군 전쟁에 대해 사죄하지 않았다. 가장 사죄에 가깝다고 생각할 만한 일은 2000년 3월 12일 '용서의 날'에 있었다. 설교 중에 교황은 "특히 새천년을 맞이하는 지금 우리 형제가 복음 중에 행한 불의를 모른 척할 수 없습니다. 기독교인 중 진실의 의식에 폭력을 사용한 것과 다른 종교의 추종자들에게 가졌던 불신적이며 적대적인 태도에 대해 용서를 구합니다"라고 말했다.[21] 이는 십자군에 대한 명백한 사죄라 하기 어렵다. 어쨌건 십자군 전쟁의 진실된 역사를 살펴보면 사죄를 할 이유가 없었다.

십자군들은 전 세계인의 치부가 아니라 (이제 살펴보겠지만) 감사의 대상이다.

Chapter 12

십자군의 성공과 실패

알고 있나요?

* 무슬림은 십자군 원정 후 지하드를 전개하여 유럽 정복 야욕을 재개했다.
* 기독교도들은 이슬람의 동유럽 정복에 무슬림만큼이나 책임이 있다. 지하드와의 동맹은 근시안적인 결정이었고, 궁극적으로는 재앙을 불러왔다.
* 비무슬림이 이슬람 지하드 전사의 '완전한 신뢰를 얻을 수 있다' 고 생각한 서구 지도자들은 이와 마찬가지로 순진하고 근시안적인 생각을 지닌 자들이다.

십자군 원정이 여러 차례 있었지만 역사가들이 '십자군 원정' 이라 일컫는 것은 성지에서 무슬림에 대항한 서구 유럽군의 7번에 걸친 원정을 말한다. 제1차 십자군 원정은 1095년에 소집되었고 1099년에 진군을 시작했다. 제7차 십자군 원정은 1250년에 끝났다. 마지막 기독교 도시가 무슬림에 함락된 것이 1291년이었다.

1. 제1차 십자군 원정(1098-1099)은 가장 성공적이었다. 십자군

이 예루살렘을 점령하고 중동지역에 여러 국가를 세웠다.

2. 제2차 십자군 원정(1146–1148)에서는 1144년 무슬림에 의해 정복당한 십자군 도시 에데사의 재탈환을 시도했지만 실패하고 말았다. 1147년에 무슬림이 정복한 리스본을 재탈환하는 작전으로 방향 수정한 뒤 마침내 동방에 도착했지만 1147년 12월 성지에 도착하기도 전에 소아시아에서 전멸되었다.
3. 제3차 십자군 원정(1188–1192)은 1187년 살라딘이 예루살렘을 점령하고 하틴 전투에서 십자군을 대파하자 교황 그레고리 8세에 의해 소집되었다. 십자군의 지휘부에는 때때로 서로 대립하는 개성 강한 군주들이 자리잡고 있었는데, 프리드리히 바르바로사 신성로마 제국 황제, 영국의 사자왕 리차드, 프랑스의 필립 왕이 그들이다. 이들은 예루살렘을 재탈환하지는 못했지만 레반트 연안의 십자군 국가 우트르메르를 강화했다.
4. 제4차 십자군 원정(1201–1204)은 왕권 경쟁에서 자신을 도와달라며 십자군을 콘스탄티노플로 불러들인 비잔틴 왕권 도전자에 의해 비참한 결과를 초래하고 말았다. 십자군들은 대도시(콘스탄티노플)를 약탈하는 것으로 결말을 장식했으며, 기독교 세계를 충격에 빠뜨렸다. 이들은 콘스탄티노플에 라틴 왕국을 건설하여 비잔틴 제국을 영원한 적으로 만들었으며, 그후 이미 쇠락한 비잔틴 제국을 더욱 약화시켰다.
5. 제5차 십자군 원정(1218–1221)은 이집트에 집중되었다. 십자군들은 이집트 정권을 붕괴시키면 예루살렘을 재탈환할 수 있을 것으로 생각했다. 이들은 이집트의 대도시 카이로와 알렉산드리아의 관문인 나일 · 델타 연안 도시 다미에타를 포위했다. 포

위공격이 지지부진 계속되자 이집트 술탄 알-카밀(al-Kamil)은 고민 끝에 십자군이 이집트를 떠난다면 재탈환한 예루살렘 왕국을 돌려주겠다고 말했다. 그가 두 번이나 제안을 했지만 십자군은 이를 거절하고 결국 다미에타를 손에 넣었다. 그렇지만 내분과 불화로 인해 십자군이 와해되어 가고 있었다. 십자군은 알-카밀과 8년간의 휴전협정을 체결했으며, 살라딘이 가져간 성 십자가(예수를 십자가형에 처할 때 사용한 십자가 유물)와 다미에타를 교환했다.

6. 제6차 십자군 원정(1228-1229)은 본질적으로 5차 원정의 연장선에 있다. 십자군 파문을 약속했으나 수십 년간 이행하지 않았던 신성로마 제국 황제 프리드리히 2세는 교황에 의해 파문당하기에 이르렀다. 그러나 그는 (파문된 채 십자군을 이끌고) 성지로 진격해 나갔다. 다마스쿠스를 정복할 생각에 빠져 있던 알-카밀은 또 다른 십자군 원정이 있으리란 생각만으로도 겁이 나 10년간의 휴전을 제안했는데, 이는 십자군이 예루살렘과 베들레헴, 그리고 나자렛을 회복할 수 있는 제안이었다. 그러나 프리드리히 황제가 예루살렘을 방어하지 않기로 동의하였고, 이로 인해 무슬림들이 아무런 제재도 받지 않고 도성 내에 남을 수 있게 되었다. 그러므로 무슬림의 도시 재탈환은 필연적이었다. 1244년 무슬림이 공격에 나서 다수의 기독교도를 살해하고 성묘 교회를 포함해 수많은 교회를 불태웠다.

7. 제7차 십자군 원정(1248-1250)은 모든 십자군 원정 중 가장 잘 갖추어지고 조직적인 원정이었다. 제7차 십자군은 독실한 신자인 프랑스 국왕 루이 9세가 이끌었다. 그는 이집트를 목표로

했으며 다미에타를 점령했다. 그러나 카이로를 공격하려 했을 때 십자군이 만수라에서 참패했고, 얼마 지나지 않아 루이 9세도 만수라에서 포로로 잡히고 말았다. 루이 9세는 몸값을 내고 풀려난 뒤 아크레의 십자군 중앙부에 잠시 머문 뒤 유럽으로 돌아갔다. 그후 또 다른 십자군 원정을 시도했지만 성공한 것은 거의 없었다.

십자군 왕국은 수십 년간 더 지속되었다. 십자군이 1098년에 세운 최초 왕국 안티오키아는 1268년 지하드 전사들에 의해 점령되었다. 1291년 무슬림들이 아크레를 장악했고, 그 과정에서 십자군을 전멸시켰다. 우트르메르에 있는 나머지 기독교 도시들도 곧 무슬림의 손에 들어갔다. 유럽에서 십자군 원정을 다시 시도하려 했지만 소규모에 그치거나 전혀 실현되지 않았다. 중동에서 십자군은 더 이상 존재하지 않게 되었고 다시는 회복하지 못했다.

⋙ 몽골과의 거래

우트르메르의 마지막 도시가 함락되려 할 때 전혀 예상치 못한 곳으로부터 도움의 손길이 다가왔다. 페르시아의 몽골인 지배자이자 위대한 정복자 쿠빌라이 칸의 분봉왕인 아르군이 1287년 유럽에 사신을 보낸 것이다. 아르군이 별난 사람이라 그런 것이 아니라 몽골도 무슬림과 한동안 적대관계를 지속했기 때문이었다. 1258년 쿠빌라이 칸의 형제인 훌라구 칸이 압바시야조 칼리프를 몰락시켰다. 2년 후 기독교도인 몽골 지도자 키트부카가 몽골인을 위하여 다마스쿠스와 알레포를 포위공격했다. 아르군은 성지를 무슬림으로부터 완전히 되찾는다는 동일한 대의명분으로 유럽의 기독교 왕들의 관심을 끌고자 했다. 아르곤은 불교 신자로 그의 가장 절친한 친구는 431년에 로마 제국 교회로부터 분리된 네스토리안 교회 지도자였다. 반면에 그가 임명한 장관은 유대인이었다. 아르군은 이슬람을 제외한 모든 종교를 존중하는 듯했다. 무슬림 지도자 아흐메드(네스토리안 기독교도였다 개종함)가 몇 차례에 걸쳐 카이로의 맘룩조 군과 연합군을 결성하려 했으나 결국은 그를 내쫓고 아르군이 페르시아의 권좌에 올랐다.

아흐메드는 1285년에 동맹을 제안하는 서한을 교황 호노리우스 4세에게 보냈지만 교황이 답변을 하지 않았다. 몽골 지도자가 중앙아시아 중앙 깊은 곳에서 네스토리안 기독교도인 라반 사우마를 불러내 교황과 기독교 왕들과 개인적으로 이 문제에 대해 논의하기 위해 그를 유럽으로 파견했다. 사우마의 여행은 고대사에 있어 가장 놀랄 만한 일 중의 하나였다. 그의 여행은 트레비존드에서 출발해 영국의 에드워드 1세를 만나기 위해 보르도로 갔다. 그 중간에 그는 콘스탄티노플에서 비잔틴 황제 안드로니쿠스를 만났다[그는 바실레우스 왕(King Basileus)으로 불리는데, 이는 13세기 번역가들이 완벽하지 않았음을 보여준다]. 그는 또 나폴리, 로마(호노리우스 4세가 막 서거한 뒤이고 새 교황은 아직 선출되지 않았을 때), 제노아, 파리로 갔다. 파리에서 그는 프랑스 국왕 필립 4세와 식사를 했고, 보르도에서는 에드워드 1세를 만났으며, 로마로 돌아와서 교황 니콜라스 4세와 성공적인 만남을 가졌다

유럽 지도자들 모두 라만 사우마가 제안한 성지 해방을 위한 몽골-기독교 동맹 제안을 환영했다. 필립 4세는 십자군 수장이 되어 직

접 예루살렘으로 진군하겠다고 제안하기까지 했다. 에드워드 1세도 마찬가지로 열렬한 반응을 보였다. 왜냐하면 그도 사우마처럼 몽골과 기독교 간의 동맹을 제안했었기 때문이다. 교황 니콜라스는 사우마, 아르군, 네스토리안 카톨리코스에게 선물공세를 폈다. 그러나 그들 중 어느 누구도, 아니 유럽의 어느 누구도 장대한 신십자군 원정 개시일을 결정하지 못했다. 그들의 열정은 약해졌고 그들의 약속은 구체성을 잃어갔다.

유럽의 왕족들이 분열되어 있었고 고국의 도전세력도 견제해야 했기 때문에 몽골인 정부의 제안을 받아들이기에는 어려움이 있었다. 그 외에도 그들은 기독교의 성지를 해방시키기 위한 전쟁을 벌이고자 하는 비기독교 왕이 의심스러웠을지 모른다. 늑대가 무슬림을 잡아먹도록 도와주고 나면 이번에는 자신들을 먹이감으로 삼지 않을까 두려워했을 것이다. 그러나 어찌되었건 좋은 기회를 놓치게 되었다. 라반 사우마의 여행결과에 실망한 아르군은 또 다른 사신 기솔프(家)의 부스카렐을 1289년 유럽에 파견했다. 그는 필립 4세와 에드워드 1세에게 도움을 요청했으며, 기독교국 국왕들이 파견한 군인들을 데리고 예루살렘을 탈환하고 난 다음 그 도시를 십자군에게 넘겨주겠다고 제안했다. 유일하게 답변을 한 에드워드는 정중했지만 애매한 말로 얼버무렸다. 당황한 아르군은 1291년에 재시도했지만 결국 우트르메르가 함락되고 말았다. 사신이 고국으로 되돌아갔을 때 아르군은 이미 세상을 떠난 뒤였다.[1]

만약 교황과 기독교국 왕들이 아르군과 동맹을 맺었더라면 십자군은 분명 예루살렘을 재탈환하고 성지에 확고한 입지를 재구축할 수 있었을 것이다. 그리고 적어도 무슬림이 우트르메르를 완전히 파괴하고 난 다음 세기에 동유럽으로 진격하는 일은 지연시킬 수 있었을 것이다. 그러나 유럽의 지도자들은 산만했고 근시안적이어서 고국에서 벌어지고 있는 시시한 말다툼에 사로잡혀 이것이 얼마나 중요한 사안인지 깨닫지 못했다. 만약 그들이 지하드 전사들의 궁극적인 목적을 완전히 이해했더라면 아르군과의 동맹에 더욱 개방적인 자세로 임했을 것이다.

그러나 유럽의 지도자들이 지하드 전사들이 어떤 목표를 지녔는지 제대로 이해하지 못했다는 증거는 상당히 많다.

⋙ 무슬림과의 거래

지하드는 이제 무슬림이 강해지면 전진하고 그들이 약해지면 활동을 멈추는 700년 된 프로젝트가 되었다. 그러나 어떠한 무슬림 리더나 분파도 지하드를 포기하거나 부인한 적이 없다. 그렇다고 해서 그들이 기독교인들과 합의를 보지 않겠다는 의미도 아니다. 영국 역사학자 매튜 패리스가 쓴 1283년 보고서에 따르면, 무슬림 사절이 몽골에 대항하여 공동조치를 취하자는 제안을 하러 프랑스와 영국을 방문했다. 이는 근대 무슬림과 사회적 통념의 새로운 시각을 보여주는 사건으로 십자군을 단지 이슬람 영토의 '강간범' 정도로 취급하고 있음을 의미한다.[2)]

성지에서 십자군 활동이 종결되자 지하드가 새로운 에너지를 얻게 되었다. 지하드의 새로운 에너지 중 일부는 근시안적인 기독교도들로부터 얻은 것이다. 1345년 악명 높은 사건이 발생했다. 비잔틴 황제

요한 6세 칸타쿠제누스는 왕가의 분쟁에 휩싸이자 투르크에 도움을 요청한 것이 그것이다.

기독교도가 무슬림과 협정을 맺은 것이 이번이 처음은 아니었다. 요한 6세는 수많은 선례를 따랐을 뿐이다. 십자군 초기 동방과 서방 기독교회가 서로에게 적의를 품게 된 주된 원인은 비잔틴이 기독교도의 적들과 합의하려 했기 때문이었다. 알렉시스 1세 콤네누스는 이집트와의 협상에 참여함으로써 초기 십자군들을 분노시켰다. 또 다른 비잔틴 황제인 마누엘 1세 콤네누스(1143-1180)도 이와 마찬가지로 투르크인과 거래를 했고 십자군의 경멸을 받았다. 많은 이들이 그가 제2차 십자군 원정의 재난을 초래했다고 비난했다. 그후로도 황제 프리드리히 2세와 기독교도들이 지하드 전사들과 협정을 맺었다. 그러나 이슬람법에 따르면 무슬림들은 그들이 약자인 경우, 그리고 다시 싸울 수 있는 힘을 비축할 시간이 필요할 경우에는 비무슬림과의 지하드 중에도 휴전협정을 체결할 수 있다고 규정하고 있다. 십자군과 협정을 체결한 자들은 이러한 원칙을 잊어버리지 않았고, 무슬림의 입지를 궁극적으로 약화시킬 수 있는 협정은 결코 체결하지 않았다.

요한 6세의 요청은 기독교도의 근시안적 사고를 보여주는 대표적 사례이다. 무슬림은 요한 6세를 돕기 위해 1348년 다르다넬레스 해협을 건넜고, 1354년 갈리폴리를 점령한 뒤 유럽에 도착했다. 1357년 술탄 무라드 1세가 예니체리를 만들었다. 예니체리는 소년 시절 기독교 가정에서 포로로 잡혀온 젊은이들로 구성된 정예부대로 그들은 노예였으며, 강제적으로 이슬람으로 개종해야 했다. 역사학자 고드프레이 굿윈(Godfrey Goodwin)은 "만약 삶과 죽음 사이에서 선택하는 것을 자유의지라고 부른다면 자신의 자유의지에 의하지 않고 이슬람으로

개종한 어떤 어린이도 징집의 대상이 되지 않을 것이다"라고 말했다.[3)]

예니체리는 기독교도에 대항하는 오토만 제국의 가장 무서운 전사들이 되었다. 어떤 지역에서는 예니체리에 입대할 소년을 모집하는 연례행사가 개최되기도 했다. 기독교도 아버지들은 강압에 못 이겨 그들의 아들을 데리고 마을 광장으로 나왔다. 무슬림은 가장 건강하고 똑똑한 젊은이들을 데려갔는데, 그들은 무슬림 전투군으로 파견되지 않는 한 다시는 고향을 보지 못했다.

오늘날처럼 : 완전한 신뢰

2004년 12월 치명적인 쓰나미가 남부 아시아를 강타했을 때 미 국무부 장관 콜린 파월은 쓰나미 피해국에 대한 미국의 원조가 무슬림 세계의 반미감정의 전환점이 되기를 바란다고 말했다.

그러나 파월 장관의 성명이 있기 1년 반도 더 전에 무슬림 질의답변 웹사이트 "이맘에게 물어보세요"의 이맘이자 남아프리카공화국의 무프티(최고성직자[역주])인 에브라힘 데사이(Ebrahim Desai)는 다음과 같은 말을 했고, 만약 콜린 파월이 이를 알았더라면 원조가 종교에 미치는 영향에 대한 자신감이 많이 줄어들었을 것이다. 질의자는 서구인이 보스니아에 군대를 파견하고 그 외의 지역에서 무슬림을 살해하는 것에 대해 비난하는 것을 칭찬해 줘야 하느냐고 질문했다. 데사이는 "쿠파르(Kuffaar, 불신자)는 어떠한 선행을 하더라도 결코 신뢰해서는 안 된다. 그들은 자신의 이익에만 관심이 있다"라고 간단히 답변했다.[4)]

한 개인의 의견일까? 물론이다. 그렇지만 이는 이슬람 전통에 깊이 뿌리박힌 의견이다. 따라서 이를 단순히 데사이만의 못된 생각으로 치부하는 것은 순진한 생각이다. 쿠란은 신자들에게 "신앙인들은 불신자들을 신앙인에 우선하여 친구로 택하지 아니하도다. 그렇게 하는 자 있다면 알라의 신앙이 조금도 없나니, 항상 경계하여 그들로부터 너희 자신을 보호하는 길밖에 없도다"(쿠란 3 : 28)라고 했다. 요한 6세 칸타쿠제누스나 파월 장관도 이 구절을 알고 있었을까?

무슬림들은 유럽에 머물렀고 그 이후로도 지하드를 다시 전개했다. 유럽이 분열되고 다른 데 정신을 팔고 있을 때 그들은 그리스, 불가리아, 세르비아, 마케도니아, 알바니아, 크로아티아 외에도 더 많은 유럽지역을 장악해 나아갔다. 무슬림들은 1389년 7월 15일, 코소보 전투에서 기독교군과 대결하게 된다. 전투가 벌어지기 전날 고위고관이 쿠란에서 아무 페이지나 펼쳐 영감을 얻으려 했다. 그의 눈이 머문 구절은 "오 예언자여, 위선과 불신자에 대항해 싸우라"라는 구절이었다. 그는 말했다. "기독교의 개들은 불신자이고 위선자들이다." "우리는 그들과 싸운다."[5)]

그는 싸웠고, 자신보다 더 강하고 큰 군대에 승리를 거두어 6월 15일을 세르비아인들의 애도의 날로 만들었다.

동유럽으로의 진격은 단지 시작일 뿐이었다. 요한 6세가 무슬림에 도움을 청한 것은 근시안적인 생각이었다. 그가 투르크인의 동기와 목적이 뭔지 알았을까? 그의 요청을 수락한 지하드의 명령에 대해, 그리고 그후 유럽에 진출한 뒤 기독교인에 대항해 지속적으로 전쟁을 전개하려는 그들의 의도를 요한 6세가 어찌 알았겠는가? 아마도 그는 지하드의 신학과 법이 지배하는 사회구조는 단지 이론일 뿐이며, 현실에서의 무슬림은 협상 가능한 인간이라고 생각했을 것이다. 학식이 높고 경험이 풍부한 사람이라면 문화와 종교적 차이를 넘는 이해심을 지니고 있으리라 생각했을지도 모르겠다. 심지어 자신이 무슬림을 불러들인 것이 선의를 보여준 것이며, 이로 인해 그들의 완전한 신뢰를 얻고 제국 영토에 대한 침략을 막을 수 있을 것으로 생각했을 수도 있다.

이런 생각을 한 유럽 정치인은 그가 처음도 아니고 마지막은 더더욱 아닐 것이다.

⋙ 동유럽의 지하드

이슬람이 공격해 올 때 유럽인들은 무엇을 했을까? 십자군 원정은 계속됐지만 유럽인들은 더 이상 예루살렘이나 다미에타에서 싸우지 않았고, 그 무대가 유럽에 점점 가까워지다 마침내는 유럽 내에서 잔뜩 수세에 몰려 지하드 전사와 전투를 벌이고 있는 자신들의 모습을 발견하게 되었다. 예루살렘 왕국은 키프러스 왕국이 되었고 예루살렘의 왕이라는 칭호를 그대로 유지하였다. 그러나 그들은 허울뿐인 왕이었다. 키프러스의 왕이었던 피터 1세(1359-1369)는 유럽에 새로운 십자군 원정을 요청했고, 실제로 1365년 알렉산드리아를 포위했다. 그러나 내부 갈등이 있던 유럽에서 도움을 얻지 못하자 철군했다. 키프러스는 1426년에 이집트 맘룩조의 지하드에 함락되었다.

십자군들은 지칠 줄 모르고 서구로 진격해 나갔다. 대규모 십자군 원정대가 1395년 다뉴브의 니코폴리스에서 참패했다. 유럽 전역이 투르크족의 공격대상이 되었으며, 로마와 파리, 심지어 런던을 정복하는 데 아무런 장애물이 없었다. 무슬림의 유럽 정복 시도가 마침내 성공을 거두려는 듯했다. 700년 전 지하드군이 콘스탄티노플을 포위공격하고 스페인

무함마드 vs 예수

"때가 이르면 무릇 너희를 죽이는 자가 생각하기를 이것이 하나님을 섬기는 예라 하리라."

– 예수(요한복음 16 : 2)

"알라와 내세를 믿지 아니하며 알라와 예언자가 금기한 것을 지키지 아니하고 진리의 종교를 따르지 아니한 자들에게 비록 그들이 성서의 백성이라 하더라도 항복하여 지지야를 지불할 때까지 투쟁하라 그들은 스스로 저주스러움을 느끼리라."

– 쿠란 9 : 29

에 진격한 것이 그 시작이었다. 그후 무슬림들은 쿠란의 명령과 예언자 무함마드의 언행에 따라 신학과 지하드를 최상위 덕목으로 삼아 세력을 강화해 왔다. 로마 황제 콘스탄틴이 자신을 기독교도라 공언하고 기독교를 합법화시킨 이래 거의 천 년 만에 처음으로 기독교국에서 투자금은 완전히 자취를 감추었고, 지구상의 거의 모든 기독교도들이 딤미 신분으로 강등되었다.

⋙ 의외의 도움

그러나 그때 기독교국으로부터 의외의 도움을 받게 된다. 바로 몽골인이었다. 이들은 한 세기 전에 기독교도와 함께 무슬림에 대항하자고 청했던 이교도 몽골인들이 아니다. 이 몽골인들은 무슬림이었다. 중앙아시아의 유혈정복자 티무르(1336-1405)는 아마도 이슬람 나크쉬반디 수피 분파의 일원이었을 것이다.[6] 이는 주목할 만한 사실인데, 왜냐하면 수피는 이슬람 분파 중 평화롭고 관대한 종파로 알려져 있기 때문이다. 그러나 어찌되었건 그들의 역사는 지하드로 점철되어 있다(사례 : 체첸).

징기스칸의 직계 후손인 티무르는 중동의 무슬림 영지에 대한 공격을 시작했다. 막대한 손실에 직면한 맘룩조와 오토만 터키 지하드 전사들은 유럽을 포기할 수밖에 없었다. 티무르는 비잔틴 황제 요한 1세에게 조공을 요구할 정도로 전쟁에서 커다란 승리를 거두었음에도 불구하고 유럽에는 전혀 흥미를 느끼지 못했다. 티무르는 1402년 앙카라에서 오토만군을 대패시킨 후 중국에 눈을 돌리게 되었으며, 서구

무슬림이 유럽에서 지하드를 지속할 수 없을 정도로 그 세력을 약화시켰다. 결국 무슬림이 기독교를 구원한 것이다.

그러나 휴식은 잠시였다. 오토만의 술탄 무라드 2세(1421-1451)가 기독교국의 보석인 콘스탄티노플에 눈독을 들였기 때문이다. 1422년 그가 성벽을 포위공격했지만 함락시키지는 못했다. 그렇지만 그는 포기하지 않았고, 1430년에 테살로니카를 점령하고 콘스탄티노플을 봉쇄했다. 비잔틴 황제 요한 8세가 로마에 도움을 호소했고, 서방의 도움을 얻어내기 위해 플로렌스 회의에서 로마 가톨릭이 내세운 조건에 따라 로마 카톨릭과 동방정교회를 재결합시키기로 동의하기에 이르렀다. 교황 유게니우스 4세는 정식으로 십자군 원정을 요청했고, 폴란드, 발라치아, 헝가리의 동유럽 국가로부터 군대를 소집했다. 그러나 1444년 11월 무라드가 헝가리 바르나에서 3만에 이르는 십자군을 대패시킴으로써 콘스탄티노플에 대한 마지막 희망도 무너져 버렸다. 비록 바르나를 향하던 길에 십자군이 터키 지역에 입성했지만(무슬림들이 1391년에 터키 마을을 점령했다), 십자군이 안티오키아와 예루살렘에 자신들의 왕국을 세우고 카이로의 술탄을 공포에 떨게 했던 시절과는 비할 것이 못 되었다.

바르나의 참패 후 콘스탄티노플이 정복되는 것은 시간문제일 뿐이었다. 최후의 시간은 1453년 5월 29일 화요일에 찾아왔다. 수주일간의 저항이 있은 후 콘스탄티노플이 압도적인 수의 무슬림군에게 마침내 정복되었고, 이번에도 도성 내에서 잔인한 대학살이 이어졌다.

지하드 전사의 행보가 여기서 그친 것이 아니다. 투르크군은 1456년에 베오그라드를 포위하고 로마 정복도 시도했다. 그리고는 회군했다. 마침내 변화가 시작된 것이다. 무슬림들이 16세기에 말타에서 쫓

당신이 읽지 말았어야 할 책

• 『증오의 왕국』(*Hatred's Kingdom*, Dore Gold, *Washington*, DC : Regnery, 2003)은 사우디아라비아의 폭력적인 와하비 종파의 역사와 발전에 대해 기술한 책이다. 골드에 따르면 이슬람 국가는 비무슬림 국가와의 유대를 평등한 자 간의 진정한 동맹관계로 보지 않고 무슬림의 세력이 강화될 때까지만 유효한 일시적인 계약으로 보며, 힘을 얻고 나면 동맹관계를 1분도 더 지속하지 않는다. 따라서 이슬람국과 지속적인 협약을 체결하는 것이 얼마나 무모한 일인지를 보여주고 있다.

겨났고 1529년에는 비엔나에 대한 첫 번째 포위공격에 실패했다. 1672년에는 폴란드인과의 전쟁에서 이겨 우크라이나의 광대한 지역을 장악하기도 했지만 그후 십년이 못 되어 얻은 것을 잃게 되었다. 그리고 비엔나를 다시 한 번 포위했지만 1683년 9월 11일, 폴란드의 얀 3세 소비에스키와 3만 명의 폴란드의 후사르에 의해 쫓겨나고 말았는데, 이것이 무슬림의 유럽 영토확장의 정점이었다.

십자군은 그들이 목표로 했던 것은 아무 것도 달성하지 못했으며, 서구 역사상 최대의 실패로 역사에 남게 되었다.

그런데 과연 사실일까?

Chapter 13

십자군 원정이 없었다면?

알고 있나요?

* 십자군 원정이 본래의 목적을 달성하지 못하기는 했지만 유럽에서 지하드 정복을 저지하는 데 중요한 역할을 했다.
* '관대하고 이원주의적인 이슬람 사회' 에 살았던 사람들이 극소수의 학대받고 경멸당하는 소수민족으로 점차 줄어들게 되었다.
* 이슬람의 불신자에 대한 혐오는 이슬람 역사에 계속되어 왔고 현재도 진행 중이다.

만약 십자군 원정이 없었다면 우리는 지금 어떤 세상에 살고 있을까? 기독교도와 무슬림 간의 평화, 이해 및 선의가 존재할 것인가? 이슬람 세계가 서구로부터 유입된 것으로 믿고 있는 의혹과 철저한 망상으로부터 자유로울 수 있을까? 아민 말루프에 따르면 "이 두 세계 간의 분열이 십자군 전쟁에서 시작되었음은 의심의 여지가 없으며, 아랍인들에게는 오늘날까지도 '강간행위' 로 각인되어 있다"고 말했다.[1]

혹은 전 세계가 다른 어떤 것, 완전히 기대하지 않은 방식으로 달라졌을까? 로마의 성 베드로 사원과 같은 단어가 독자들에게는 의미가 있을까?

| PC 신화 : 십자군은 이룬 것이 없다

이슬람은 유럽 중앙부까지 지하드를 전개해 왔고, 십자군은 성지에 영속적인 국가나 입지를 구축할 능력이 없었다. 그리고 십자군 원정으로 인해 기독교와 무슬림은 물론 동방과 서방교회 간의 반목이 초래되었기 때문에 대부분의 역사학자들은 십자군 원정을 실패로 본다.

어찌되었건 그들의 목표는 성지에서 기독교도 순례를 보호하는 것이었다. 애초에 십자군 국가는 이러한 목적으로 건립되었다. 그러나 제2차 십자군 원정 이후 십자군 국가들은 급격히 줄었고, 그 상태를 유지했다. 1291년 이후 십자군 국가는 사라졌고, 이슬람 전사의 유럽 횡단을 막지 못했다.

그러나 십자군 원정기 동안 유럽에 대한 이슬람의 모험수위가 급격히 낮아졌다. 콘스탄티노플을 처음 포위한 것은 물론 스페인, 중동, 북아프리카를 정복한 것도 제1차 십자군 원정 전에 있었던 일이다. 동유럽에서 이슬람 팽창주의의 부활을 알렸던 코소보와 바르나 전투는 중동의 마지막 십자군 도시가 몰락한 뒤 발생했다.

그렇다면 십자군의 업적은 무엇일까? 그들은 유럽에 시간을 벌어줬다. 시간이란 유럽의 함락과 유럽인의 딤미 신분으로의 강등, 유럽의 부흥과 영광으로의 복귀 사이의 (시간) 차이를 의미할 수 있다. 브와이용의 고드프리, 사자왕 리처드와 수많은 사람들이 그리스도의 명예와 수천 마일 떨어진 곳에 있는 그의 교회를 지키기 위해 목숨을 담보로 싸우지 않았더라면 지하드 전사가 분명히 더 빠른 시간 내에 유럽을 휩쓸었을 것이다. 십자군이 바르나와 비엔나가 아닌 안티오키아와 아스칼론을 지키기 위해 투쟁하면서 무슬림을 중요한 시기에 저지했을 뿐만 아니라, 십자군 원정이 아니었으면 존재할 수 없었던 군대를 만들어냈다. 교황 우르반이 십자군을 소집하자 병사들은 대의명분을 중심으로 단결하게 되었다. 유럽에 이러한 명분이 존재하지도 알려지지도 않았더라면 결코 전사가 되지 않았을 많은 사람들이 전사가 되었다. 만약 십자군이 없었다면 고향을 침범한 무슬림들에 맞설 준비가 되어 있지 않았을 것이다.

십자군 원정은 에드워드 기번이 꿈꾸던 '쿠란 해석본'의 옥스포드 강의를 좌절시킨 궁극적 원인이기도 했다.

당신이 읽지 말았어야 할 책

- 『중국의 쿠블라이 칸의 수도승들』(*The Monks of Kublai Khan Emperor of China*) 또는 『유럽 황제들에게 보낸 몽골 칸의 특사와 전권대사인 랍반 사우마와 마르 야흐브-알라하 3세로서 아시아의 네스토리아 교회의 수장이 된 마르코스의 삶과 여행 이야기』(*The History of the Life and Travels of Rabban Sawma, Envoy and Plenipotentiary of the Mongol Khans to the Kings of Europe, and Markos Who As Mar Yahbh-Allaha III Became Patriarch of the Nestorian Church in Asia*)라는 멋진 제목의 이 책은 왈리스 부드게(E. A. Wallis Budge) 경에 의해 번역되었다. 1928년 초판이 런던에서 발행되었으며, 그동안 절판되었는데 현대의 PC학자들로서는 계속 남아 있기를 바라는 그런 책이다. 그런데 앗시리아 국제뉴스통신사(Assyrian International News Agency)가 놀랍게도 온라인 서비스를 제공하고 있다(http://www.aina.org/books/mokk/mokk.htm#c72). 네스토리아교의 부흥과 영광으로부터 중앙아시아 기독교를 파괴시킨 잔인한 박해에 이르기까지의 모든 이야기가 담겨 있다. 또한 몽골 지도자 아르군의 사신으로 무슬림에 대항하여 유럽 왕들에게 군사동맹을 제안했던 랍반 사우마의 놀라운 여행이야기가 담겨 있다. 철저한 조사와 우아하고 장엄한 필체가 빛나는 책이다.

이것은 사소한 문제가 아니다. 아무리 정치적 편견이 없는 사회가 인정하지 않으려 하더라도 기술적인 진보뿐 아니라 대부분의 철학적 · 과학적 탐구가 기독교 유럽에서 시작되었음을 부정할 수 없다. 앞서 살펴본 바 우리는 이미 과학이 무슬림 세계가 아니라 기독교 세계에서 발전할 수밖에 없는 한 가지 중요한 이유를 알고 있다. 기독교도는 선의의 신이 지배하는 개연성과 항상성을 지닌 우주를 믿는 반면, 무슬림들은 신의 의지가 절대적이므로 개연성과 항상성이 배제된 채 신에 의해 지배되는 우주를 믿는다.

그러나 가장 중요한 철학적 차이가 가지는 함축적 의미는 자유가 주어지지 않으면 제 구실을 할 수 없다. 그런데 그런 자유가 불행하게도 무슬림 지배 하의 기독교도나 다른 비무슬림들에게는 주어지지 않았다. 역사적으로 살펴보면 무슬림의 지배를 받게 된 사람들은 그들의 정복이 있기 전에는 인구 수가 많고 위대한 업적을 남긴 자들이었다 하더라도 적은 수의 문화적으로 파생된 소수민족으로 줄어들게 되었다. 물론 피정복민 중 이러한 운명을 벗어난 자는 거의 없다. 무슬림의 딤미 신분을 벗어난 유일한 사람은 이슬람 지하드를 저지하는 데 성공한 사람들이었는데, 바로 유럽의 기독교도와 인도의 힌두교도였다.

다른 사람들은 운이 좋지 않았다.

≫≫ 사례연구 : 조로아스터교도

만약 무슬림이 유럽을 정복했다면 정말 최악의 상황이 초래되었을까? 어찌되었건 기독교는 자신의 종교를 실습할 수 있었을 것이다. 그저 약간의 차별을 견뎌내면 됐을 것이다. 그렇지 않나?

비록 대부분의 이슬람 호전론자들이 딤미 제도에 '약간의 차별'이 있었음을 인정하지만, 장기적인 관점에서 볼 때 딤미는 비무슬림인에게 이보다는 훨씬 큰 피해를 주었다. 무슬림이 이집트를 정복한 후 몇 세기가 지나서도 기독교 콥트교는 이집트의 절대다수가 믿는 종교였다. 그러나 오늘날 콥트교는 이집트 인구의 10% 미만을 차지할 뿐이다.

이는 이슬람이 정복한 비무슬림 그룹에도 동일하게 적용된다.

조로아스터교도는 페르시아 사제이자 예언가인 조로아스터 혹은 자라투스투라(B.C. 628-551)의 추종자들을 말한다. 이슬람이 도래하기 전 조로아스터교는 오랜 기간 페르시아(오늘날의 이란)의 국교였다. 그리고 페르시아 제국이 에게 해에서 인더스 강에 이르기까지 영토를 넓힐 때 지배종교였다. 조로아스터교도들은 페르시아에서 중국까지 널리 분포되어 있었다. 그러나 무슬림이 페르시아를 정복한 뒤 조로아스터교도들을 딤미 신분으로 만들고 개종을 강요당하는 등 잔인하게 박해했다. 다수의 사람들이 무슬림 지배를 벗어나기 위해 인도로 피신했지만, 무슬림이 인도로 진격하기 시작했을 때 또 다시 지하드 전사들의 희생양이 되고 말았다.

이슬람 지배 하의 조로아스터교도는 서방의 이슬람 지배 하의 기독교도와 유대교인와 같은 고통을 겪었으며 오늘날까지도 계속되고 있다. 1905년 네이피어 맬컴(Napier Malcolm)이라는 선교사가 야즈드(Yazd)라는 페르시아 마을에서 조로아스터교도들과 생활했던 경험담을 책으로 펴냈다.

> 1895년까지 어떤 조로아스터교도들도 우산을 들고 다닐 수 없었

다. 내가 야즈드에 머물렀던 동안에도 그들은 우산을 마을에서 가지고 다닐 수 없었다. 1895년까지는 안경 사용을 강력히 금지했고, 1885년까지는 귀걸이를 할 수 없었다. 허리띠는 거친 캔버스 천으로 만들어야 했다. 그러나 1885년 이후 흰색을 사용할 수 있게 되었다. 1896년까지 조로아스터교도들은 터번을 접어넣는 것이 아니라 꼬아올려야 했다. 1898년까지는 갈색, 회색, 노란색만 외투(qaba)와 속외투(arkhaluq)에 사용할 수 있었다. 그러나 그 이후로는 파랑, 검정, 밝은 빨강 또는 녹색 이외의 모든 색을 사용할 수 있게 되었다. 그 외에도 흰 스타킹도 금지대상이었으며, 1880년까지 코가 넓고 뾰족한 흉하게 생긴 특정 신발을 신어야만 했다. 1885년까지는 헤진 모자를 써야만 했고, 1880년까지는 긴 바지 대신에 무릎길이의 짝 달라붙는 단색 바지를 입어야 했다. 1891년까지 모든 조로아스터교도들은 마을 내에서 걷는 것 외의 이동수단을 사용할 수 없었고, 사막에서 무슬림을 만나면 계급에 상관없이 무조건 (말에서) 내려와야 했다. 내가 야즈드에 머물렀던 시기에는 조로아스터교도들이 사막에서 말을 탈 수 있었는데, 계급이 높은 무슬림을 만났을 때는 말에서 내려와야 했다. 그 외에도 일일이 언급하기엔 너무나도 많은 사소한 복장규율이 있었다.

조로아스터교도들과 유대인들의 집은 벽으로 에워싸야 했으며, 무슬림이 손을 뻗으면 지붕에 닿을 수 있도록 아주 낮게 집을 지어야 했다. 그러나 아래로는 도로보다 낮게 땅을 팔 수 있었다. 조로아스터교도는 1860년 정도까지는 상업에 종사할 수 없었다. 그들은 창고에 물건을 숨겨두었다가 비밀리에 팔고는 했다. 지금은 대상들이 묵는 큰 여관에서 장사를 할 수 있지만 시장(bazaar)에서는 장사를 할 수 없고 린넨 직물은 취급할 수 없었다. 1870년까지는 어린이들이 학교에서 교육을 받을 수 없었다.

이교도에 대한 세금 지즈야(jaziya)는 조로아스터교도 개개인의 부에 따라 다르게 적용되었지만 2토만(만 디나르)보다는 많이 내야 했다. 토만은 오늘날의 3실링 8펜스 정도이지만 그보다는 유용가치가 높았다. 지금은 돈이 많이 평가절상되기는 했지만 그 정도의 돈이면 노동자의 열흘치 임금에 맞먹는다. 징집원인 팔라쉬(farrash, 청소기라는 뜻. 하인, 주로 정원사)를 만나면 현장에서 지불해야 했다. 팔라쉬는 자지야를 수금할 때 자기 마음대로 행동할 수 있었다. 돈을 내야 하는 사람이 집에 가서 돈을 가져오지도 못하게 하고 그 자리에서 때렸다. 1865년 세금을 걷던 팔라쉬가 납세대상을 개에 묶고 때리기도 했다.

1891년에는 무즈타히드가 마을의 광장에서 흰 스타킹을 신고 있는 조로아스터교 상인을 잡았다. 그는 그 남자를 때리게 하고 스타킹을 벗기라고 명했다 1860년경 70대 노인이 거친 캔버스 천으로 된 흰색 바지를 입고 시장에 갔다. 사람들이 그를 많이 때리고 바지를 벗긴 뒤 팔을 잡아 끌고 집으로 데려갔다.[2)]

오랫동안 이런 식으로 살아야 한다면 어떤 영향이 있을까? 그 답은 수치로 나타난다. 거의 1400년간을 딤미 신분으로 지내면서 이슬람적 관용의 본성을 경험한 오늘날 이란의 조로아스터교도는 전체 인구의 2% 미만으로 줄어들었다(이들이 피난처로 택한 인도는 이보다 더 낮은 수치를 나타낸다). 조로아스터교가 한때 번성했던 아프가니스탄에는 현재 조로아스터교도가 사실상 전무하다. 이것은 놀랄 만한 일이 아니다. 이슬람으로 개종을 하는 것만이 박해받던 이교도들이 인간다운 삶을 살 수 있는 유일한 방법이었기 때문이다.

오늘날처럼 : 시스타니, 불신자를 배설물과 동급으로 다루다

쿠란이 '악의 창조물' (98 : 6)이라 명명한 불신자에 대한 무슬림의 혐오는 과거에만 국한되지 않았다. 서구인들에 의해 개혁자이자 온건파이며 이라크와 넓게는 중동 민주화의 희망이라 칭송받고 있는 이라크의 시아파 지도자 위대한 아야톨라 사이드 알리 후세이니 시스타니(Sayyid Ali Husayni Sistani)는 그의 종교적 판결에서 불신자에 대한 이슬람의 경멸은 현재도 지속되고 있다고 인정했다. 이러한 시각으로 인해 조로아스터교도가 절대다수에서 경멸의 대상인 소수민족으로 점차 줄어들게 된 것이다. 이슬람법에 관한 모든 의문에 대한 시스타니의 방대한 판결들 중 계몽적인 내용에 관한 리스트이다.

다음은 불결함(najis)을 대표하는 열 가지 항목이다.

1. 소변
2. 대변
3. 정액
4. 사체
5. 피
6. 개
7. 돼지
8. 카피르(불신자)
9. 알코올 음료
10. 불결한 것(najasat)을 끊임없이 먹는 동물의 땀[3)]

시스타니는 "카피르가 머리칼, 손톱과 신체의 모든 액체 분비물 등 몸 전체가 불결(najis)하다"고 덧붙였다.

이중적 기준에 대한 경고 : 시스타니는 서구 세계에서 존경을 받는다. 그러나 제리 팔웰(Jerry Falwell)이 비기독교도들을 돼지, 대변, 개의 땀과 같은 수준으로 취급했다면 전 세계인들이 얼마나 분개했을지 상상해 보라.

만약 십자군 원정이 무슬림을 저지하지 않고 이슬람 지하드가 기독교국을 종식시켰더라면 유럽의 기독교도들이 (한때는 기독교 영토였던) 중동의 기독교도들과 조로아스터교도들처럼 아주 극소수의 소수민족이 되지 않았을까? 이슬람 역사에서 '이슬람 이전의 무지의 시대'라고 생각하기 때문에 유럽 기독교 문명이 이룬 업적이 쓰레기 취급을 받지 않았을까?

기독교에서 파생되어 이슬람법과 여러 면에서 대립하고 있는 만인의 평등과 존엄과 같은 사상이 현대의 유럽이나 미국에 알려지게 되었을까?

≫≫≫ 사례연구 : 앗시리아인들

동방의 앗시리아 교회에도 동일한 상황이 전개되었다. 앗시리아 교회는 십자군 원정에 의해 건립된 첫 번째 라틴 왕국의 중심이 된 도시, 에데사의 고대 교회이다. 4–5세기 앗시리아 교회는 서부교회와 팽팽한 신경전을 벌였다. 이에 424년 동방교회가 종교회의에서 그들의 지도자인 셀루키아–크테시폰(Seleucia–Ctdesiphon, 페르시아 도시)의 카톨리코스에게 로마나 안티오키아 교회에 귀속되지 않는 동등한 권위를 부여했다. 그후 앗시리아인은 제3차 에베소 공회의에서 이교도로 파문당한 콘스탄티노플의 대주교 네스토리우스의 그리스도관을 받아들였다. 이로 인해 앗시리아인은 비잔틴과 라틴 기독교인과 그 사이가 더욱 멀어지게 되었다. 424년 이후 수세기 동안 앗시리아인들은 콘스탄티노플과 로마교회와 거의 또는 전혀 교류가 없었다.

그 기간 동안 앗시리아인들은 기독교가 창시된 이래 가장 열정적인 선교단 중 하나임을 입증했다. 네스토리아 교회는 한때 지중해에서 태평양에 이르기까지 영역을 확장하기도 했다. 네스토리아 교회는 비잔틴 제국은 물론 중앙아시아 전역에 걸쳐 발견되었고, 중동과 이집트에서도 찾아볼 수 있었다. 앗시리아인들은 최전성기에는 아덴에서

봄베이와 상하이에 이르는 곳의 교회는 물론 아제르바이잔, 시리아, 예루살렘, 베이징, 티벳, 인도, 사마르칸트, 에데사, 아라비아(예멘 사나)의 수도좌를 차지했었다. 635년 네스토리아 선교사 알로펜(Alopen)은 복음서를 중국에 가져갔는데 중국의 첫 교회가 3년 후 완공되었다. 8세기까지 여러 개의 교구를 수립할 정도로 많은 네스토리아 교도가 중국을 찾았다. 어떤 중국 황제는 기독교를 '이해하기 쉬운 교리'라며 성장을 도왔다.

그러나 먹구름이 다가오고 있었다. 7세기 말 칼리프 무아위야 2세(683-684)가 카톨리코스에게 금을 요구했지만 그들이 그의 요청을 거절했고, 그 결과 앗시리아인에 대한 박해가 시작되어 많은 교회가 파괴되었다. 박해는 칼리프 압드 알-말리크(Abd al-Malik, 685-705)의 시대에도 계속되었다. 압바시야조 칼리프 알-마흐디(al-Mahdi, 775-786)는 앗시리아인들이 딤미법을 위반하고 무슬림 정복 후에도 새로운 교회를 세웠다는 것을 알게 되었고, 곧 이 교회들을 파괴하라고 명령했다. 그는 기독교가 딤미인의 약정인 보호 계약을 위반했다고 생각했고, 시리아에 있는 5천 명의 기독교도들에게 이슬람으로 개종하거나 죽음을 선택하도록 했다. 알-마흐디의 후계자인 하룬 알-라쉬드(Harun al-Rashid, 786-809)는 더 많은 교회를 파괴하라는 명령을 내렸다. 반세기 후에는 칼리프 알-무타와킬(al-Mutawakkil, 847-861)은 교회를 보다 적극적으로 박해하기 시작했다. 9세기와 10세기에 폭동자들과 약탈범들이 여러 차례에 걸쳐 바그다드와 주변지역의 기독교도를 공격했다. 교회가 파괴되었고 희생된 기독교도들은 앗시리아인들이었다. 반면에 중국에서는 새로운 황제의 강력한 박해가 시작되었는데, 981년까지 중국을 방문한 네스토리아교 선교사들은 교회가 대대적으로 파괴된 모습을 확인할 수 있었다. 그럼에도 불구하고 앗시리아 교회는 투르크와 그 외의 지역에서 많은 신자(개종자)를 확보했고 중국에서의 선교도 계속되었다. 13세기 말 네스토리아교도가 중국 강수 지역의 감독관이 되었다.

1268년 십자군이 세운 안티오키아가 무슬림에게 정복당하게 되면서 앗시리아인에게 또 다시 시련이 찾아왔다. 무슬림들은 많은 앗시리아인을 노예로 만들고 교회를 파괴했으며, 앗시리아인 주교는 돌로 쳐 죽이고 기독교도들에 대한 경고의 의미로 그의 사체를 도시 성문에 매달아 놓기도 했다. 12세기와 13세기의 아랍인, 쿠르드인, 몽골인의 또 다른 공격에서는 셀 수 없이 많은 앗시리아인이 죽거나 노예가 되었다. 그러나 최악의 점령자는 몽골의 티무르였다. 독실한 무슬림인 그는 네스토리아교도에 대해 맹렬히 지하드를 전개하여 그들의 도시와 교회를 파괴했다. 앗시리아인 기독교도에 대항하는 전면전이었으며, 티무르는 그들에게 선택권을 주고 이슬람으로 개종하거나 딤미가 되거나 죽음을 받아들이도록 했다. 1400년까지 광활했던 네스토리아교의 영토는 더 이상 찾아볼 수 없게 되었고 페르시아, 중앙아시아, 중국에서 기독교가 완전히 소멸되었다.[4)]

그후로 거의 모든 네스토리아교도들이 무슬림 지배하의 딤미

> **무함마드 vs 예수**
>
> "너희가 내 이름을 인하여 모든 사람에게 미움을 받을 것이나 나중까지 견디는 자는 구원을 얻으리라."
>
> **– 예수(마가복음** 13 : 13)
>
> "여기에 너희를 의한 아브라함과 그와 함께 한 그들의 교훈이 있나니, 그들이 백성들에게 이야기한 것이라. '우리는 너희와 관계가 없으매 너희가 알라 이외에 숭배한 것과도 관계가 없도다. 또한 우리는 너희와 그리고 우리와 너희 사이에 일어난 적의와 증오는 너희가 알라를 홀로 경배할 때까지 영원토록 관계가 없느니라.'"
>
> **– 쿠란** 60 : 4

오늘날처럼 : 이라크의 기독교 박해

1775년 앗시리아 교회는 페르시아의 Seleucia–Ctesiphon에서 바그다드로 옮겨져 오늘날까지 그곳에 위치하고 있다. 그러나 오늘날 중동에서는 지하드 전사 이슬람의 부활과 함께 기독교도들에게는 점점 더 불리한 상황이 전개되고 있어 카톨리코스 마르 딘카(Mar Dinkha) 4세는 1980년 이후 시카고에 거주하고 있다. 칼데아 가톨릭(수세기 전 로마교회와 합쳐진)의 지도자인 대주교 엠마뉴엘 델리는 바그다드에 남았는데, 사담 후세인이 축출된 뒤 이라크 전역에 걸쳐서 지하드 테러리스트가 기독교도를 집중적으로 박해하는 것을 지켜볼 뿐이었다. 사담 후세인 정권은 비교적 세속적이었다. 지하드 전사는 보다 종교적으로 강화된 이슬람법에 따르는 정권을 수립하고자 했다. 무슬림이 장을 보는 곳에서는 기독교도가 '술을 진열'하거나 판매하는 것을 금한 딤미법에 의거하여 술을 거래하던 기독교도들이 지하드 전사들의 주요 목표물이 되었다.[5] 기독교 여성들은 이슬람의 머리 수건인 히잡을 착용하도록 위협받았다.[6] 많은 기독교도들이 살해되었고 수천 명이 이라크를 떠났다. 2004년 9월 이라크 컬럼니스트 마지드 아지자(Majid Aziza)는 "기독교도 아랍인이 지금보다 더 위험에 빠졌던 시기를 찾아보기 어렵다"고 말했다.[7]

티무르를 생각하면 정말 많은 의미를 내포하는 말이다.

가 되었다. 조로아스터교와 마찬가지로 그들의 공동체는 제도화된 불공평함의 무게에 짓눌려 작은 흔적만 남게 되었다.

만약 유럽의 기독교인이 동일한 운명을 맞이했더라면 단테 알리기에리, 미켈란젤로, 레오나르도 다빈치 또는 모짜르트나 바하의 작품이 이 세상에 나오지 않았을 것이다. 엘 그레코, 지오토, 올리비에 메시앙도 존재하지 않았을 것이다. 살아남기 위해 모든 에너지를 소모할 수밖에 없는 공동체는 순수 미술이나 음악을 추구하기 힘들다.

십자군 원정은 유럽 문화의 부흥을 가능하게 했다.

Chapter 14

이슬람과 기독교의 전통은 동등한가?

알고 있나요?

* 십자군을 현대적인 시각으로 해석한 작품들은 대부분 정치적인 동기에서 비롯되었으며 역사와 관계없는 넌센스이다.
* 오늘날 전 세계가 직면한 문제는 개념화된 '종교적 근본주의'가 아니라 이슬람 지하드이다.
* 서구 문명의 자존심을 회복하지 않고는 지하드를 저지할 수 없다.

프랑스 여배우 에바 그린은 영국 리들리 스콧 감독의 십자군 영화 「킹덤 오브 헤븐」(*Kingdom of Heaven*)은 "할리우드의 바보 같은 영화와는 다릅니다"라고 말했다.

맞는 말이다. 이 영화는 바보 같은 영국 영화다.

블록버스터 신작의 사전 시사회 뒤 뉴욕타임스는 "기독교도 극단주의자들이 모든 것을 망쳐버리기 전까지 상호 공존을 추구하던 모습을 그렸다. 기독교도들이 패배했을 때조차도 무슬림들은 그들에게 유럽으로 안전하게 돌아갈 수 있게 도와줬다"라고 논평했다. 타임지에 따르면 "리들리 스콧 감독은 광신적 행위만 잘 다스린다면 기독교도, 무슬림, 유대교인들이 화합할 수 있음을 보여주려 했다"고 한다. 아니면 에바 그린이 말했듯이 「킹덤 오브 헤븐」은 "아랍인에 대해 보다 관대하고 개방된 시각을 갖도록" 만들어진 영화일 것이다.[1)]

여러분도 이제는 무슬림들이 십자군이 오기 전에는 비무슬림들과 '공존을 희망했다'는 사실은 역사적으로 틀린 생각임을 분명히 알 수 있을 것이다. 리들리 스콧 감독이 의미하는 '공존'이 억압자와 피억압자 간의 공존, 즉 딤미 제도를 말하는 것이 아니라면 말이다. 리들리 스콧 감독과 에바 그린은 이 영화의 저변에 깔린 정치적으로 공정하다는 자들의 동기를 분명히 해주었는데, 그것은 무슬림과 비무슬림 간의 평화적 공존을 방해하는 요인이 종교적 전통의 어떤 요소가 아니라 '광신적 행위'라는 것이다. 이 영화는 또한 관용을 베풀 줄 모르는 인종차별주의자 서구인들이 아랍인들에게 보다 관대해지도록 유도한다.

그러나 이 영화는 서구인들에게 이슬람 문명이 서구 문명과 동등하거나 더 우월한 문명이라는 확신을 주기 위한 대전략의 일부에 지나지 않는다.

⋙ 「킹덤 오브 헤븐」의 역사왜곡

「킹덤 오브 헤븐」은 전통적 카우보이-인디언 영화로, 무슬림들은 고귀하고 영웅적이며 기독교도들은 악하고 폭력적이라는 내용을 담고 있다. 각본은 딤미법과 딤미적 사고방식은 다루지 않고 오늘날 PC의 진부함과 이슬람의 관대함에 대한 환상에 중점을 두어 만들어졌으며, '무슬림, 유대인, 기독교도의 형제애'라는 평화와 관용의 그룹을 발명해냈다. 그러나 물론 기독교도들이 전부 망쳐버리고 만다. 영화 홍보 담당자는 "그들은 화합했다. 성전기사단이 내부 분열을 일으키기 전까지는 강력한 유대가 형성되어 있었다"라고 설명했다. 맞다. 그 못된 "기독교 극단주의자들!"

「킹덤 오브 헤븐」의 대상 관객은 이슬람 세계와 서구 세계 간의 모든 문제가 서구의 제국주의, 인종차별주의, 식민주의에 의해 비롯되었고, 미국과 유럽의 사악한 백인들이 보다 관대해져야만 전 세계의 등불이었던 이슬람적 관용의 영광된 패러다임이 돌아올 수 있다고 믿는 사람들이다. 리들리 스콧과 그의 팀은 민감한 무슬림들의 심사를 건드리지 않기 위해 미국-이슬람관계위원회 등의 단체를 위해 사전 시사회를 마련했다. PC 집단의 입장에서 이 영화는 꿈의 영화이지만 한 가지 문제가 있다면 사실이 아니라는 점이다.

『십자군 원정 약사』(*A Short History of the Crusades*)의 저자이자 당시 역사의 세계적 권위자인 조나단 라일리-스미스(Jonathan Riley-Smith) 교수는 이 영화를 '쓰레기'라고 했다. 그의 설명은 이렇다. "무슬림을 세련되고 문명화된 집단으로, 십자군을 난폭한 야만인으로 묘사한 것은 전혀 역사적인 사실이 아니다. 사실과 아무런 상관없는 일이다." "무슬림, 유대인, 기독교도 간에 동일한 목적을 추구하는 (종교)집단이 형성된 적은 없었다. 완전히 넌센스이다"라고 말했다.

『제4차 십자군 원정과 콘스탄티노플 약탈』(*The Fourth Crusade and the Sack of Constantinople*)의 저자인 조나단 필립스(Jonathan Philips) 교수

는 이 영화가 역사를 사실대로 묘사하고 있다는 주장을 일축하고 있으며, 십자군 성전기사단을 악당으로 묘사한 것에 이의를 제기한다. 성전기사단을 '악당들'로 묘사한 것은 무슬림의 관점이며, '악당들'은 어찌되었건 잘못된 표현이다. 성전기사단은 무슬림 최대의 위협세력이었으며, 임무로 부여받은 성지 수호를 위해 많은 사람들이 목숨을 잃었다."[2)]

버틀란드 러셀의 이슬람관

볼셰비즘은 프랑스 혁명과 이슬람 발생의 특징을 결합한 것이다. 마르크스는 공산주의가 운명적으로 발생될 수밖에 없었다고 했는데, 이는 무함마드의 초기 후계자들의 정신상태와 같은 것이다. 종교와 비교했을 때 볼셰비즘은 기독교와 불교보다는 무함마드교에 견주어야 한다. 기독교와 불교는 신비로운 교리, 관조적인 성격의 주로 개인적인 종교이다. 무함마드교와 볼셰비즘은 실용적·사회적·현세적인 종교로 세계 제국 건설에 관심이 있다.

영화 홍보 담당자는 살라딘을 "작품 속의 영웅"이라 했다. 하틴 전쟁에서의 대학살이나 예루살렘에서 그보다 큰 규모의 학살을 계획하고 있었다는 사실은 언급되지도 않았다.

그러나 역사왜곡을 일삼고 십자군 전쟁 당시 무슬림들을 호의적으로 그리려 분투했건만 이슬람 호전론자인 칼레드 아부 엘 파들(Khaled Abou El Fadl) 캘리포니아 대학 이슬람 법학과 교수는 「킹덤 오브 헤븐」에 분개한다. "내 견해로는 내 명예를 걸고 말하는데 이 영화가 상영되고 나면 즉시 증오범죄가 자행될 것이다. 사람들이 주말에 이 영화를 보러 가서 터번을 두른 사람에게 본때를 보여주자며 덤빌 것이다"라고 말했다. 물론 그의 비난은 미국인들의 이 영화에 대한 비난보다는 약한 편이다.

어찌되었건 「킹덤 오브 헤븐」은 스타가 총출동하는 제작비 1억 5천만 달러짜리 영화로 '매혹적인 역사교육'이라며 관객을 끌어들이고 있다. 매혹적이긴 할 것이다. 그러나 서구인들이 자신을 속이고 싶어하는 정도로만 매혹적이다.

| PC 신화 : 전 세계인이 직면한 문제는 종교적 근본주의이다

모든 종교 전통이 동등하게 폭력을 발생시킬 수 있을까? 오늘날 많은 사람들이 이에 동의하는데, 만약 팻 로벗슨(Pat Robertson)과 제리 팔웰(Jerry Falwell)이 간음을 저지른 여자에게 돌을 던지는 것을 옹호하는 기사를 쓰거나[스위스에 거주하는 무슬림 작가 하니 라마단(Hani Ramadan)이 2002년 9월 르몽드에 기고한 것처럼], 불경스러운 말을 한 사람을 살해해야 한다고 주장하거나(불경은 파키스탄 및 다른 이슬람 세계에서 극형에 처한다), 적이라고 생각되는 자들의 상징적 빌딩에 비행기를 돌진시켜야 한다고 주장한다면 이러한 주장에 대한 신빙성이 훨씬 높아질 것이다.[3)]

복음을 전도하는 기독교도들은 이처럼 폭력을 행사하지는 않는다는 사실은 모든 '근본주의'가 동등하지 않음을 확인해 준다. 대학 캠퍼스에 만연한 해체주의적 견해와는 달리 종교는 신자들에 의해 무엇이든 만들어질 수 있는 원자재가 아니다. 모든 종교 전통에 있어 종교인들의 행동에는 중복된 부분이 상당히 많다. 예를 들어 그들은 기도하고 모임을 가지며 특정 예식을 치른다. 그러나 주류에서 얼마나 멀든 가깝든 이러한 폭력적 행동의 빈도와 보편성은 각 종교의 실제 가르침에 의해 대체적으로 결정된다. 이슬람 호전론자들은 티모시 맥베이와 에릭 루돌프를 기독교 테러리스트 사례로 지적한다. 그렇지만 맥베이와 루돌프가 빈 라덴과 알 자르카위와 같지 않음을 입증할 세 가지 이유가 있다.

- 그들은 성서나 기독교 전통을 언급하여 자신의 행동을 정당화하려 하지 않았다.
- 그들은 기독교 가르침의 주류 사상에 따라 행동한 것이 아니다.
- 동일한 가르침을 수행하기 위해 전력을 다하는 대규모 기독교 그룹이 전 세계에 분포해 있지 않다.

오사마 빈 라덴과 에릭 루돌프 간의 차이는 정도에서 벗어난 행동과 정도에서 벗어난 가르침 간의 차이이다. 신앙체계를 지닌 인간이라면 누구라도 혐오스러운 행동을 할 수 있다. 그러나 혐오스러운 행동은 종교적인 글과 그 글로 가르치는 자들에 의해 고무되고 반복되는 경우 더 많이 그리고 더 자주 나타나게 될 것이다.

≫≫ 이슬람에 문제가 있다는 말은 아니겠지?

'광신적 행위'가 현재의 모든 문제의 원인이라는 리들리 스콧 감독의 견해의 대안은 무엇일까? PC 타입들은 이해할 수 없겠지만 이슬람 내에 문제가 있는 것이며, 이 사실이 인식되기 전에는 없어지지 않거나 타협하지도 않을 것이다.

이슬람 내에 문제가 있다는 말은 모든 무슬림에게 문제가 있다는 뜻이 아니다. 우리가 살펴보았듯이 자신들을 무슬림으로 받아들이는 많은 사람들이 이슬람의 가르침을 조금 경험해 보았거나 약간 흥미를 느꼈을 뿐이다. 그게 아니라 지하드 전사들이 전 세계적으로 저지르는 폭력이 이슬람 자체의 문제임을 시인하는 솔직함이 필요하다는 말이다. 비무슬림에 대항하여 전쟁을 벌이고 먼저 무슬림 국가에, 그 다음 비무슬림 국가에 이슬람법을 세우는 것이 신에 대한 책임이라고 믿는 세계적 단체가 있다. 이것이 오늘날의 테러리스트 폭력의 배후이며, 이는 쿠란과 순나(이슬람 전통)의 가르침에 기초하고 있다.

미국의 '테러와의 전쟁'에서의 적이 이슬람의 비행기 납치범들이 아니라 이슬람의 핵심 교리에 따르는 사람들이란 것을 서구 정권이 인정하기 시작한다면 전체 이슬람 세계와의 전쟁에 곧 휘말리게 될 것이라고 우려하는 분석가들도 있다. 그렇게 된다면 사우디, 파키스탄, 이집트와 체결한 허울뿐인 동맹을 영속시키기가 더욱 어려워질 것이다. 그러나 그렇게 되면 미국이 동맹국이라 추정되는 자들에게 전 세계 지하드에 충성한 것에 책임을 지도록 요구하고 "테러리스트의 편이거나 아니면 우리의 편이거나 둘 중에 하나"라는 조지 부시

무함마드 vs 예수

"좌우가 그 될 일을 보고 여짜오되 주여 우리가 검으로 치리이까 하고 그 중에 한 사람이 대제사장의 종을 쳐 그 오른편 귀를 떨어뜨린지라 예수께서 일러 가라사대 이것까지 참으라 하시고 그 귀를 만져 낫게 하시더라."

– 예수(누가복음 22 : 49–51)

"아부 킬라바(Abu Qilaba)는 아나스(Anas)가 말한 내용을 전했다. '우클(Ukl) 또는 우라이나(Uraina) 족의 사람들이 메디나에 왔으나 그 기후가 그들에게 맞지 않았다. 그들이 건강해진 뒤 그들은 예언자의 양치기를 죽이고 낙타를 전부 몰아냈다. 예언자는 이 소식을 아침 일찍 들었고 그들을 찾도록 사람을 보내 정오에 그들을 잡아 데려왔다. 그는 그들의 손과 발을 자르라 명했으며(그렇게 했다), 그리고 그들의 눈을 불에 달군 쇠꼬챙이로 지졌다. 그들을 알–할라(Al–Harra)에 놔두었으며 물을 달라했으나 물을 주지 않았다.' 아부 킬라바가 덧붙이기를 '도둑질, 살인을 한 자들은 이슬람을 받아들였다가 이교도가 되었고 알라와 그의 메신저에 대항해 싸웠다.'"[4]

대통령의 9 · 11 후기 선언문에 대한 실질적인 답변을 요구할 수 있을 것이다.

다른 사람들은 온건파 무슬림의 사기를 꺾고 그들을 분노케 한다며 이슬람의 심각한 위기를 외면하려 든다. 만약 그들이 진정 온건한 사람들이라면 이러한 일이 일어날 이유가 없다. 원인을 알지 못하면 문제점을 해결할 수가 없다. 뇌종양으로 인한 지속적 두통에 아스피린만 처방한 의사는 의료과실 소송을 면할 수 없다. 온건파 이슬람 프로젝트를 성공시키려면 폭력과 테러를 야기시키는 요소를 확인하고 무슬림들이 이를 이해하는 방식에 변화를 줄 수 있는 가능한 모든 방법을 동원해야만 한다. 지하드 전사 징병관이 '순수한 이슬람'을 경험하고픈 젊은이들의 욕구를 자극하여 지하드에 참여시키는 것을 더 이상 못 하게 막아야 한다.

온건파 무슬림들이 수백만 명에 달하는 무슬림들의 이슬람에 대한 이해를 바꿔놓을 수 있을지는 아무도 모른다. 그러나 이슬람이 빈라덴과 자르카위와 같은 자를 양산해낼 수밖에 없었던 원인을 인정하지 않는 이상 이상은 온건파의 이러한 시도 자체가 불가능해진다.

≫≫ 일리 있는 말이다. 근데 왜 받아들이기 힘들까?

PC 집단이 이를 받아들이기 어려운 이유 중 하나는 그들의 단순하고 환원론자적인 세계관에서는 서구인은 '하얗고' 무슬림은 '갈색'이기 때문이다. 전 세계의 갈색인들은 PC 신화를 믿고 잘못에 대해 죄책감을 느낄 수 없다. 그들은 영원히 부당한 취급을 당하는 희생자이다. 그들이 저지르는 폭력은 백인의 터무니없는 도발에 대한 반응일 뿐이다.

급진파 변호사인 린네 스튜어트(Lynne Stewart)는 정말 엉뚱한 일을 저질렀는데, 그녀는 2005년 2월 수감 중이던 세계무역센터 폭파(1993) 주범 셰이크 오마르 압델 라흐만(Sheikh Omar Abdel Rahman)에게 몰래 메시지를 전해주다 기소당했다. 스튜어트는 왜 피비린내 나는 지하드 테러리스트를 위해 심부름 소녀가 됐을까? 그녀의 말에 따르면 "이 나라에 강하게 뿌리내려 절대 변할 것 같지 않은 탐욕적인 (성차별과 인종차별을 영속시키는) 자본주의를 제거하려면 비폭력적인 방법으로는 안 된다"고 하였다.[5] 여성은 남성을 받들기 위해 존재하며 불복하는 자는 맞아야 한다고 철석같이 믿고 있는 전통적인 무슬림인 오마르 압델 라흐만을 그녀는 어떻게 성차별과 인종차별에 대항하여 싸운 승리자로 생각하게 된 것일까? 글쎄, 그는 '백인'과 싸우고 있다. 그렇지 않은가?

≫≫≫ 서구 문명의 자존심 회복

"이글리 박사님, 저는 우리 문명에서 자랑스러운 점을 발견할 수가 없습니다. 아무 것도 없어요. 우리 민족은 아무 것도 아닙니다 … . 당시의 문화와 미국 인디언 전통을 보세요. 제가 보기엔 정말 훌륭합니다. 자랑스러우시겠어요. 우리 문화는 아무 것도 아닙니다."[6]

백인 미국인 학생 '레이첼'은 2001년 미국 인디언 교수인 데이비드 이글리 박사에게 이렇게 말했다.

분명히 레이첼은 제시 잭슨 목사가 1985년에 한 말 "헤이! 허허! 서구 문명은 없어져야 한다!"라는 기억에 남을 명언을 마음 깊이 새겼을 것이다. 그리고 그녀는 십자군이 죽은 백인 남성들일 뿐이며, 십자군 원정은 서구 제국주의, 인종차별주의와 아마도 인종대학살에서 실행 불가능했던 연습쯤으로 생각했음이 분명하다. 만약 그녀가 '십자군'이 마스코트인 학교에 다녔더라면 누구보다도 먼저 마스코트를 바꾸자고 제안했을 것이다. 현대의 학교에서 십자군을 다루는 방식은 충분히 이해가 간다. 그러나 평범한 학생들이 십자군 원정에 대해서 알고 있는 것들과 그와 유사한 다른 주제들 대부분이 잘못 인식되어 있다. 이렇게 그릇된 사실을 가르치는 사람들은 레이첼과 같은 미국인을 양산해내는 데 지대한 관심이 있는 자들일 것이다. 레이첼은 학교와 대학에서 수십 년에 걸쳐 반미국, 반서구, 반기독교 훈련을 받았고, 그 결과 이러한 모든 거짓을 믿게 되었다.

≫≫≫ 왜 진실을 말해야만 하나

그러므로 십자군 전쟁과 그 밖에 기독교와 이슬람 간의 역사적 상호작용의 다른 요소들에 대해 진실을 말해야 한다. 중동과 그 외 지역의 기독교도는 물론 미국인과 유럽인들은 과거에 저지른 죄에 대해 그만 사죄하고 과거의 영웅주의를 회상하며 유대교-기독교 문명이 전 세계에 미친 영향을 인정해야 한다. 우리는 이슬람과 기독교를 정직하게 바라보고 그들이 어떻게 다른지 인식해야 한다. PC 검열자들은 신앙이라는 이름으로 폭력을 정당화하는 사람들이 있다고 말하는 것을 더 이상은 금기시하면 안 된다. 비록 인간의 본성은 어디서나 동일하지만 말이다. 종교는 다 같지 않다.

당신이 읽지 말았어야 할 책

> •『가톨릭 교회는 서구문명 구축에 어떤 영향을 주었나』(*How the Catholic Church Built Western Civilization*, Thomas E. Woods, Jr., Washington, DC : Regnery, 2005). 이 책은 가톨릭은 물론 비가톨릭 서구 세계의 모든 사람이 읽어야 할 책이다. 서구의 생활과 사상의 얼마나 많은 특성들이 가톨릭교회에서 유래했는지를 생생히 전달하고 있으며, 모든 종교적 전통이 도덕적으로 동등하다는 PC 견해가 설 자리가 없게 만든다.

기독교는 서구 문명의 중심이다. 기독교는 미국인을 형성했고 그보다 더 오랫동안 유럽과 전 세계 다른 국가들에 영향을 주었다. 좋든 싫든 기독교 신앙을 거부한 공동체를 형성시킨 것도 기독교이다. 기독교는 유대교와 주요한 도덕적 원칙을 공유하고 있다. 그러나 이 원칙들은 이슬람에는 영속적인 영향을 미치지 못했다. 근대 윤리학자들은 이 원칙에서 보편적 인권 개념을 도출해냈으며, 이는 서구 세속적 문화의 근원이기도 하다.

이글리는 다음과 같이 말한다. "샤이엔족에게는 다음과 같은 격언이 있다. 국가는 여성이 땅에 엎드리기까지는 절대 정복되지 않는다 … . 레이첼이 동포를 비난할 때 그녀는 고위 성직자가 기도문을 낭송할 때의 고요한 자신감을 지니고 있다고 말했다. 비평이나 비난을 두려워하지 않고 그렇게 말한 것이다. 비평이나 비난을 받지도 않았다. 다른 학생들도 조용히 듣고 있었으며, 그들은 겁에 질린 눈으로 나와 레이첼을 번갈아 쳐다보고 있었다. 마치 우리 둘 중 누가 더 높은 사람인지 확실치 않다는 듯이 … 누가 레이첼의 동포를 정복했을까? 무엇 때문에 그녀는 자신의 동포를 존경하지 않게 된 걸까? 왜 그녀는 패배한 종족의 여성같이 행동하는 것일까?"

도대체 왜 그랬을까? 이글리가 지적했듯이 최종적 결과는 패배이다. 자신의 문화를 수치스럽게 여기는 사람들은 이를 지킬 수 없다.

십자군 전쟁, 기독교, 서구에 관해 진실을 말하는 것은 자국문화와 종교를 옹호하고자 함이 아니다. 오늘날 전 세계적으로 전개되는 지하드에 대항하여 서구세계를 지킬 수 있는 핵심 요소이기 때문에 진실을 말해야 하는 것이다.

현대의 지하드 03

Chapter 15

지하드는 계속된다

알고 있나요?

* 이슬람은 지하드 전투의 전통적 교리를 개혁하거나 수정하지 않았다.
* 현대 지하드 단체는 서구와의 확전을 위해 칼리프 제도를 회복하고자 한다.
* 지하드 단체들은 민주주의를 칼리프 제도와 샤리아와 대립되는 서구의 수입문물로 보고 경멸한다.

시험을 보겠다. 두 개의 글 중 어떤 것이 11세기의 글이고 어떤 것이 21세기 글인지 답을 골라라.

> "오 신이여, 이슬람과 이슬람 조력자의 깃발을 높이시고 등에 상처를 내고 그 줄을 끊어서 다원주의를 반박하소서. 당신을 위해 지하드에서 싸우고 당신께 순종하여 자신들을 희생하고 당신께 자신들의 혼을 팔았던 자들을 도우소서. … 그들은 완고하게 어긋난 길로 가오니, 다원주의 옹호자들의 눈알이 의의 길에는 소경이 되게 하소서."[1]

"우리는 알라에게 [이달에] 종교의 깃발을 드높이고, 이슬람과 무슬림을 강화시키고, 다원주의와 다원론자들에게 모욕을 주고, 일신론의 깃발을 흔들고, 굳건히 지하드의 기를 꽂고 배교자와 완고한 자들을 칠 수 있도록 이 라마단을 영광, 승리, 힘의 달이 되게 해달라고 간청한다."[2)]

첫 번째 단락은 이슬람 학자 이븐 알-마우실라야(Ibn al-Mawsilaya)가 11세기에 쓴 글이다. 두 번째 단락은 알 카에다의 셰이크 아메르 빈 압달라 알-아메르(al Qaeda Sheikh Aamer bin Abdallah al-Aamer)가 2004년에 쓴 글이다.

시험에 떨어졌더라도 걱정할 것 없다. 어쨌든 두 단락은 매우 유사한 글이고, 이것이 우연은 아니기 때문이다. 현대의 지하드 운동은 의식적으로 예전 지하드 전사들을 모방하고 자주 그들을 상기시킨다. 2001년 이집트 샤리아협회의 사무총장인 푸아드 무케이마르(Fuad Mukheimar) 박사는 다음과 같이 말하고 있다. "라마단 동안 살라딘[(Salah Al-Din) (Saladin) Al-Ayubi] 지도 하의 무슬림이 십자군에 큰 승리를 거두었다. 그의 자문단이 금식의 달 동안 지하드를 중단할 것을 권고했지만 살라딘은 라마단 동안 지하드를 계속해야 한다고 주장했다. 그는 금식이 승리에 도움이 된다는 것을 알고 있었는데, 라마단 동안 금식을 하면 자신을 극복하는 힘을 얻게 되고 적에 확실히 승리할 수 있었기 때문이다. 금식은 병사들에게 결단력, 영웅주의, 의지를 불어넣어 준다. … 살라딘은 그의 자문단에게 답했다. '인생은 짧다.' 알라는 [살라딘의] 충성심과 그의 군인들의 충성심을 알게 되었고, 그들에게 결정적인 승리를 안겨주었다. 그들은 금식월 동안 십자군 요새 중 가장 큰 규모의 사페드(Safed) 요새를 탈환했다. 살라딘은 알-샴(Al-Sham) [대시리아]을 정복하고 십자군의 폭정에 시달리고 더럽혀진 예루살렘을 정화하였다."[3] 무케이마르는 현대의 무슬림들이 무함마드와 살라딘을 모방하고 자신을 위한 지하드를 전개할 수 있도록 바드르 전투와 다른 역사적 전투에 대해 들려주었다.

지하드 테러리스트들이 미군을 '십자군'이라 부르는 주요 원인이 여기에 있다. 그들의 견해로는 2001년 9월 11일에 맞서 미국이 선언한 대테러 전쟁은 천 년간 지속되어 온 무력충돌 중 가장 최근의 것일 뿐이다.

≫≫ 그들은 무엇을 위해 투쟁하는가?

그들은 이 무력충돌은 이슬람이 헤게모니를 장악한 뒤 종결되도록 운명지어져 있다고 생각한다. 오사마 빈 라덴은 지하드 전사들이 전 세계에서 투쟁하고 있으므로 "알라의 말씀과 종교가 지배하게 될 것"이라고 말한다.[4] 그의 말 속에는 무슬림 국가에 이슬람법을 재확립하고 무엇보다도 칼리프 제도를 회복하는 것이 우선순위임이 내포되어 있다.

앞서 살펴보았듯이 칼리프는 (순니 이슬람 이론상) 무함마드의 후계자이자 무슬림 사회의 지도자를 말하고 있다. 이 칼리프 제도는 케말 아타투르크(Kemal Ataturk)의 세속적인 터키 정부가 1924년에 철폐한 바 있다. 이슬람 신학은 신성과 세속의 구별을 하지 않았으며, 순니 무슬림들에게 칼리프는 교황의 영적 권위에 비할 만한 권력을 행사하지는 못하지만 대원수와 교황을 합친 것과 같은 의미를 지닌다. 미켈란젤로의 후원자인 교황 줄리어스 2세는 '전사 교황'으로 역사에 기록되는 영예를 누렸지만 이것이 확실치 않은 반면, 예언자의 후계자들 중 절대다수는 전사 칼리프였다.

현대의 지하드 단체들은 이슬람 세계의 모든 불행이 무슬림이 분열할 때 시작되었으며, 그 시점은 칼리프 제도가 철폐되었을 때라고 생각한다.

≫≫≫ 그때부터 우리의 고통이 시작되었다

무슬림들은 '영국의 하수인'인 케말 아타투르크 때문에 칼리프 제도가 없어졌다고 생각한다. 칼리프 제도를 상실한 지하드 전사의 분노는 국제 무슬림 단체인 히즙 우트-타흐리르(Hizb ut-Tahrir)의 권고문에 잘 나타나 있다.

> 79년 전, 더 정확히 말하면 1924년 3월 3일, 쿠파르(kuffar, 불신자)가 100년 이상 끌어온 계획이 결실을 맺게 되었다. 범죄자인 영국 하수인 무스타파 케말(아타투르크, 터키인의 아버지)이 터키 의회에서 칼리프 제도를 폐지하는 데 동의했다고 발표했으며, 제1차 세계대전 당시 쿠파르가 점령한 나머지 이슬람 영토들에 대한 책임에서 벗어나 세속적·비종교적 터키 공화국을 설립한다고 선언했다.
>
> 그날 이후 이슬람 움마에 재앙이 찾아왔는데, 그들은 이슬람의 적임에 분명한 자들에 의해 통치되는 소규모의 미니 국가로 분해된 것이

다. 무슬림들은 카슈미르, 필리핀, 태국, 체첸, 이라크, 보스니아-헤르체고비나, 아프가니스탄, 팔레스타인과 다른 무슬림 국가들에서 무슬림에게 발생된 일들이 연구와 통계의 자료가 될 때까지 쿠파르의 억압과 조롱을 받아야 했다. 여러 재앙이 있었다. 수천 명이 살해되고, 수백만 명은 재산을 압수당했으며, 수만 명의 명예가 침해당했다. 신문을 읽거나 뉴스를 듣는 사람들은 억압, 수치, 살해의 피해자가 무슬림인 것을 확인할 수 있었으며, 이것은 모든 보고서에서 예외 없이 찾아볼 수 있다.

결국 움마(전 세계 무슬림 공동체)가 처한 상황은 무슬림을 하나로 만들었던 칼리프 국가에 의해 통치되었던 예전과는 달랐다. 움마는 카피르(kafir) 식민주의자들이 그려놓은 국경선으로 나뉘거나 현존하는 억압적 법에 의해 사람들이 흩어져 버렸다. (예전의) 무슬림들은 신분 확인을 하지 않아도 외국인으로 분류되지 않고 무슬림 영토의 구석구석을 누비며 여행하곤 했다. 칼리프 제도가 존속되었을 때 무슬림들은 칼리프의 권한을 통해 이슬람의 힘을 느낄 수 있었다. 그들은 이슬람을 전파하는 칼리프 제도의 깃발 아래 세계를 이끌었고, 이슬람을 전 세계에 대한 메시지이자 지침이며 빛이라 전했다. 그런데 칼리프 제도는 지금 어디로 갔는가? 과거에는 존재했지만 파괴되고 중단되었다 … .

무슬림의 정치적 실체가 파괴된 운명의 밤이었다. 그때 이슬람 움마는 다르 알-이슬람(Dar al-Islam, 이슬람의 영역역주)을 다르 알-쿠프르(Dar al-Kufr)로 바꿔놓고 쿠파르가 오랫동안 바라던 꿈을 실현시켜 준 이 반역자의 면전에 칼을 들었어야 했다. 그러나 이슬람 움마는 패배하여 나락으로 떨어졌다. 그 뒤 범죄가 저질러지고 쿠파르는 이슬람 영토를 장악한 뒤 이를 조각내 버렸다. 그들은 하나의 움마를 국가, 인종, 부족별로 나누었고, 단일국가를 본국과 경계선으로 나누어진 지역으로 분리했다. 단일 칼리프 국가에 미니 국가를 수립하고 그들의 하수인을 통치자로 삼아 쿠파르 마스터의 명령을 수행하게 하였다. 그들은 이슬람 샤리아를 통치, 경제, 외교, 내무, 사법제도의 영역에서 없애버렸다. 그들은 종교적 수장을 국가권력과 분리시키고 기독교와 마찬가지로 특정한 예식에만 역할을 국한시켰다. 그들은 서구의 사상과 문화를 뿌리내리기 위해 이슬람 문화를 파괴하고 이슬람 사상의 뿌리를 뽑기 위해 노력했다.

≫≫≫ 문제의 해결책은 단 하나

새 칼리프와 이슬람의 단결만이 이 모든 오류를 수정할 수 있는 유일한 길이다. 히즙 우트-타흐리르 문서에 따르면 알라가 원하는 것은 "이슬람 움마가 다시 깨어나 쇠락의 길에서 소생해야 하며, 움마를 구원할 길은 오로지 칼리프 제도를 복귀시키는 것임을 깨닫는 것"이라고 했다.[5)]

지하드 투사들이 2003년 미군과의 최후 결전을 갈망하며 이라크에 몰려들었을 때, 무슬림 테러리스트 단체인 안사르 알-이슬람(Ansar al-Islam)의 지도자 물라 무스타파 크레이카르(Mullah Mustapha Kreikar)는 (노르웨이의 안식처에서) 종교적 관점에서 무슬림의 투쟁을 조명했다. "저항은 미국의 침공에 대한 대응일 뿐만 아니라 칼리프 제도의 붕괴 후 지속된 이슬람 투쟁의 일환이다. 칼리프 제도가 붕괴된 후의 모든 이슬람 투쟁은 칼리프 제도를 다시 복원하기 위한 조직적인 노력의 일부이다."[6)]

현대 무슬림 급진파의 정신적 아버지인 이집트인 하산 알-반나

(Hasan al-Banna, 1906-1949)는 "신자의 사령관이 지배하던 국가에서 종교를 국가와 분리했기 때문에" 칼리프 제도의 철폐는 비난받아 마땅하다고 말한다. 알-반나는 칼리프 제도의 철폐는 "돈, 부, 위신, 허식, 권력, 선전수단이라는 파괴적 영향력으로 무장된 보다 확대된 서구세계의 공격"의 일환이라고 규정했다.[7] 알-반나는 최초의 현대적 지하드 테러 단체인 무슬림형제단의 설립자이기도 하다.

존 웨슬리의 이슬람론

이슬람 종교가 세계에 등장한 이래 그 신봉자들은 다른 국가에 늑대와 사자처럼 군림하며 그들의 무자비한 발 앞에 놓인 먹이처럼 그들을 찢어발기고 철의 이빨로 갈아버렸다. 수많은 도시들이 뿌리째 들려져 이름만 남게 되고 하느님의 동산이라 불리던 많은 국가들이 이제는 황폐한 황무지가 되어 버렸으며 강국들이 지상에서 사라지게 되었다! 과거에도 현재도 인간 파괴자들의 분노와 복수는 마찬가지다!

(원죄의 교리에서, *Works*(1841), ix. 205)

또 다른 영향력 있는 무슬림 이론가이자 파키스탄 강경파 자마아테 이슬라미(Jamaat-e-Islam, 무슬림당)의 창건자인 사이드 아불 알라 마우두디(Sayyid Abul A'la Maududi, 1903-1979)는 아대륙을 넘어 빠르게 팽창하는 단일화된 이슬람 국가를 계획하고 있는데, "무슬림당은 진정한 구원과 진실한 복지를 약속하는 이슬람을 더 많은 나라의 국민들이 받아들이게 할 것이다. 무슬림당이 자원을 적절히 활용한다면 비무슬림 정부를 제거하고 이슬람 정권을 수립하게 될 것이다." 마우두디에 따르면 이러한 그들의 사고는 무함마드와 첫 번째 칼리프의 그것과 정확히 일치한다고 한다. "이것은 성스러운 예언자(알라의 평화가 그에게 임하기를)와 그의 후계자인 걸출한 칼리프들(알라가 그들을 기쁘게 받으시기를)이 실행한 정책과 동일하다. 무슬림당이 설립된 아라비아는 이슬람 정권에 종속되고 지배를 받은 첫 번째 국가였다.[8]

칼리프 제도의 복원과 전 세계에서 이슬람과 이슬람법이 지배하는 지역을 확대하는 일은 오사마 빈 라덴과 탈레반의 목표이기도 하다. 1996년 물라 오마르(Mullah Omar)는 아프가니스탄의 성지에 있는 무함마드의 외투로 몸을 두르고 '새로운 칼리프'이자 아미르 울-모미닌(Amir ul-Momineen) 또는 신자의 사령관이 되었다. 2002년 5월 미국 관리의 기록에 따르면, 그들의 계획은 아프가니스탄 "전국을 탈환하고" "칼리프 제도를 확대시키는 것"이었다고 한다.[9)]

⋙ 영국과 미국에 칼리프 제도를 수립하려는 꿈

이러한 견해는 오래 전에 서구에 전해졌다. 1999년 당시 런던 핀스베리 파크 사원의 이맘이었던 아부 함자 알-마스리(Abu Hamza al-Masri)는 칼리프 제도 폐지 75주년을 애도하는 회의에서 "이슬람은 무력이 필요하다"며 "알라후 아크바르"(Allahu Akbar, 알라는 위대하다)를 외쳐대는 400명의 무슬림 군중들에게 "검을 가진 자가 누구든지 지구는 그의 것이다"라고 화답했다.[10)]

아부 함자는 오마르 바크리(Omar Bakri)와 해체된 영국 무슬림 단체인 알-무하지룬(Al-Muhajiroun)의 측근이었다. 바크리는 "이슬람의 검은 기", 즉 지하드의 전투 깃발이 "다우닝 가(街)에 휘날리는" 모습을 보고 싶다고 선언했다. 영국의 바크리와 알-무하지룬처럼 독일의 샤케르 아셈(Shaker Assem)과 이슬람해방당(Hizb ut-Tahrir)은 칼리프 제도를 복귀시키고 샤리아를 세우기 위해 노력했다. 아셈은 "샤리아와 서구 민주주의 간에 충돌이 있다고 말하는데, 맞는 말"이라고 시

인했다.[11]

미국은 어떤가? 미국의 선두적 무슬림 옹호 단체인 미국-이슬람 관계위원회(the Council on American-Islamic Relations : CAIR)부터 살펴보자. CAIR 이사회 의장인 오마르 아흐마드(Omar Ahmad)는 1998년 무슬림 청중에게 이렇게 말했다. “이슬람은 미국의 다른 신앙과 동등한 입지를 추구하지 않는다. 이슬람은 지배적인 종교가 되어야 한다. 쿠란은 미국에서 가장 권위 있는 책이 되어야 하며, 이슬람은 지구상에서 유일한 종교가 되어야 한다.”[12] 아흐마드는 그후 자신의 말이 잘못 인용되었다고 말했지만 기자들은 그가 말하는 것을 들었다고 주장했다.[13] CAIR 대변인 이브라힘 후퍼(Ibrahim Hooper)는 아흐마드만큼이나 솔직한데, 미네아폴리스의 스타 트리뷴지와의 인터뷰에서 “미래의 어느 시점에 미국에 이슬람 정부가 들어서는 것을 희망하지 않는다는 인상을 주고 싶지는 않다. 그러나 이를 위해 폭력에 호소할 생각은 없고 그 대신 교육을 활용할 것이다”라고 말했다.[14]

후퍼 씨! 폭력이 아닌 교육이라고 말했나요? 감사합니다. 모두들 기분이 약간 나아졌겠네요.

≫≫≫ 디어본과 달라스의 호메이니

2004년 11월 미시간 주 디어본의 무슬림들이 반미, 반이스라엘 시위를 벌였다. 시위자들은 예루살렘의 알-아크사 사원의 큰 모형을 들고 “미국은 무슬림 땅에서 나가라”라는 피켓을 흔들어댔다. 그러나 가장 기억에 남는 것은 아야톨라 루홀라 호메이니의 얼굴 사진을 크게 확대하여 들고 있던 두 명의 무슬림 여성들이었다.

다음달에는 북부 텍사스의 메트로플렉스 무슬림 조직이 아야톨라 호메이니를 추모하는 '위대한 이슬람 예언자에 대한 경배' 라는 모임을 텍사스 주 어빙과 달라스 외곽에서 개최했다.[15)]

호메이니는 영웅인가? 미국에서도 그런가? 미국의 무슬림들은 그를 존경한다는 사실이 밝혀졌다. 호메이니가 1979년 이란의 승리를 가져왔으며, 이슬람법이 가장 우월한 법이고 무력에 의한 지배란 사상을 구현하였기 때문이다. 호메이니의 말에 따르면, "이슬람은 장애인이 아니고 무능력자가 아닌 이상 모든 남성에게 국가 정복에 대비해야 한다고 명한다. 그래야만 이슬람의 명령을 전 세계 모든 나라에서 따르게 될 것이다 … . 이슬람의 성전을 공부한 자라면 이슬람이 왜 전 세계를 정복하고자 하는지 이해할 수 있을 것이다." 그가 말하는 정복의 목표는 이슬람법이 헤게모니를 장악하는 것이다. 호메니이는 "우리(즉 물라)가 할 수 있는 일이라고는 도둑질한 자의 손을 절단하거나 간음한 자를 돌로 쳐 죽이라고 처벌을 권고하는 것일 뿐, 이를 실제 수행할 권한이 없다면 무슨 소용이 있는가?"라고 말했다.

또한 그는 이슬람이 평화의 종교임을 주장하는 집단을 신랄하게 비난했다. "이슬람에 대해 아무 것도 알지 못하는 자들이 이슬람은 전쟁에 반대하는 종교라고 주장한다. (이런 말을 하는) 자들은 무분별한 자들이다. 이슬람은 '불신자들을 모두 죽여라! 그들이 그대들 모두를 죽이려 들듯이!' 라고 했다. 무슬림이 (불신자들에 의해) 잡아먹힐 때까지 그냥 앉아 있어야 된다는 말로 들리나? 이슬람은 말한다. 그들을 죽여라. 칼로 죽이고 (적의 군대를) 쫓아버려라. … 이슬람은 말한다. 선은 검과 검의 그늘 아래 존재한다! 사람들은 검이 없이는 순종할 수 없는 존재이다! 검이 천국으로 가는 열쇠이며 천국은 성전의 기사들에게만 열려 있다! 무슬림들이 전쟁과 전투의 가치를 중시하도록 하는 수백 가지 (쿠란식) 시편과 하디스(예언자의 언행록)가 있다. 이래도 이슬람은 전쟁을 피하는 종교임을 의미한다 하겠는가? 나는 그러한 주장을 하는 바보 같은 영혼들에게 침을 뱉을 것이다."[16]

> **무함마드 vs 예수**
>
> "내 나라는 이 세상에 속한 것이 아니라. 만일 이 세상에 속한 것이었더라면 내 종들이 싸웠으리라."
>
> **– 예수(요한복음 18 : 36)**
>
> "나는 사람들이 알라만이 경배받을 자격이 있으며 무함마드가 알라의 예언자임을 증언할 때까지 그들에 대항해서 투쟁하라는 (알라의) 명을 받았다."[18]

호메이니가 구상한 샤리아 국가는 모든 사람들에게 동등한 권리가 보장되는 국가가 아니다. 1985년 이란이슬람공화국의 유엔 대표부의 사이드 라자이-호라사니(Sa'id Raja'i-Khorassani)는 다음과 같이 말했다. "인권의 본질적 개념은 '유대-기독교 발명품'이며, 이슬람은 이를 승인할 수 없다 … . 아야톨라 호메이니에 따르면 왕(shah)의 '가장 비열한 죄'는 이란이 세계인권선언의 초안을 작성하고 승인한 국가들의 일원이었다는 사실이다."[17]

디어본과 달라스의 호메이니 지지파 모임은 호메이니의 사회관이 오늘날의 미국에도 살아 있음을 보여주며, 모든 무슬림들이 아무런 의문의 여지없이 즉각적으로 다원주의와 종교법에 입각하지 않은 국가를 받아들일 것이라는 생각이 얼마나 위험하고 순진한 것인지를 일깨워 준다. 미국 무슬림들에게 호메이니 교리의 입지는 어느 정도인지, 그리고 얼마나 많은 사람들이 그를 지지하는지는 주요 언론매체에게 아직도 금지된 질문이다. 그러나 만약 디어본에서 그의 초상화 피켓을 봤다면 호메이니는 이렇게 말했을 것이다. "위험을 무릅쓰고라도 무시할 테면 무시해 보라!"

⋙ 극소수의 극단주의자들?

서구에 이슬람 정부를 수립하고자 하는 무슬림들이 좀 있다고 치자. 그런데 그들은 극소수가 아닌가? 서구 사회 대부분의 무슬림들은 꽤 행복하게 지내고 있다. … 그렇지 않은가?

테러리즘 전문가인 다니엘 피페스(Daniel Pipes)는 전 세계 무슬림의 10-15%가 지하드 전사의 주장을 지지한다고 추정하고 있다.[19] 그러나 이슬람 세계에 지하드를 지지하는 자들의 수가 실제로 더 많음을 암시하는 증거들이 있다. 미국 온건파 무슬림 지도자인 카말 나와쉬(Kamal Nawash)는 2004년 8월 오레일리 팩터(O'Reilly Factor)와의 인터뷰에서 전 세계 무슬림의 50%가 지하드를 지지한다고 말했다.[20] 2005년 2월 뉴욕의 테러리즘 재정 모의기간 동안 뉴욕 대학의 이슬람학 부교수인 버나드 하이켈(Bernard Haykel)은 "아랍 세계에는 수십억 명 이상의 무슬림이 있으며, 그들 중 90% 이상이 하마스를 지지한다"고 말했다. 버스와 레스토랑에서 민간인에게 폭탄 테러를 감행한 이슬람 테러리스트 단체들이 팔레스타인 샤리아 국가 수립을 위해 노력하고 있다.[21] 국제 '평화적' 지하드 전사 단체인 히즙 우트-타흐리르의 런던 대변인 임란 와히드(Imran Waheed) 박사는 2005년 4월에 다음과 같은 선언을 한다. "나는 전 세계 무슬림 중 99%가 칼리프 제도의 부활이라는 동일한 희망을 지니고 있다고 믿는다."[22]

2004년 퓨 조사센터(Pew Re-search Center)에 의해 파키스탄에서 실시된 설문조사에 따르면 "65%가 오사마 빈 라덴을 지지하며 과반수인 47%는 팔레스타인의 이스라엘에 대한 자살폭탄 공격이 정당하다고 믿는 것"으로 나타났다. 46%는 이라크에서의 서구인에 대한 공격이 정당하다고 생각하는 것으로 나타났다.[23)]

당신이 읽지 말았어야 할 책

• 『이정표』(*Milestones*, Sayyid Qutb, Mother Mosque Foundation, n.d.). 얇지만 정곡을 찌르는 책에서 쿠틉(Qutb, 1906 – 1966)은 분명히 밝히고 있다. "현대 생활방식의 근원과 기초를 찾아보면 전 세계가 자힐리야(Jahiliyyah) [신성한 가르침에 대한 무지]에 빠져 있음이 명확해진다. 이 자힐리야는 지구상의 신의 주권에 대항하는 반란이다. 자힐리야는 신의 가장 큰 속성 중 하나를 인간에게 이전하게 되는데, 이는 즉 주권을 말하며, 그렇게 되면 사람이 사람 위에 군림하게 된다."[24)]

저자에 따르면 잘못된 인간의 신격화에 대항하여 이슬람이 '신의 권위와 주권을 선언'해야 하며, 따라서 "모든 인간들의 왕권을 제거하고 전 지구를 지배하는 우주를 지속시키는 자의 지배를 선언해야 한다. 쿠란은 '그분은 하늘과 대지의 신이다' (43 : 84). '권능은 신께만 있느니라. 그분은 명령하시어 그분 외에는 경배하지 말라하셨으매 그것이 진실된 종교라' (12 : 40)"고 말하였다.[25)] 달리 말하면, 이슬람법이 전 세계에서 가장 우월한 법으로 군림하게 될 때까지 무슬림들이 투쟁해야 한다는 말이다.

⋙ 무슬림의 재통일

히즙 우트-타흐리르가 한탄하는 것 중의 하나는 무슬림들에게 단결심이 결여되었다는 사실이다. 칼리프 제도가 있던 태평 시대에 무슬림 움마(공동체)는 "오늘날처럼 카피르 식민주의자들에 의해 국경으로 분리되어 있지 않았다." 지하드 전사들은 무슬림의 통일을 가장 중요시하는데, 그 이유는 부분적으로는 살라딘이 무슬림 세계의 대부분을 통일하게 된 다음에 십자군이 승리를 거두었기 때문이다. 살라딘 이전의 십자군들은 바그다드의 순니파 압바시야조와 카이로의 시아파 파티마조 사이를 이간질했으며, 상호 적대시하는 고의적 불신 동맹을 체결하기까지 했다. 그러나 1171년 살라딘이 카이로에 압바시야조 칼리프 지배 하의 기도 모임을 허락하자 파티마조는 전복되었고 이슬람 세계는 재통일되었다.[26] 십자군에 대한 가장 커다란 승리들 중 몇몇은 무슬림 통일로 인해 가능했던 것이었고, 오늘날 지하드 전사들은 이 교훈을 잊지 않고 있다.

Chapter 16

이슬람혐오증과 현대의 이데올로기적 지하드

알고 있나요?

* 유엔은 지하드 전사들이 저지른 잔학한 범죄는 못 본 체하고 '이슬람혐오증' 만 비난했다.
* '이슬람혐오증' 은 폭력적 지하드를 비난하는 자들을 위협하고 침묵시키는 데 사용되곤 한다.
* 이슬람과 지하드에 관해 진실을 말하는 사람들을 '증오 발언' 자로 낙인찍으려는 단체도 있다.

지하드 테러리스트들이 주류 이슬람 전통에 따르고 있고 불신자에 대항해 전쟁을 전개하라는 쿠란과 무함마드의 구절을 인용한다는 분명한 증거가 있는데, 이에 대해 온건파 무슬림들은 어떤 대책을 강구해 왔나? 지하드 전사들의 가르침이 21세기판 이슬람에는 걸맞지 않는다고 분명하고도 단호하게 거절했던가? 지하드 전사들의 쿠란과 이슬람 전통에 대한 해석에 대해 반박했던가? 무슬림 정신을 전파하려는 전 세계적 투쟁에 있어서 지하드 전사들의 '순수한 이슬람'에 대적할만한 이슬람의 대안적 비전을 제시했던가?

이 모든 질문에 대한 답변은 대체적으로 "그러지 못했다"이다. 대신 '온건파' 무슬림들은 '이슬람혐오증'이란 단어를 만들어냈다.

≫≫≫ 유엔 : 정치적 조작을 위한 신조어를 만들다

몇 년 전만 해도 어느 누구도 '이슬람혐오증'에 대해 들어본 적이 없었다. 그러나 능률적인 선전기계들에게 1년은 아주 긴 시간이다. 애매모호하고 근본적으로 내용이 없는 이 개념을 최고 의결기구에서 진지하게 다루게 되었다. 2004년 12월 코피 아난이 '이슬람혐오증'에 관한 유엔 세미나를 주관했는데, 틀에 박힌 정색을 한 얼굴로 "전 세계는 점점 확산되고 있는 편협한 사고를 대변할 신조어가 필요합니다. 이것은 슬프고도 고통스러운 과정입니다. '이슬람혐오증'도 그 중 하나입니다. 이 단어는 1980년대 말과 1990년대 초에 등장했습니다. 오늘날 역사적 영향과 최근 전개되는 사건들로 인해 무슬림들의 입지가 악화되고 오해를 사는 일이 많아졌고, 그들의 주권침해와 심지어 신체적인 안전을 우려할 정도가 되었습니다"라고 말했다.

예상했던 대로 유엔은 지하드 테러리즘이 이슬람에 뿌리를 두고 있다는 점에 대해서는 전혀 문제 제기를 하지 않고 고통받고 이해받지 못하는 무슬림들에게 주로 초점을 맞추고 있다. 또한 유엔은 1948년 세계인권선언에서 구체화시킨 범세계적으로 승인된 인권이 이슬람과 양립할 수 있는지에 관해서는 어떠한 논의도 없었다.

⋙ 세계인권선언에 대한 이슬람식 대응

우리는 앞서 이란의 셰이크 타반데의 세계인권선언에 대한 이슬람적 비평을 살펴봤다. 이슬람 세계는 세계인권선언에 대해 두 번에 걸쳐 화답했고, 이것이면 충분하다고 생각한다. 1981년의 범이슬람인권선언과 1990년 카이로 이슬람인권선언이 그것이다. 용감한 레바논인 찰스 말리크(Charles Malik)가 초안 작성에 참여했던 세계인권선언 18조를 보면 "모든 사람은 사상, 양심 및 종교의 자유를 향유할 권리를 갖는다. 이 권리에는 그 종교 또는 신념을 변경할 자유도 포함된다"고 했다.[1)]

여러분은 어떠한 이슬람선언에도 자신의 종교를 바꿀 자유를 보장하는 문구를 찾아볼 수 없을 것이다. 앞서 살펴봤듯이 전통적인 이슬람법은 이슬람을 저버리는 자에게는 사형을 명한다. 카이로 선언은 여기서 다 나아가 "이슬람 샤리아의 규범에 따라 옳은 것을 지지하고 선한 것을 전파하며 그릇되고 악한 것에 대해 경고할 권리를 갖는다"고 명시했다.[2)]

유엔이 불편한 현실 대신 '이슬람혐오증'에 초점을 맞춤으로써 과거와 현재의 지하드 테러 희생자를 불명예스럽게 하고 테러리스트들과 공모한 격이 되었다. 비록 이것이 정치적 공정함에 기인하고 무고한 무슬림을 비방하는 것을 미연에 방지할 수 있겠지만 무슬림과 비무슬림이 지하드 테러의 실질적 원인을 시정함으로써 무슬림들이 폭력의 길에서 벗어날 수 있는 방법을 찾는 순수한 시도를 막아버린 결과가 되었다.

≫≫ 이슬람혐오증이란 무엇인가?

저널리스트이자 이슬람 호전론자인 스테판 슈워츠(Stephen Schwartz)는 '이슬람혐오증' 을 다음과 같이 설명했다.

서구인의 주장에도 불구하고 이슬람혐오증은 존재한다. 이것은 신화가 아니다. 이슬람혐오증은 다음과 같다.

- 이슬람 종교 전체를 전 세계의 문젯거리로 몰아 공격함
- 이슬람과 그 역사 전부를 극단주의자로 몰아 비난함
- 현대의 대다수 온건파 무슬림의 적극적 존재를 부인함
- (무지와 거만함에 빠진) 비무슬림들의 신학적 변화에 맞춰 무슬림들에게 그들의 요구를 들어달라 주장함
- 무슬림과 관련된 모든 분쟁을 무슬림의 잘못으로 몰아감(10년 전 보스니아-헤르체고비나의 사례).
- 이슬람 전체에 대항하는 전쟁을 선동함[3)]

이 정의에 따르면 이 세상에 이슬람혐오증이 있을 수도 있다. 그런데 슈워츠는 자신이 밝힌 것보다 더 많은 진실을 외면하고 있다. '이슬람이라는 종교 전체를 전 세계에 대한 문제로 삼아 공격하는' 관습이 '이슬람혐오증' 이라면 쿠란과 예언자의 순나를 테러리스트 행동의 동기로 보는 것도 이슬람혐오증이라는 건가? 만약 그렇다면 전 세계 지하드 테러리스트들은 자신도 '이슬람혐오증' 이라고 봐야 될 것

이다. 왜냐하면 앞서 살펴본 바로는 그들이 자신들의 행동을 정당화하기 위해 쿠란과 하디스의 지하드 구절을 언급하기 때문이다. 이슬람 지하드의 교리에 대한 솔직한 논의가 '이슬람 종교 전부'를 '전 세계의 문젯거리'로 여기는 것이라 할 수 없다. 타얌뭄(tayammum, 물 대신 모래를 이용한 세례)이나 디크르(dhikr, 탁발 수도승의 종교적 의식)이나 다른 이슬람의 요소들이 전 세계에 문제가 된다고 말하는 사람은 아무도 없다.

'이슬람의 모든 것과 역사를 극단주의자'라 비난하는 것을 '이슬람혐오증'이라 정의하는 것도 마찬가지로 문제가 있다. '극단주의자'라고 어법에 맞지 않는 단어를 사용했기 때문만이 아니다. 지하드와 딤미 제도는 이슬람의 일부분이다. 그러나 추종자들이 종교적 명령을 한결같이 준수하거나 율법이 보편적으로 실행되는 종교는 어디에도 없다. 이슬람 영토 내의 유대인과 기독교도는 여러 시대와 장소에 걸쳐 상당한 자유를 누리고 살아왔다. 그러나 그렇다고 해서 딤미 제도가 쿠란에 항상 명시되어 있고 무슬림 지배자에 의해 집행될 수 있다는 사실과 모순되는 것은 아니다.

이와 마찬가지로 '현대 사회에서 다수 온건파 무슬림의 적극적인 존재'를 부정하는 것이 '이슬람혐오증'으로 보일 수도 있지만 이것 또한 요점에서 벗어난 주장이다. 다수의 온건파 무슬림이 존재하는지 아닌지의 문제는 '온건파 무슬림'을 어떻게 정의하느냐에 달려 있다. 테러리스트 행위에 결코 참여한 적이 없는 자를 지칭한다면? 그렇다면 온건파는 전 세계 무슬림들의 절대다수를 차지하게 된다. 온건파가 테러리스트 행동을 진심으로 반대하는 자들이라면? 이 경우 앞서보다 그 수가 줄어들게 된다. 또는 온건파 무슬림들이 지하드 전사에 반대하여 적극적으로 의사표현을 하거나 운동을 하는 사람들을 지칭한다면? 그러면 수치는 더욱 낮아진다. 그것도 아니라면 마지막으로 온건파 무슬림이란 지하드 전사에 맞서 신학적 전쟁에 적극 참여하고 있는 무슬림들에게 지하드 테러리즘이 이슬람적 근본사상에 위배되는 것이라고 설득하려는 사람들이라면? 그렇다면 아주 극소수의 사람만 남는다.

게다가 '무슬림과 관련된 모든 분쟁을 … 무슬림 자신들의 실수'로 치부하거나 '이슬람 전체에 대항하는 전쟁'을 선동하는 사람이 있다면 정말 우스운 일이 아닐 수 없다. (빈 라덴과 자르카위는 물론 카자흐스탄의 반백의 양치기와 자카르타의 비서들을 포함해서) 이슬람과 전쟁을 한다는 것은 말도 안 되고 그럴 필요도 없다. 슈워츠가 '이슬람 전체에 대항해 전쟁하는 것'을 옹호하는 사람들이 '이슬람혐오증'이라고 한 말의 저의는 뭘까? 이슬람 지하드에 대해 미국이 선전포고한 것을 알고 있고 이러한 저항을 지지하는 사람들이 포함된다는 말인가?

이 모든 것은 '이슬람혐오증'이 분석적 도구로서 사실상 아무런 의미가 없음을 시사한다. 이슬람혐오증을 받아들이는 것은 가장 유해한 형태의 신학적 동등성을 인정하는 것이며, 제반 증거가 있음에도 불구하고 어떠한 종교적 전통도 폭력을 야기시킬 수 있음을 인정하는 것이다. 많은 경우에 있어 이는 기독교의 원죄를 이상적이고 허구화된 이슬람과 비교함으로써 서구 문명을 더럽히려는 시도의 일환인 것이다. 이는 또한 한때는 저명한 무신론자였던 안토니 플레이(Antony Flew)의 분별력 있는 관찰을 부정하는 것이기도 하다. 유신론자이자 철학자인 그는 말년에 다음과 같이 말했다. "예수는 엄청나게 매력적이며 카리스마 있는 존재이지만 이슬람의 예언자는 결단코 그렇지 않다."[4] 그의 말은 신학적으로 우월함을 과시하려는 것이 아니라 이슬람 지하드에 관한 현실적 분석인 것이다. 그리고 서구 문명을 수호할 가치가 있다는 사실을 강조해 준다.

≫≫≫ 지하드의 무기인 '이슬람혐오증'

'이슬람혐오증'이라는 혐의는 지하드 테러리스트로부터 관심을 돌리는 데 일상적으로 활용되고 있다. 지하드 전사 투쟁이 부활한 뒤 사우디아라비아의 자살폭탄을 도운 혐의로 스위스에서 8명이 체포되자 스위스의 무슬림 집은 청소할 상황이 아니었다. 스위스의 무슬림 여성 단체의 지도자 나디아 카르무스(Nadia Karmous)는 "우리가 알기론 이슬람주의의 부활은 없었고 이슬람혐오증의 증가만 있었을 뿐이다"라고 말했다.[5)]

'이슬람혐오증'이 보다 광의로 해석되고 자기 영속적이 되자 최근 수년간 전 세계에서 이와 같은 사례가 반복적으로 발생하고 있다. 서구 국가들에서 '이슬람혐오증'은 '인종차별주의', '성차별주의', '동성애자 차별주의'와 동등하게 다뤄진다. 이 같은 부조리는 영국에서 최근에 발생한 한 사

무함마드 vs 예수

"오직 너희는 원수를 사랑하고 선대하며 아무 것도 바라지 말고 빌려주라. 그리하면 너희 상이 클 것이요 또 지극히 높으신 이의 아들이 되리니, 그는 은혜를 모르는 자들과 악한 자들에게도 인자로우시니라."

– 예수(누가복음 6 : 35)

"신앙인들은 불신자들을 신앙인들에 우선하여 친구로 택하지 아니하도다. 그렇게 하는 자 있다면 알라의 신앙이 조금도 없나니, 항상 경계하여 그들로부터 너희 자신을 보호하는 길밖엔 없도다."

– 쿠란 3 : 28

건에 잘 나타나 있다. 제작진이 '이슬람혐오증'이라는 주제로 영화를 찍기 위해 무슬림을 학대하는 장면을 화면에 담고 있을 때 길을 지나던 두 명의 영국인이 카메라가 돌아가는 것을 알지 못하고 공격당하는 사람을 도와줬다고 한다. 영화 제작자도 이 사건을 취재하던 기자도 알아차리지 못한 사실이 있는데, 그것은 그들이 제시하려던 영화의 주제처럼 영국인들이 폭력적이거나 외국인을 혐오하지 않는다는 사실이 이 사건을 통해 입증되었다는 점이다.[6]

역사학자인 빅터 데이비스 핸슨(Victor Davis Hanson)은 '이슬람혐오증'이 가져올 위험스러운 관심의 이동에 대해 다음과 같이 설명한다.

> '이슬람혐오증'이라는 현상은 실재하지 않거나 아니면 적어도 히틀러를 저지하는 '독일혐오증'(Germanophobia)이나 스탈린주의를 혐오하는 '러시아혐오증'(Russophobia)보다는 심하지 않다. 중동의 젊은 남성들에 대한 '블랙리스트를 작성'하려던 계획의 부당함과 무례함은 이슬람 파시스트들이 미국, 영국, 네덜란드, 프랑스, 터키와 이스라엘에서 서구인을 살해하고 민간인에게 폭발물을 투척하려는 시도들과 비교하면 그리 심한 것도 아니란 생각이 든다. 수천 명의 무고한 사람들에게 정말로 위협이 되는 것은 가끔 있는 광신적 복음 전도나 이슬람에 관해 무책임하게 지껄여대는 무식한 정치인들이 아니라 이란, 레바논, 시리아는 물론 소위 '동맹국'이라 일컬어지는 이집트, 사우디아라비아, 카타르에서 나와 전 세계의 항공로를 따라 들어오고 있는 고의적이고 계획적인 병든 반유대주의와 반미주의이다.[7]

>>> 개혁인가 부정인가?

이슬람혐오증과 종종 궤를 함께 하는 것이 무슬림 개혁자들의 이상할 정도의 부정직함이다. 2005년 4월 토론토 스타지는 인도네시아 무슬림 페미니스트인 무스다 물리아(Musdah Mulia)에 대해 지나치게 감상적인 인물평을 실었는데, 그녀가 이슬람 세계의 "성적 불평등은 이슬람이 아닌 무슬림들이 책임이다"라고 주장했다며 그녀를 소개하게 된 것을 매우 자랑스러워했다. 이는 '진정한' 이슬람을 관용, 자유, 다원주의의 종교로 묘사했던 서구 세계의 신문과 잡지에 보도된 긴 연재기사들 중 하나이다. 그러나 '진정한 이슬람'이라는 개념이 오사마 빈 라덴의 종교보다는 퀘이커교도의 평화주의에 더 가깝다는 말은 사실이 아니고 위험할 정도로 사람들을 오도하는 주장이다. 왜냐하면 미국인들에게 지하드 전사의 진정한 동기와 목표를 계속 알아채지 못하도록 만들기 때문이다.

저널리스트인 하룬 시디쿠이(Haroon Siddiqui)에 따르면 물리아는 "히잡을 입고는 있지만 이슬람의 명에 따른 것이 아니며, 이러한 생각은 인도네시아, 실제로는 전 세계 상당한 수의 무슬림 여성들에 의해 점점 확대되고 있으며, 그들은 히잡을 입지 않더라도 무슬림임에는 변함이 없다고 생각한다." 그러나 시디쿠이나 물리아 어느 누구도 이슬람 전통, 즉 "여성이 생리를 시작하게 되면 얼굴과 손을 제외한 신체의 일부를 드러내서는 안 된다"고 한 예언자 무함마드의 명령에 대해서는 전혀 언급하지 않았다.[8] 또한 물리아는 "일부다처제가 금지되기를 희망한다"고 말했지만, 쿠란에 따르면 남성은 "둘 또는 셋 또는 네

명의 여성과 결혼할 수 있다"(4 : 3)고 했기 때문에 물리아가 아주 힘든 싸움을 해야 한다는 점도 언급하지 않았다.

시디쿠이는 무스타 물리아가 "서구화된 세속적 페미니스트가 아니라"며 자랑스러워한다. 그녀는 자카르타의 이슬람학 연구소에서 박사학위를 받은 이슬람 학자이다. "그녀는 시간강사이지만 본업은 정부 종교부의 연구과장으로 정부를 비판하는 역할을 담당하고 있다. 그녀의 상사가 지난해 종교법을 업데이트하면서 백서를 발간했는데, 그녀는 170페이지에 달하는 논평을 작성하여 백서 작성자뿐만 아니라 보수주의자들을 언짢게 했다."

물리아가 언제나 성가시기만 한 사람은 아니었다. 그녀는 "성직자의 손녀로 이슬람 기숙학교를 나왔고 엄격한 환경에서 성장해 왔다." 그녀는 자신의 어린 시절의 아픈 기억들에 대해 이렇게 말했다. "나는 크게 웃을 수 없었다. 우리 부모님은 내가 비무슬림 친구를 사귀는 걸 허락하지 않았다. 비무슬림 친구를 만났을 경우 부모님은 나에게 샤워를 하라고 했다." 그러나 그녀는 '다른 무슬림 국가들'을 여행하면서 "이슬람의 여러 측면을 깨닫게 되었다. 그것이 내 눈을 열어주었다. 할아버지와 울라마(성직자)가 나에게 가르쳐 준 것의 일부는 옳은 것들이었지만 나머지는 신화이다."

≫≫ 뉴스 속보 : 이슬람이 무슬림의 삶 자체라는 말은 거짓!

무엇이 그녀를 변화시켰을까? 그녀의 부모와 조부모, 성직자, 모든 사람이 이슬람을 잘못 이해했고 물리아 그녀만이 진정한 이슬람을 이해한 것으로 드러났다. "그녀가 이슬람을 공부하면 할수록 그 속에서 현대적이고 급진적인 사고를 발견했다."

히잡, 부르카, 차도르, 일부다처제, 남자가 세 번만 언급하면 성립되는 이혼, 불평등한 상속법, 많은 무슬림 국가에서 남성 친척의 에스코트가 없이는 집 밖을 나갈 수 없게 한 여성을 무능력하게 만드는 조항, 몇몇 무슬림 국가에서 행해지고 있는 여성에게만 적용되는 금지조항들, 예를 들면 운전금지 등 물리아에 따르면 이 모든 것이 비이슬람적인 것이다. 물리아는 또한 사실 이슬람은 "서구보다 앞선 1400년 전에 여성을 해방했다"고 말했다.

무함마드가 여성의 운명을 향상시켰다는 주장은 호기심을 자극한다. 이는 이교도 아랍 사회의 여성이 처참한 대우를 받아왔다는 주장에 기초하고 있다. 그러나 이슬람의 등장으로 인해 정말 향상되었을까? 우리가 앞서 살펴본 것처럼 무함마드가 사랑하던 어린 신부 아이샤조차도 "나는 여성 신도만큼 많이 고통을 당하는 여성을 보지 못했다"라고 말할 정도였다.[9)]

여성의 권리 또는 이슬람의 보다 광범위한 개혁을 위해 싸우는 많은 투사들은 물리아와 비슷하다. 그들은 종교적 글로 표현된 이슬람 사상 자체가 그들이 개혁의 대상으로 삼고 있는 문제점의 원인이 되고 있다는 것을 자신들에게나 타인에게 인정하지 못하고 있다. 그들은 지하드 전사나 테러리스트 또는 와하비파가 이슬람을 어떻게 공중납치했는지 무감동한 투로 말할 뿐이며, 이렇게 전 세계에 퍼져 있는 폭력적인 이슬람의 '오해자들'을 평화적이고 관용적인 다원주의자로 만들 수 있는 조리 있는 프로그램을 제시하지 못하고 있다.

물리아는 그녀가 반대하는 '문화적 전통과 해석이' 어떻게 해서 이슬람 국가들에서 발생된 것인지에 대해서는 설명하지 않았다. 사우디아라비아와 이란의 무슬림이 이슬람이 아닌 다른 어떤 것을 본보기로 그들의 법과 사회적 관습을 형성했겠는가? 물리아의 말에 따르면 신앙적 기초 외에 여성과 관련된 대부분의 법은 남자가 만든 것으로 "천국에서 팩스로 받은 것은 아무 것도 없다"고 말한다. 그러나 사우디아라비아, 이란, 수단, 파키스탄의 입법자들은 그들이 '천국에서 온 팩스', 즉 쿠란을 따르고 있다고 믿는다. 아무튼 '천국에서 온 팩스'가 아니면 알라가 무함마드에게 구술한 것들은 다 무엇이란 말인가?

다른 수많은 자칭 이슬람 개혁자들과 마찬가지로 물리아도 선의의 편인 것 같지만 사실 이슬람에 혼란만 가중시키고 있을 뿐이다. 이븐 왈라크(Ibn Warraq)가 왜 그런지 설명해 준다. "온건파 무슬림이 있지만 이슬람 자체가 온건파가 있을 수 없는 종교이다." 너무나 많은 무슬림 개혁자들이 어떠한 희생을 치르고라도 이슬람을 수호해야 한다고 생각한다. 어떠한 정신적 왜곡이 수반되더라도, 심지어 지하드 테러리스트들이 자신들의 행위를 정당화하기 위해 인용하는 이슬람의 요소들에 대해서도 얼버무리거나 외면하면서까지 말이다. 단지 우리가 들어왔던 '나쁜 무슬림들', 즉 와하비파나 다른 극단주의자들에 국한된 문제가 아니다. 그러나 이 '나쁜 무슬림들'이야말로 삶의 모든 측면에서 이슬람의 실제 가르침을 가장 열광적으로 수용하는 자들인 반면에, 더 여유롭고 규범을 잘 지키지 않으며 무엇보다도 문맹인 신도들이 여성을 더 잘 대우해 주고 다원주의와 비무슬림과의 평화적 공존을 지향한다.

이 점은 무스다 물리아와 그녀와 같은 다른 사람들조차 영원히 숨길 수 없는 사실이다.

>>> 고의적으로 이슬람 왜곡하기

부정하는 것 말고도 이슬람의 바람직하지 않은 요소로 '진실한 이슬람'을 들 수 있는데, 몇몇 무슬림 지지단체들과 그들의 연맹들은 이슬람에 관한 진실된 성명을 '증오 발언'으로 낙인찍는다. 2004년 12월 CAIR은 전직 CIA 관리인 브루스 테프트(Bruce Tefft)의 비평에 반기를 들었는데, 그들이 문제삼는 것은 "이슬람 테러리즘은 쿠란에 계시되었듯이 이슬람에 기초하고 있다", "이슬람과 전체주의적 구조의 이슬람 근본주의 간에는 차이가 없다"는 등의 발언내용이다. CAIR은 "이러한 이슬람혐오적 발언에 대해 가장 강력한 어조로 규탄하는 바이다. 이슬람과 그 게시문들을 테러리즘을 조장한다고 규정하는 것은 반무슬림에 대한 편견과 편협적 시각만 강화할 뿐이다"라고 항의하기 위해 테프트의 연설을 후원했던 시몬 비젠탈 센터(Simon Wiesenthal Center)의 캐나다 지부에 연락을 취했다.

CAIR은 "'관용과 이해 증진'을 도모하는 단체의 입장에서 시몬 비젠탈 센터 측이 이슬람 혐오적 발언을 모두 즉각적으로 거부해야 하며, 캐나다 사무소는 발언자의 증오로 가득찬 견해에 제대로 대처하지 못한 점에 대해 책임져야 한다"고 말했다.[10]

사실상 많은 무슬림들이 지하드를 옹호하고 쿠란과 순나에 기초하여 자신들의 주장을 펼친다는 점에 비추어 볼 때 테프트가 말한 이러한 연관성은 근거 없는 소리가 아니다. 그러나 쿠란이나 순나와 같은 출처를 제시하며 반박하지 않고 CAIR은 테프트에 초점을 맞추었다.

CAIR은 '미국 내 이슬람과 무슬림에 대한 긍정적 이미지를 조성하기 위해' 설립되었다고 한다. 그리고 이들은 "이슬람이 고의적으로 왜곡되는 이유는 비무슬림들의 무지로 인해서이며, 무슬림들의 입장에서 보면 자신들의 입장을 조리 있게 주장하지 못해서이다"라고 주장한다.[11] 감정적인 PC 타입들이 이런 얘기를 들으면 그럴 듯해 하겠지만 CAIR이 제시하는 치유책은 질병보다 더 유해할지 모른다.

≫≫≫ 미디어와 관리들로 인한 딤미 제도

일반 대중을 놀라게 할까 두려워서, 또는 무슬림을 공격하지 않기 위해, 아니면 두 가지 모두를 이유로 정부는 미국 내에 지하드 테러리스트 활동이 있다는 증거가 있어도 결론을 내리지 않고 말을 아낀다.

2005년 4월 소방대원들이 브루클린 슈퍼마켓을 정기점검하던 중 200개의 자동차 에어백과 오사마 빈 라덴과 이라크의 참수형 포스터가 늘어선 방을 발견하게 되었다. 에어백 안에는 파이프 폭탄을 만드는 데 사용될 수 있는 내용물이 들어 있었다. 뉴욕포스트에 의하면 건물 주인이 "1970년대 말과 1980년대 초 방화, 무모한 위협행위, 무기소지 및 음모 혐의로 수감된 기록이 있다"고 한다. 그러나 관리들의 입장은 확고하다. 그가 숨겼던 대량의 물품들은 테러리즘과는 아무 상관도 없다는 것이다.

과연 그럴까? 그럼 그 물품들은 뭘 위한 걸까? 매듭용인가?

이와 마찬가지로 2005년 3월 23일, 15명의 사망자와 100여 명의 부상자가 발생한 텍사스 주 텍사스 시 정유공장 폭발사건에 대해 FBI는 즉각적으로 테러리즘의 가능성을 부인하고 나섰다.[12] 자신을 카에다 알-지하드(Qaeda al-Jihad)라 칭하는 그룹과 또 다른 이슬람 그룹이 자신들의 소행이라고 주장했지만 FBI는 아직도 연관성을 부인하고 있다.[13] 그러나 수사관들이 폭발이 있은 지 8일이 될 때까지, 그리고 테러리즘 가능성을 배제한 뒤로도 폭파장소를 방문하지 않았다는 사실이 드러났다. 한 수사관이 "원인이 뭔지를 모르는데 어떻게 한 가지 가능성을 배제할 수 있습니까?"라는 질문을 던졌다.[14] 이후 밝혀진 사실이지만 첫 보고에서 폭발은 한번이었다고 했는데 정유공장에서 적어도 다섯 번의 다른 폭발이 있었다고 한다.[15]

폭발이 우연한 사고였을 가능성도 있지만 동시에 다섯 군데에서 별개의 폭발이 있으려면 공장 내에서 다섯 번의 뚜렷한 장애가 발생해야만 하는 것이다. 아마도 테러리스트의 개입은 없었을 것이다. 그러나 조사도 하지 않고 FBI는 어떻게 알 수 있었을까?

테러리즘 전문가인 다니엘 피펫(Daniel Pipes)이 문서로 작성한 것에서 볼 수 있듯이 이 사건들은 일관성 있는 패턴의 두 가지 사례에 지나지 않을 뿐이다.

- 1994년 3월 1일, 브루클린 브릿지에서 라쉬드 바즈(Rashid Baz)라는 무슬림이 하시드계 소년들로 가득한 밴에 총을 쏘기 시작하여 한 명 사망.[16] FBI는 '길거리 폭력'으로 단정했다.[17]
- 1997년 2월 24일, 엠파이어 스테이트 빌딩, 알리 아부 카말(Ali Abu Kamal)이라는 무슬림이 관광객들을 향해 총 난사, 한 명을 죽이고 여섯 명에게 부상을 입힌 뒤 자신은 자살했다.[18] 뉴욕

시장 루돌프 줄리아니는 대중들에게 "그의 마음 속에는 수많은 적이 있었다"고 보고했다.[19]

- 2002년 7월 4일, 로스앤젤레스 국제공항에 있는 이스라엘 국립항공사 El Al 카운터에서 헤샴 모함메드 알리 하다예트(Hesham Mohamed Ali Hadayet)라는 무슬림이 사람들을 향해 총을 쏘아대기 시작하여 두 명이 사망했다. FBI는 처음에는 "테러리즘임을 입증할 증거가 없다"고 말했으나 하다예트가 알 카에다와 관계가 있었고, 이스라엘에 대한 증오를 공공연히 언급한 것으로 알려지자 결국 이번 사건을 테러리스트 행위로 분류했다.[20]
- 2002년 10월, 워싱턴 D.C.에서 발생된 18건에 걸친 총격에 이어 10명이 사망했는데, 이 사건과 연관된 소위 벨트웨이 저격수로 알려진 존 무함마드(John Muhammad)와 리 말보(Lee Malvo)는 이슬람 개종자들이었다. 수사관들은 이들이 체포되기 전 이 범죄를 '성난 백인'의 범죄로 몰았는데, 범죄자가 두 명의 흑인인 것으로 밝혀졌다. 그들이 체포된 뒤 미디어는 계속해서 존 무함마드를 존 윌리암스로 호명했는데, 그가 이슬람으로 개종한 뒤 개명한 것을 무시한 처사였다. 말보가 오사마 빈 라덴의 그림을 가지고 있었고('알라의 시종'이라고 제목을 붙인) '지하드'에 관해 두서없이 말한 것들이 밝혀진 후에도 정부당국은 이 총격사건이 이슬람이나 테러리스트와는 아무 관련도 없다며 가능성을 일축했다.[21]
- 2003년 8월 6일, 휴스턴에서 모함메드 알리 알예드(Mohammed Ali Alyed)란 무슬림이 그의 유대인 친구 아리엘 셀루크(Ariel

Sellouk)의 목을 베어 죽인 사건이 있었다. 알예드는 이슬람에 대한 신심이 깊어짐에 따라 셀루크와 절교했었다. 살인을 저지르던 날 알예드는 셀루크를 불러 바에 함께 갔다가 다시 자신의 집으로 불러들여 친구를 살해했다. 두 명이 바에서 싸우는 모습을 본 사람은 없었다. 알예드가 이라크의 지하드 전사식 살해방식을 모방하여 셀루크를 죽이고, 그 뒤 사원에 갔지만 정부당국에서는 "셀루크가 인종이나 종교로 인해 살해되었다는 증거를 찾을 수가 없었다"고 말했다.[22)]

유사한 사례는 많이 있다. 1990년 11월 5일 뉴욕 시에서 엘 사이드 노사이르(El Sayyid Nosair)라는 무슬림이 이스라엘 정치활동가인 메이르 카하네(Meir Kahane)를 살해했다. 정부당국은 이 범죄가 지하드가 아니라 노사이르의 우울증 때문이었다고 설명했다. 1999년 10월 31일 이집트 에어플라이트 990 부조종사가 비행기를 추락시켜 217명의 인명을 앗아갔을 때도 부조정사가 비행기가 추락할 때 "나는 알라를 믿는다"라는 말을 11번이나 외쳤어도 정부관리는 테러리즘과 아무런 연관성도 없다고 단정했다.[23)]

당신이 읽지 말았어야 할 책

• 『무함마드의 뗏목』(*The Raft of Mohammed*, Jean-Pierre Peroncel-Hugoz, St. Paul, MN : Paragon House, 1988). 저자는 이슬람 세계에 만연한 비무슬림에 대한 편견을 생생히 묘사한 것 외에도 수많은 미국인, 유럽인 작가들, 정치인들, 그 밖에 공인들의 정신적 딤미화를 통렬히 비판했다. 그는 PC 서구인들이 얼마나 이슬람의 좋은 점만 보려고 애쓰는지 이를 위해서라면 사실과 환상을 바꿔버리기까지 한다고 지적한다.

정부 관리들은 미국 국민들이 불안하지 않게 하려는 것인가? 아니면 무고한 무슬림들을 지켜주기 위함인가? 그들의 동기가 무엇이든 그들은 미국 국민들에게 지하드 테러 위협의 진정한 본질과 범위를 숨기고 있다.

Chapter 17

이슬람을 비판하면 건강에 해로울 수도 있다

알고 있나요?

* 호주에서는 이슬람에 관해 진실을 말하는 것을 금지하는 주가 있고, 영국을 포함한 다른 나라들도 유사한 법의 도입을 고려하고 있다.
* 폭력적인 이슬람식 위협이 서구에도 유입되었다. 영화 제작자인 테오 반 고호는 무슬림을 모욕했다는 이유로 암스테르담 거리에서 살해되었다.
* 이슬람에서 기독교로 개종한 자는 미국에서조차 두려움 속에 살아야 한다.

적어도 이슬람과 관련해서는 미국에서 언론의 자유를 누릴 기회가 사라지고 있다.

이슬람의 잘못을 가리려는 속임수와 지하드가 편향적 선전 이상이다. 이슬람 테러리즘의 대의명분을 거짓 없이 밝혀내려는 시도가 기존 PC 세력들에 의해 '증오 발언'으로 규정되고 있다. CAIR은 자신들의 마음에 들지 않는 말을 한 사람들에 대항하여 다수의 소송을 제기하고 있으며, 이로 인해 이슬람의 진실을 말하는 사람들을 위축시켰다. "CAIR이 알고 이런 행동을 하는 것이 분명하다"라고 내셔널 리뷰지의 존 더비셔(John Derbyshire)는 말한다. "그들의 배후에는 사우디의 오일머니가 있다. 금전적인 걸림돌이 없다. 그들은 무한정의 자금줄이 있다. 모든 사람의 입을 막아버릴 수 있다. 이슬람에 관한 한 언론의 자유는 사망선고를 받았다."[1)]

반면, 이슬람 지하드 전사들은 비평가들의 입을 막을 자구책이 있다. 작년에 암스테르담 길거리에서 발생한 테오 반 고호(Theo van Gogh)의 살인사건은 그 대표적인 예이다.

≫≫ 미국 언론의 자유를 구속하다 : Fox의 「24」와 CAIR

「24」는 테러리즘에 관한 FOX TV 드라마이다. 보스니아 테러리스트, 독일 테러리스트, 남미 테러리스트, 할리버튼과 같은 대기업 테러리스트를 에피소드 별로 만들어 방영한다. 그리고 가장 유명한 것은 「24」가 무슬림 테러리스트를 소재로, 아니면 적어도 애매모호하게 중동적인 시각을 지닌 테러리스트를 소재로 드라마를 제작한다는 점이다. 그러나 보스니아인, 독일인, 남미인이나 할리베리 경영진들 중 어느 누구도 방송사에 연락을 취해 그들이 방송에서 비춰지는 모습에 관해 불평을 하지 않지만 FOX가 이슬람 소재를 시도하자 CAIR이 즉시 화를 냈다.

CAIR 애너하임 지부의 사비하 칸(Sabiha Khan)은 「24」에 비추어진 무슬림 테러리스트들이 "무슬림을 해치고 차별해도 좋다는 분위기를 조성할 수 있다. 이렇게 되면 현실 세계의 보통 사람들이 다치게 된다"고 우려를 표명했다.[2] CAIR은 자신들의 우려를 방송해달라며 로스앤젤레스의 FOX 간부진과 회의 약속을 잡았다.

반면, 카타르의 대중적 무슬림 뉴스 포탈 이슬람온라인(IslamOnline)은 「24」에서 무슬림 테러리스트를 다루게 된 배경이 누구인지 알아냈다며 FOX 엔터테인먼트 그룹이 그 장본인이라고 주장했다. '유대인 억만장자 루퍼트 머독의 언론사'가 그 배경이라는 것이다. 그들의 주장에 따르면 「24」의 새로운 플롯이 "무슬림의 '본성'을 드러내려는 유대 단체와 로비스트들에 의해 환영받고 있다"며 "유대인 작가인 다니엘 피펫(Daniel Pipes)이 이스라엘의 예루살렘포스트와 미국 뉴욕포스트지와의 인터뷰에서 FOX가 이 시리즈와 관련하여 무슬림의 반대에 굴복하지 않았으면 좋겠다"고 말한 사실을 근거로 제시했다.[3]

이슬람온라인은 머독이 유대인이 아니라는 사실을 알자 '억만장자 루퍼트 머독' 이름 앞에 있던 '유대인'이란 단어를 빼버렸지만 기사가 내포한 의미는 분명하다. 즉 「24」에 등장하는 무슬림 테러리스트는 일련의 유대인 음모 중 하나라는 것이다. 이는 이슬람 지하드 수호자들 사이에서 거의 반사적으로 나타나는 망상증세로 자신들에 반대하는 자들은 분명 유대인일 것이라는 확신이다. 유대인에 대한 이러한 망상증세는 쿠란이 유대인을 교활하고, 신뢰할 수 없으며, 저주받은 자들로 묘사한 데서 유래했다. 현대의 지하드 전사들은 무슬림과 비무슬림 간의 논란은 전적으로 이스라엘의 책임이라고 주장한다.

그러나 배후의 '유대 단체와 로비스트들'은 FOX와의 연줄을 포기한 것으로 보였다. 왜냐하면 방송사 간부가 CAIR과 만나기도 전에 무슬림에 대한 고정관념을 불러일으킬 만한 소재를 「24」 제작진 측에서 자체적으로 제외시켜 버렸기 때문이다. FOX는 미국 무슬림에 대한

CAIR 측 홍보물을 자회사에 보급하겠다고 동의하기도 했는데 자회사들이 이를 방영할 계획은 없는 것으로 보인다.

⋙ 악마와 거래하기

도대체 FOX는 애초에 왜 CAIR과 협상을 했을까? CAIR 대표자와 만난 간부진들은 그 대표자 3명이 다양한 테러리스트 관련 활동으로 인해 체포되었던 자들인 걸 알고 있었을까? FOX 관계자는 알고 있었다고 말한다. 공식적인 기록이다. CAIR 설립자인 니하드 아와드(Nihad Awad)가 팔레스타인 이슬람협회(Islamic Association for Palestine : IAP)에서 홍보이사로 근무한 뒤 CAIR을 설립하는 데 일조했다. 전 FBI 대테러 관리였던 올리버 레벨(Oliver Revell)은 IAP를 "이슬람 투사를 선전하는 하마스의 전방위 단체로 기억하고 있다. FOX 관계자는 이러한 사실을 알고 있었을까?"[4] 아와드가 "하마스 운동을 지지한다"라고 스스로 밝힌 것을 그들이 알고 있었을까? FOX 관계자는 그렇다고 답했다.[5] CAIR이 하마스와 확실치는 않지만 어느 정도 연관이 있다는 주장을 그들도 알고 있었지만 다른 것은 고려치 않고 이들의 불만사항에만 초점을 맞추었다고 한다. FOX는 늘 그래왔다고 담당자는 말한다. "불만을 토로하는 자의 출신을 고려하지 않고 불만 자체의 중요성만 고려한다"고 말했다.

그렇다면 쿠 클럭스 클란(Ku Klux Klan)이 FOX에 전화를 걸어 불평을 늘어놓는다면 그것도 출처보다는 불평 자체만 고려할 셈인가?

⋙ 서구에는 죽음의 종?

2004년 12월, 호주의 기독교 목사 두 명이 무슬림에 대한 종교적 비방 혐의로 유죄판결을 받았다. 비록 이 결정의 기초가 된 종교 증오법은 오로지 호주의 한 주에서만 법률로 명시되어 있기는 하지만, 이러한 법에 대해 서구 세계 입법 관련자들이 많은 관심을 보이고 있기 때문에 우리 모두에게 커다란 위협이 되고 있다. 예를 들어 토니 블레어 정부는 점차 늘고 있는 영국 내 무슬림 유권자 지역의 표를 의식하여 뻔뻔스럽게도 '종교적 증오를 불러일으키는 행위'를 금하는 법을 제안했다. 논란의 소지가 많자 2005년 4월에 안건에서 폐기되었지만 살아 있는 이슈이며, 머지 않아 영국에서 법제화될 가능성이 있다.[6] 호주의 사례는 이러한 법이 어떤 결과를 초래할 수 있는지를 보여준다.

호주의 두 목사 중 한 명인 다니엘 스캇(Daniel Scot)은 파키스탄 출신이다. 그는 악명 높은 형법 295(c)조에 저촉되어 고국을 등지게 되었는데, 이 법조항은 '성스러운 예언자 무함마드의 신성한 이름'을 더럽히는 자는 누구든 사형이나 무기징역에 처한다는 내용이다. 이 법은 기독교인들이 궁지에 몰려 무함마드가 예언자임을 믿지 않는다고 선언할 수밖에 없는 경우, 이들을 불경죄라는 함정에 빠뜨릴 수 있는 적용범위가 넓은 위험한 법령이다.

스캇은 호주로 왔고 빅토리아 주의 종교적 비방금지법에 직면하게 된다. 빅토리아 민사행정 재판부의 마이클 히긴스 판사는 스캇이 속한 단체에서 주최한 세미나에서 그가 이슬람을 비방했다며 유죄를 선고했다. 판사는 세미나 중에 그가 "쿠란은 폭력, 살인, 약탈을 조장한다"고 말한 사실을 지적했다. 쿠란 구절 9 : 5, 2 : 191, 9 : 29, 47 : 4, 5 : 33과 다른 많은 구절을 보면 이것은 심각한 논란거리가 될 수 없다. 우리가 이미 살펴봤듯이 무슬림들은 폭력과 공격성은 성경 구절에도 나와 있다고 주장하기도 하고, 대다수의 무슬림들이 이러한 구절을 글자 그대로 받아들이지는 않는다고 말하기도 한다. 그러나 이러한 구절이 존재하지 않는다고 부인하고 이를 지적하는 자에게는 종교적 비방이라며 혐의를 두는 것은 진실을 강하게 부정하는 처사이다.

그러나 히긴스 판사는 여기서 그치지 않았다. 스콧이 "쿠란은 여성을 형편없이 다룬다. 그들은 쟁기질하는 밭처럼 취급된다. 쿠란에는 '너의 마음대로 그 여자를 이용하라'는 구절이 있다. 쿠란의 내용은 일반적인 가정 내 폭력을 조장한다"고 말했다며 비난했다.[7] 그는 스콧이 쿠란의 "도둑질한 자의 손을 절단하라"는 가르침을 언급한 것도 죄목에 포함시켰다. 그러나 "밭"과 "너의 마음대로 그 여자를 이용하라"는 말은 쿠란의 수라 2 : 223에 명시된 말이다. 도둑질한 자의 신체를 절단하는 것은 5 : 38에 명시되어 있다. 히긴스는 도대체 어떤 쿠란을 읽은 건가?

히긴스는 쿠란을 잘 몰랐을 뿐만 아니라 스콧의 말도 잘못 알아들었다. 그는 스콧이 무슬림들을 "악마"라 불렀다고 비난했는데, 이 사건에 깊이 관여하고 있는 인권운동가 마크 두리에(Mark Durie)에 따르면 "스콧이 세미나에서 쿠란에 진(jinn, 영혼적 존재)이 나오는데 이맘의 메시지를 받고 무슬림이 되었다고 말했다. 그러나 판사의 판결에 보면 스콧이 무슬림들을 악마라고 불렀다고 해석한 것으로 보인다. 따라서 '어떤 악마는 무슬림이다'라는 문장이 '무슬림들은 악마이다'라는 문장으로 바뀐 것이다!"[8]

>>> 예정된 결과

이 판례의 결과가 미리 예정된 것이었다는 몇 가지 힌트가 있다. 스콧이 여성을 차별하는 쿠란 구절을 재판 중 읽기 시작하자 소송의 원고인 빅토리아 이슬람협회의 변호사가 이를 막았다. 변호사의 주장은 쿠란 구절을 크게 읽는 것 자체가 종교적인 비방이라는 것이다. 당황한 스콧이 "쿠란 구절을 그냥 읽을 뿐인데 그게 어떻게 이 재판정의 무슬림을 비방하는 행위가 되냐?"고 응답했다.[9)]

종교비방법이 영국과 서구의 다른 여러 지역에 도입될지 모르는 이 시점에서 스콧의 질문은 전 세계에 영향을 미치며, 반드시 답변이 필요한 문제이다. 비무슬림이 이슬람과 쿠란의 가르침을 연구하는 것만으로도 무슬림에 대한 증오를 불러일으키는 행위가 된다면 이슬람에 대한 이성적 공개 논의는 불가능하기 때문이다. 서구 세계에서 다원주의, 자유, 민주주의를 신봉하지 않고 이슬람법을 따르는 무슬림들을 자국에 받아들임에 있어 그 영향력을 점검할 필요성을 절감하고 있는 이 시점에 이러한 법적 보호는 비난을 넘어 사실상 무슬림을 고립시키게 된다.

>>> 비판은 선동이 아니다

이전에 무슬림이었던 이븐 왈라크(Ibn Warraq)는 무슬림들에게 "폭력을 전파하는 쿠란의 역할을 인정하라"고 요구했다. 그들이 인정하지 않는다면 지하드 테러리즘을 어떻게 종식시킬 수 있겠는가? 지하드 전사들이 더 많은 테러리스트를 모집하기 위해 쿠란 구절을 인용하는 것을 어떻게 막을 수 있겠는가? 게다가 히긴스 판사와 같이 뭔가 달라 보이려는 바보 같은 서구인들이 있으니 말이다.

히긴스 판사가 다니엘 스콧에게 유죄를 판결한 것은 그는 빅토리아 주뿐만 아니라 자유의 나라 호주와 (만약 히긴스 판사의 판례가 다른 나라에도 적용된다면) 전체 서구 세계에 죽음의 영장을 발부한 것이나 마찬가지였다.

⋙ 테오 반 고호 암살사건

히긴스 판사의 평결이 있기 한 달 전에 네덜란드에서 발생한 사건은 더 불길하다. 2004년 11월 2일, 자신이 제작한 영화로 인해 테오 반 고호가 암스테르담 거리에서 무슬림에 의해 총에 맞아 사망한 사건이 발생했다. 그의 저격수는 전통적인 이슬람 옷을 입은 네덜란드 모로코인이었다. 반 고호에게 여러 발의 총을 쏜 뒤 칼로 여러 번 찌르고 푸주칼로 목을 그은 다음 그의 몸 위에 쿠란 구절과 네덜란드의 무슬림 이민자들에 반대하는 공인들에 대한 협박이 담긴 쪽지를 남겨두었다. 그러나 네덜란드 수상 잔 페터 발케넨데(Jan Peter Balkenende)는 살인자의 "동기가 무엇인지 밝혀진 것이 없다"고 말했다.[10)]

다른 사람들은 그만큼 신중하지는 않다. 한 네덜란드 학생은 "이런 일은 더 이상 일어나서는 안 된다. 당신과 의견이 다르다고 해서 길거리에서 잔인하게 살해할 수는 없다"라고 말했다. 암스테르담 시장인 존 코헨(Job Cohen)은 "우리에게 언론의 자유가 얼마나 중요한지 확실히 보여주겠다"라고 선언했다.[11]

8주 전에 반 고호의 영화 「서브미션」(복종)이 네덜란드 TV에 방영되었다. 네덜란드 의회의 전 무슬림 의원이었던 아얀 히르시 알리(Ayaan Hirsi Ali)의 창작물인 「서브미션」은 무슬림 여성들에 대한 부당한 처우를 비난하는 영화로 쿠란 구절을 몸에 새긴 투명한 옷을 입고 가슴을 드러낸 학대받는 여성들의 영상을 담겨 있다.

수준 낮은 모욕인가? 아마도 의도된 바일 것이다. 빈센트 반 고호의 형제("사랑하는 테오에게")의 증손자인 반 고호는 네덜란드에서는 잘 알려진 인물로 주로 논쟁거리를 일으키는 성가신 존재였다. 이전에는 유대교와 기독교를 열렬히 공격하여 공식적인 항의를 불러일으켰던 장본인이기도 하다. 그러나 그가 살해위협을 받게 된 것은 「서브미션」을 제작한 이후였다. 많은 네덜란드 무슬림의 시각으로 봤을 때 반 고호는 이슬람을 비방했다. 이는 사형을 받을 만한 범죄였다. 그러나 반 고호는 개의치 않았다. 그 영화 자체가 "나의 최선의 보호책이다. 우려할 일이 아니다"라고 그는 말했다.[12]

≫≫≫ 반 고호가 처음은 아니다

반 고호의 죽음은 자유를 소중히 여기는 사람이라면 누구나 우려할 만한 사건이었다. 왜냐하면 무슬림이 '불경'이라며 살인을 저질렀던 일은 이전에도 있었기 때문이다. 그리고 이것이 과거에 국한된 문제도 아니다. 1947년 이슬람 과격파가 이란인 변호사인 아흐마드

카스라비(Ahmad Kasravi)를 법정에서 살해했다. 카스라비는 이슬람을 공격했다는 혐의에 대해 자신을 변론하기 위해 법정에 섰었다. 4년 후 같은 과격 무슬림 단체의 회원인 페다야-네 이슬람(Fedayan-e Islam)이 이란 수상 하지-알리 라즈마라(Haji-Ali Razmara)를 암살했다. 이는 무슬림 성직자들이 그를 살해하라는 파트와(fatwa)를 내렸기 때문이다. 1992년 이집트 작가인 파라즈 포다(Faraj Foda)는 그가 이슬람을 '배교' 한 것에 격분한 무슬림들에 의해 살해되었다. 배교는 전통적인 이슬랍법에 의하면 사형이 구형되는 범죄이다. 포다와 동향인 노벨상 수상자 나깁 마흐푸즈(Naguib Mahfouz)도 1994년 칼에 찔렸는데, 그 또한 불경을 저질렀다는 비난을 받아왔다. 파키스탄의 불경죄 금지법으로 인해 약간의 증거만 있어도 비무슬림들이 체포되고 고문당하며 사형선고를 받았다. 물론 아야톨라 호메이니가 작가 살만 루시디에게 죽음의 파트와를 내렸던 악명 높은 사건도 있었다.

그러나 이란과 이집트는 이슬람 과격주의가 널리 퍼져 있는 지역이기 때문에 암스테르담 거리에서 백주의 대낮에 불경죄를 이유로 사람을 죽인 사건과는 비교할 수 없다. 유럽은 30년에 걸쳐 무슬림 이민자들을 대대적으로 허용해 왔다. 이제 무슬림은 네덜란드 인구의 5%를 차지하고 있으며, 또 계속 증가하고 있다. 그러나 미국에서와 마찬가지로 유럽에서도 무슬림 이민자들이 서구의 다원주의를 받아들일 준비가 되어 있는지를 묻는 것은 대부분의 지역에서 금기시되고 있다. 네덜란드 정치인인 핌 포르타윈(Pim Fortuyn)이 2002년도에 이 문제를 제기하려 했지만 PC 세력들에 의해 우익 인종차별주의자라는 비난을 당하고 비방죄로 몰렸다. 과격파 이슬람은 인종에 상관없이 비타협적인 태도로 일관하고 있지만 서구 미디어는 이슬람과 관련된 문제 제기를 인종문제로 몰고가려는 경향이 있고, 이번 사례에서도 마찬가지였다. 물론 포르타윈도 '네덜란드 무슬림들을 위한' 네덜란드 괴한에 의해 살해당하고 말았다.[13]

>>> PC 신화 유지 비용

포르타윈과 반 고호의 죽음은 이슬람을 비난하는 것을 금기시하기 위해 점점 더 많은 대가를 치러야 함을 의미한다. 세속적인 사회에서 종교가 평화적으로 공존하기 위해서는 언론의 자유가 전제되어야 한다. 질문할 자유, 동의하지 않을 자유, 심지어 조롱할 자유에 이르기까지 이러한 모든 것이 전제되어야 한다. 다문화주의는 모순적 상황으로 치닫고 있다. 만약 어떤 단체가 자신들의 교리에 대해 비난받기를 원치 않는다면 이는 더 이상 동등한 것이 아니라 헤게모니의 문제가 된다. 정치적인 공정성을 근거로 다른 모든 단체들이 그 단체에 관용을 베풀어야 하는가?

서구 세계에서 공개논의가 필요한 이 사안의 처리 시기가 너무 늦어지고 있다. 서구의 무슬림들은 이슬람 성서에 대해 질의를 받거나 비난을 받거나 혹은 이슬람을 배신할 경우 어느 정도까지 수용이 가능할까?

반 고호가 살해당한 뒤 수천 명의 사람들이 그를 추모하기 위해 암스테르담 거리에 나왔다. 한 무슬림 여성은 "반 고호의 의견에 절대 동의하지 않지만 그에게는 언론의 자유가 있다"라고 말했다 그녀는 "폭력에 반대하는 무슬림"이라고 쓴 피켓을 들고 있었는데, "무슬림이자 모로코인으로서 우리가 이런 행위를 지지하지 않음을 알리는 것이 내 사명이라고 생각했다"라고 설명했다.[14)]

그러나 전통적인 무슬림의 견해는 불행히도 아직 유효하다. 수년 전 파키스탄의 연방 샤리아 법원은 "신성한 예언자를 경멸한 죄는 사형 외에는 다른 어떤 벌도 적용될 수 없다"며 이를 확인해 주었다.[15)] 유럽과 미국에 살고 있는 무슬림 중 얼마나 많은 수가 집회에 참가한 모로코 여성과 같은 생각을 지니는지, 그리고 파키스탄의 샤리아 법원과 테오 반 고호 살해범과 같은 견해를 지닌 자는 또 얼마나 많은지는 아무도 모른다.

서구 국가들이 무지, 두려움, 편협한 자기애로 인해 계속해서 사실을 부인하려 한다면 2004년 11월 암스테르담에서 발생한 유혈극이 훨씬 많이 재연될 것이다.

무함마드 vs 예수

"누구든지 너희를 영접도 아니하고 너희 말을 듣지도 아니하거든 그 집이나 성에서 나가 너희 발의 먼지를 털어 버리라."

– 예수(마태복음 10 : 14)

"무슬림이 개종할 경우 그가 누구이든 죽여라."[16)]

≫≫≫ 기독교도가 되어 두려움 속에 살다 – 버지니아 주 팔스 교회

미국에서는 있을 수 없는 일이다? 아니다. 테오 반 고호의 살인범과 같은 생각을 가진 자들로부터 살해위협이 있어 2004년 9월에 개최되었던 회의의 보안이 강화되었다. 회의는 콤이나 카라치에서 개최되지 않고 워싱턴 D.C. 외곽인 버지니아 주 팔스 교회에서 개최되었다.

2004년 미국에서 이슬람교에서 기독교로 개종한 사람들이 공개발언을 할 기회가 있었는데, 이들은 전 세계 지하드의 새로운 희생자가 되지 않을까 두려워 가명을 썼다. '무슬림 배경의 기독교인들의 집회'라는 이 모임은 버지니아 주 침례인 일반연합을 포함하여 여러 단체의 후원을 받은 기독교도 모임이었다. 워싱턴타임즈는 "참가자들 중 많은 사람들이 이슬람을 떠난 이유로 살해위협을 받거나 가족들로부터 배척을 받고 있기 때문에 회의 참가자들은 삼엄한 경비 하에 등록과 입장절차를 거쳐야 했다"고 기록했다.[17]

당신이 읽지 말았어야 할 책

- 『23년 : 무함마드의 예언자적 경력에 관한 연구』(*A Study of the Prophetic Career of Mohammad*, Ali Dashti, Costa Mesa, CA : Mazda Publishers, 1994). 알리 다쉬티(Ali Dashti)는 이란인 무슬림이다. 그는 무함마드의 경력을 정직하게 되짚어보고 그의 폭력성과 초인과는 거리가 먼 성품, 코란의 도덕적 결함 등에 대해 공개적으로 언급하는 대담함을 보였다. 이 책으로 인해 그는 여든이 넘은 나이에 감옥에 수감되어 고문을 받았으며, 결국에는 이란 이슬람공화국이 고용한 자객에 의해 살해되었다.

≫≫≫ 이슬람을 떠나면 죽어야 한다

그들은 왜 이렇게 비상식적 경고에 긴장해야 하는가? 왜냐하면 우리가 앞서 살펴봤듯이 전통적인 이슬람법에서는 무슬림이 다른 종교로 개종하게 되면 사형을 선고할 수 있기 때문이다. 이는 '극단주의' 이슬람에만 국한된 일이 아니다. 이는 이슬람 주류 사상으로 무함마드의 말씀과 "무슬림이 개종할 경우 그가 누구이든 죽여라"라는 쿠란 말씀을 따른 것이다.[18] "너희가 배교자가 되고 믿음을 갖지 않고 죽는다면 그들의 일은 현세에서나 내세에서나 아무 열매도 맺지 못하고 불지옥의 거주자가 되어 그곳에서 영원히 있으리라"(쿠란 2 : 217). 이 구절은 전통적 무슬림 주석자들에 의해 광범위하게 해석되고 있는데, 배교자의 업적이 내세는 물론 "이 세상에서도 존재하지 않을 것"이라는 구절이 사형을 인정하는 것으로 해석되고 있다.

개종자들이 살해당하지 않을 경우 압력에 시달리게 된다. 회의 기획자가 가장 먼저 이것을 경험했다. "대사관에서 전화가 와서 내가 참회를 하지 않으면 가족들과 함께 고향으로 돌아가지 못할 것이라고 말했다." 다른 개종자는 자신이 기독교인이 된 것을 아직도 가족들에게 말하지 못하고 있다고 말했다. "가족들이 나와 의절할 것임을 잘 알고 있다. 그들이 나를 죽이지 않는다면 말이다." 자유로운 미국땅이라 했나?

≫≫≫ 법이 외면하면 어떻게 될까?

미국 정부가 자기 보호적인 입장에서 이슬람의 현실을 계속 회피하고 있기 때문에 개종자들이 공포 속에 살게 된 것이다. 법집행관들은 이슬람을 저버린 자들에게 사형이 구형된다는 사실을 모르거나 신경을 쓰지 않는다. 그들이 이 조항이 있는 걸 알고 있다면 미국에 거주하는 무슬림들은 이슬람을 버리고 미국 사회의 가치를 받아들인 것으로 추정했을 것이다.

수많은 사람들이 이슬람에 등을 돌렸지만 아직도 이슬람을 고수하는 확인되지 않은 수의 많은 사람들이 있다. 지금이야말로 이 사실을 인정할 때인 것이다. 이는 서구인에게는 특히나 더 받아들이기 힘든 문제이다. 왜냐하면 현대의 세속적인 사회에서 배교자라는 개념은 이들에겐 너무나 생소하기 때문이다. 팔스 교회의 개종자들이 기독교도이기는 하지만 이는 기독교도만의 문제가 아니다. 양심의 자유는 인권에 관심이 있다고 말하는 사람들 모두가 관심을 가져야 하는 문제인 것이다. 인권기관들은 이러한 사람들을 가장 먼저 보호해 주어야 한다. 미국 정부와 법집행관들은 자유의 이름으로 이들에게 하루빨리 도움의 손길을 보내야 할 것이다.

이슬람 논의에 있어 철옹성과도 같은 PC 세력들과 미국계 무슬림들을 희생자로 만들려는 CAIR과 같은 의심스러운 단체들 때문에 인권 그룹도 정부도 개종자들이 존재하는지조차 알지 못하고 있다.

Chapter 18

현대의 십자군 전쟁

알고 있나요?

* 유럽은 21세기 말에 이슬람이 될 수 있다.
* 국제 지하드 전사의 위협들을 없애기 위해서 미국은 어느 나라가 이슬람 지하드로 세워지는지를 토대로 동맹관계를 재구성해야 한다.
* 이슬람에서 기독교로 개종한 사람들은 미국에서조차도 두려움 속에서 살고 있다.

교황 요한 바오르 2세의 오랜 임기가 끝나갈 무렵 종교 간 대화를 위한 교황자문회의 의장인 마이클 피츠제랄드(Michael Fitzgerald) 대주교는 가톨릭 교회가 이슬람에 대한 입장변화가 필요하느냐는 질문을 받았다. 그는 이에 대해 "종교적 자유를 더 많이 주장할 수 있다. 그러나 나는 우리가 전쟁을 할 필요는 없다고 생각한다. 십자군 원정의 시대는 끝났다"라고 답변했다.[1)]

두말하면 잔소리다. 전 세계 지하드 전사들의 열광적인 환상에도 불구하고 역사책 속의 십자군 원정은 분명 끝난 얘기이다. 그러나 십자군들에게 닥친 지하드는 아직 끝나지 않았다. 무슬림들이 천 년을 간직해 온 이슬람 유럽의 꿈은 분명 계속되고 있다. 사실 어떤 의미로는 역사의 어느 시점보다도 그 목표에 근접해 있다.

⋙ 유럽의 이슬람화

2105년 파리 여행객들이 '노트르담 사원'과 '에펠탑'을 방문하게 될까? 대량의 이민과 유럽 지도자들의 공식적인 딤마 제도로 인해 무슬림들은 십자군 시절에 그들이 실패했던 일을 성취하고 있다. 바로 유럽 정복이다. 유럽의 이슬람화는 얼마나 빠르게 진행되고 있을까? 그 속도가 너무나 빨라 역사학자인 버나드 루이스(많은 영예를 누렸지만 이슬람 과격주의와 테러리즘에 있어 솔직하지 못했다)조차도 독일 일간지 디벨트와의 인터뷰에서 "유럽은 세기말에 이슬람화될 것이다"라고 거침없이 말했을 정도이다.[2)]

아님 더 빠를지도 모르겠다. 인구변화가 지금처럼 지속된다면 이번 세기 중반까지 프랑스, 네덜란드, 기타 서구 유럽국들은 무슬림이 과반수를 차지하게 될 것이다. 반면, 성장을 지속하고 있는 무슬림 소수민족들은 점차 주장이 강해지고 파괴적이 되어가고 있다. 다른 유럽 국가의 최근 지표들을 살펴보자.

- 스웨덴에서 세 번째로 큰 도시인 말모(Malmo)는 스칸디나비아의 중동 전초지가 되었다. 이 도시 인구의 1/4이 무슬림이고

지금도 계속 증가하고 있다. 말모의 무슬림들은 평화적이지도 관대하지도 않다. 경찰들조차 이들을 두려워한다. "주차를 해 놓으면 차량을 반드시 훼손시키기 때문에 경찰차 두 대가 함께 다닌다. 한 대는 차량 보호용이다." 말모의 한 경찰관 보고이다. 스웨덴 앰뷸런스 운전기사들은 말모의 어떤 지역은 경찰의 보호를 받지 않으면 진입하지 않는다.[3)]

- 덴마크 오르후스(Arhus), 노르드갈드스콜렌(Nordgardsskolen)에는 덴마크인이 없는 최초의 학교가 생겼다. 학생들 전원이 무슬림 이민자들로 이들은 덴마크에서 빠르게 성장하고 있는 선거권자가 되었다.[4)]
- 또한 덴마크에서는 쿠란이 (인문계) 고등학교 학생들의 필독도서가 되었다.[5)] 학생들에게 쿠란을 읽도록 하는 것이 잘못은 아니다. 그러나 정치적 공정함이 지배하는 유럽임을 감안한다면 비판적인 시각이 존재할 리 없다.
- 파키스탄인 무슬림 지도자 카지 후세인 아흐메드(Qazi Hussain Ahmed)는 오슬로의 이슬람문화센터에서 연설할 기회가 있었다. 노르웨이의 아프텐포스텐(*Aftenposten*)에 따르면, 그가 "오사마 빈 라덴을 칭송하고 그가 속한 자마아테 이슬라미(Jamaate-Islami)당도 알 카에다 일원을 영웅시한다"고 보도했다.[6)] 그러나 이런 사실에도 불구하고 노르웨이에 입국하는 것이 허락되었다. 노르웨이에서 그에게 동성애자들을 죽여야 한다고 생각하냐는 질문을 한 사람이 있었는데 그는 답변하지 않았다.[7)]

유럽의 다른 곳에서는 지하드가 보다 폭력적인 양상을 보이고 있다. 네덜란드 관리는 적어도 15건의 개별적인 테러리스트 계획을 발견했다. 15건 모두 이라크에 1,300명의 평화유지군을 파견한 네덜란드인들을 단죄하려는 목적을 지니고 있었다.[8] 2004년 가을, 스페인에서는 3월 11일에 발생했던 마드리드 폭파사건 연루자가 포함된 모로코계 무슬림들이 스페인 감옥의 일부를 장악하는 사건이 발생했다. 그곳에서 그들은 무슬림 예배를 큰 소리로 방송하고 비무슬림계 죄수들을 육체적으로 위협했으며, 오사마 빈 라덴의 초상화를 걸고 "우리가 성전에서 승리할 것이다"라고 자랑했다. 간수들의 반응은 어땠을까? 그들은 주모자들에게 예배방송 소리를 줄여달라고 요청했다고 한다.[9]

유럽이 예전에 뿌린 씨앗들이 지금 열매를 맺으려 하고 있다. 딤마 제도의 선구자적 역사가인 바트 예오르(Bat Ye'or)는 『유라비아』(*Eurabia*)라는 저서에서 유럽이 이슬람화되는 과정을 시간순으로 기록하고 있다. 그녀의 견해로 유럽은 30년 전부터 근시안적인 정치적·경제적 이익 때문에 유화·포용되고 있으며, 문화적 기권과정을 밟아가고 있다고 한다. 그녀의 관찰에 따르면 오늘날 "유럽은 계몽 후기/세속적 유대-기독교 문화로부터 딤마 제도의 문명, 즉 유라비아라고 불리는 세속적 무슬림 과도기 사회로 진입했으며, 전통적인 유대-기독교의 사회적 관습이 빠르게 사라져 가고 있다"고 하였다.[10]

인구변화에 따라 서구 유럽이 이슬람화된다면 미국도 머지 않아 오늘날과는 급격히 다르고 금기시되는 것도 더 많은 세계와 만나게 될 것이다.

⋙ 어떤 대책이 필요한가?

피츠제랄드 대주교의 말씀이 맞다. 십자군 원정은 옛날 이야기이다. 오늘날은 교황이 성지 수호나 무슬림에 대항하기 위해 군대를 소집한다는 발상 자체가 불가능하다. 서구 세계의 상당수가 이러한 요구에 응한다는 건 더더욱 있을 수 없는 일이다. 현재의 서구 세계의 분열에 비하면 십자군 원정기의 분열은 사랑의 축제 정도로 보이며, 견해나 목적이 완전히 다르기 때문이다. 미국은 대테러 전쟁을 통해 사담 후세인을 축출하고 이라크를 점령하는 것이 목표지만, 프랑스와 독일은 유럽연합을 미국의 견제세력으로 만들기 위해 아랍연맹과 긴밀한 협조를 강구한다는 미국과는 상이한 전략을 추구한다.

유럽의 상황이 점점 심각해지고 있어 대책을 강구해야만 한다. 세계가 새로운 십자군 원정을 필요로 하는지도 모른다. 이번 원정은 사자왕 리처드와 브와이용의 고드프리가 이끌던 군대와는 다를지 모르지만 말이다. 앞서 십자군의 주된 임무가 이슬람의 침입으로부터 기독교를 수호하는 것이라 말했다. 이러한 관점에서 볼 때 새로운 십자군 원정은 가능할 뿐만 아니라 바람직하다고 할 수 있다.

지금 내가 기독교와 이슬람 간의 전쟁을 요구하는 것으로 보이는가? 물론 아니다. 내가 요청하는 것은 두 개의 완전히 상이한 정치제도와 사회제도 사이에 이미 전쟁이 시작되었다는 것을 일반 대중이 인식하길 바라는 것이며, 서구는 누구에게 사죄할 필요 없이 적극적인 방어가 필요하다는 것이다. 샤리아 유럽에 대항한다는 것은 서구에서 발생했지만 이슬람에 의해 거부되고 있는 범세계적 인권을 지키기 위해 투쟁하는 것 이상도 이하도 아닌 것이다. 분열되고 다루기 힘든 서구 세계(기독교인, 유대인, 그 외의 종교인들, 무신론자들)는 세부적인 사항에 있어 의견 차이가 있더라도 범세계적 인권만은 수호할 가치가 있다는 데 동의할 수 있어야 할 것이다.

오늘날 우리가 직면한 것은 엄밀히 말하면 '테러에 대한 전쟁' 이 아니다. 테러는 전술일 뿐이지 적이 아니다. '테러에 대한 전쟁' 을 전개하는 것은 '폭탄에 대한 전쟁' 을 벌이는 것과 같다. 즉 적 자체가 아닌 적이 사용하는 도구에 초점을 맞추는 격인 것이다. 적을 인정하길 거부한다면 상황이 어려워진다. 빌 클린턴과 조지 W. 부시 대통령 모두 압둘라흐만 알라무디(Abdurrahman Alamoudi)와 사미 알-아리안(Sami al-Arian)과 같이 현재 수감 중인 지하드 전사에 대해 백악관 출입을 허용한 적이 있는데, 이처럼 적을 인정하지 않으면 언제든지 기습공격을 받을 위험에 노출될 수밖에 없는 것이다.

우리가 새로운 지하드에 직면하고 있음을 솔직히 시인하여 이러한 외교적 · 정보적 수치를 당하지 않으려면 아직도 갈 길이 멀다. 겉보기만큼 비현실적인 주장이 아니다. 지하드 테러리스트들은 미국과 다른 비무슬림 국가에 전쟁을 선포해 왔다. 모든 미국과 서유럽 국가들은 그들이 자신의 실체를 밝힌 것처럼 적의 실체를 확인할 필요가 있다.

≫≫≫ 외교를 통한 지하드 물리치기

9·11 테러공격 이후 부시 대통령은 세계인을 향해 "테러리스트

의 편이거나 우리의 편이거나 둘 중의 하나"라고 경고했다. 그러나 미국 정부는 정확히 누가 테러리스트인지, 미국이 왜 싸우는지를 공식적으로 인정하지 않고 있어 모래 위의 굵은 경계선이 몇 번이고 지워지고 있다. 제대로 된 질문을 하는 사람들조차 거의 없다.

상원인준청문회에서 콘돌리자 라이스 국무장관은 이라크, 대량살상무기, 투쟁으로 점철된 이라크에 미군이 얼마나 더 주둔해야 할지에 대해 집중 질문공세를 받았다. 그러나 어느 누구도 그녀에게 가장 중요한 질문, 즉 지하드 반대파들의 목표를 좌절시키기 위해 전술이 아닌 정부의 대외정책이 언제 어떻게 조정될 것이냐는 질문은 하지 않았다.

이는 9·11 테러 이후 3년이 지난 지금도 해결되지 않는 과제이다. 가장 우선적으로 해결되어야 할 문제인데 말이다. 적국을 포함한 다른 국가들의 입장은 분명하다. 이란 헌법 3조에는 이란의 외교정책은 "이슬람적 기준을 준수하고, 모든 무슬림과 이익을 공유하며, 전 세계 자유수호자들에게 아낌없는 지원을 하는 정책이 되어야 한다"고 명시하고 있다.

나는 미국도 이란처럼 전 세계 지하드와 관련하여 목표와 이익을 확실히 명시할 것을 권하는 바이다. 그렇게 되면 전 세계에서 미국의 위상이 진지하게 재평가될 것이다. 이를 위한 몇 가지 건전한 제안을 하고자 한다. 우선, 부시 대통령이 "우리 편이 아니면 테러리스트"라고 말한 뒤 수년이 지났지만 미국은 아직도 지하드 전사활동이 만연한 많은 나라들과 우방이자 동맹국이거나 적어도 그들을 부조의 대상으로 생각하고 있다. 이는 창피한 일이 아닐 수 없다.

- **비무슬림 처우를 위한 대외원조.** 미국의 이익을 최우선 고려한다면 국무부는 코소보, 알제리아, 소말리아, 수단, 이집트, 요르단, 팔레스타인, 파키스탄, 인도네시아, 심지어 이라크, 아프가니스탄이 지하드를 위한 물질적·교육적·종교적인 모든 지원을 종결할 때까지, 그리고 비무슬림 시민들에게 완전하고 동등한 권리를 부여할 때까지 미국이 제공하고 있는 모든 형태의 대외원조를 즉각적으로 중단해야 한다.
- **동일한 근거에 입각하여 전 세계 동맹의 틀을 다시 짜야 한다.** 파키스탄, 사우디아라비아, 기타 지하드 수출국들은 경고를 받아야 한다. 미국과의 우호관계를 지속시키려면 지하드를 가르치는 학교를 개혁하는 것을 포함해 지하드를 즉각적이고 포괄적으로 포기해야 한다. 일개 국가가 테러를 비난하거나 포기하는 것으로는 충분하지 않다. 각국은 다른 국가의 보전을 저해하는 수단으로서의 이슬람 지하드를 중지해야 한다. 이와 함께 미국은 지하드 폭력의 희생자였던 국가들, 특히 러시아와 긴밀하게 협조하기 위해 노력해야 한다. 지금까지 러시아의 세계적 지하드에 대한 저항은 미국보다도 일관성이 없고 근시안적인 것이었다. 그러나 만약 양국이 세계적인 지하드에 대항해야 한다는 사실을 미국이 인정하고 이를 기초로 긴밀한 관계를 모색한다면 변화가 시작될 수 있다.
- **무슬림 국가들로 하여금 샤리아의 영토확장주의를 포기하도록 요구하라.** 미국의 우방이 되기 위해서 각국은 파키스탄의 이슬람 지도자 세예드 아불 알라 마우두디(Syed Abul Ala Maududi)가

선언했듯이 무슬림이 비무슬림에게 지배당할 경우 "무슬림은 최선을 다해 그들을 정치적 권좌에서 몰아내고 이슬람식 생활 방식에 복종하여 살도록 만들어야 한다"는 이슬람 목표를 포기해야 한다.[11)]

그의 선언은 수세기에 걸쳐 무슬림들이 읽고 이해해 온 쿠란은 물론 이슬람 신학과 역사와 완전히 일치한다. 이것은 오늘날 지하드 전사들의 목표이며 미국과 동맹국이 될 수 있는 무슬림국가를 정의할 때 근본기준으로 삼아야 한다.

- **새로운 에너지원을 발견하기 위한 전면적 맨하탄 프로젝트에 착수하라.** 그러면 우리에게 필요했던 동맹국의 재구성이 말에 그치지 않게 될 것이다. 부시 대통령은 2005년 4월, 미국의 해외 에너지 공급 의존율(예 : 사우디)을 낮추기 위해 새로운 핵발전소와 정유공장 건설을 요청함으로써 시험적인 첫 발을 내디뎠다.[12)] 그러나 전체적인 점검이 필요한 시점에서 이는 단지 임시방편에 불과하다. 해결해야 할 문제가 산적해 있다. '맨하탄 프로젝트'는 일부러 동일한 이름을 붙인 것인데, 제1차 세계대전 당시 미국은 수백만 달러를 투자하여 전 세계에서 뛰어난 과학자들을 불러모아 핵폭탄 프로젝트에 전념할 수 있도록 한 프로젝트였다. 사우디 오일에 의존하지 않기 위해 오늘날도 이러한 노력을 기울이고 있나?

넓은 의미로 국무부 직원 중 이와 동일하거나 다른 조치들을 취해야 한다고 주장하는 사람들이 있는가? 아니면 테헤란의 유혈적 성직자 정권 같은 자들만 그들의 원칙과 목표에 대해 공개적으로 말하고

무함마드 vs 예수

"그러므로 무엇이든지 남에게 대접을 받고자 하는 대로 너희도 남을 대접하라 이것이 율법이요 선지자니라."

— 예수(마태복음 7 : 12)

"자신의 (무슬림) 형제가 좋아하는 것을 좋아하기 전에는 너희 중 누구도 신앙을 가진 게 아니니라."[13]

황금률에 대한 무슬림의 해석은 불신자들이 아닌 동료 무슬림에게만 적용된다.

자신들의 방어를 위해서 필요한 모든 조치를 강구할 수 있는 것인가?

라이스 국무장관은 이러한 질문들을 던지고 답해야 할 것이다. 국무부는 관료주의에 빠져 너무나도 오랫동안 실익정책을 추구한 탓에 마치 인도네시아에 원조물자를 떨어뜨리면 "비무슬림들은 절대로 권력을 장악해서는 안 된다"는 마우두디식 사고가 조금은 완화될 것이라 생각하듯 이슬람 지하드 전사와도 협력할 수 있다고 여유를 부리는 것 같다.

국무부는 전체주의적·우월주의적·확장주의적 이데올로기에 직면해 있다는 사실을 자각할 필요가 있고, 이런 생각을 가지고 계획을 세워야 한다. 이러한 절차가 아직까지 이행되지 않음은 물론이고 바바라 박서(Barbara Boxer) 민주당 상원의원이 인준청문회에서 라이스 국무장관의 능력과 정직성을 시험할 도구로 활용할 생각도 하지 못했을 만큼 뒷전에 놓인 문제인 것이다.

이제는 라이스 장관이 나서서 필요한 일을 수행할 수 있는 비전을 지니고 있음을 보여줘야 할 것이다.

⋙ 내정에 의한 지하드 물리치기

국내에서 지하드를 물리치기 위해서는 우선 시민들에게 정보가 제공되어야 한다.

| 쿠란을 읽자

클뤼니의 피터 대수도원장은 1141년에 쿠란을 라틴어로 번역했다. 그후 십자군의 모든 전도자들에게 쿠란은 필독서가 됐다.[14] 무슬림과 싸우기 위해 중동으로 가야 했던 거의 대부분의 유럽인들에게는 적의 정신세계에 대한 실질적인 지식이 필요했을 것이다. 그러나 미국에서는 이슬람과 쿠란에 관한 지식을 얻는 것은 대테러 전쟁과 이와 대치되는 조롱, 무관심, '인종차별주의' 혐의에 대해 명확한 답을 얻기 위해 필요하다. 콜롬비아 대학 인류학 및 국제정세학과 마흐무드 맘다니(Mahmood Mamdani) 교수는 쿠란이 현대 테러리즘에 관해 뭔가를 말해줄 것이라는 생각에 대해 비웃었다.

> 나는 9·11에 뉴욕에 있었다. 그후 수주일 내에 신문에서는 쿠란이 미국 서점에서 베스트셀러 중 하나가 되었다고 보도했다. 놀랍게도 미국인들은 쿠란을 읽으면 세계무역센터에 자살공격을 감행한 자들의 동기에 대한 단서를 얻을 수 있으리라 생각하는 것 같다. 최근 들어 나는 팔루자 사람들이 미국인의 폭탄투하에 대한 동기를 이해하기 위해 성경을 읽을까 의구심을 갖게 되었다. 그럴 리 없다.[15]

정말 놀랍다. 맘다니와 그의 출판사는 이 글이 설득력 있다고 생각했음이 분명하다. 미국인들이 자신들의 행동을 정당화하기 위해 발표한 성명서에 쿠란을 반복적으로 언급한 자들의 동기를 찾아내려 쿠란을 읽는 일이 정말 그렇게 놀랄 만한 일일까? 더 놀라운 것은 마흐무드 맘다니가 부시의 기독교 신앙에 대한 PC 군중의 의심에도 불구하고 성경을 읽는 팔루자를 자신의 발상을 증명할 예로 삼았다는 사실이다. 군대에서 민간인 사상자를 최대한 줄이려 할 때(적어도 한 번 이상은 위배된 원칙)를 제외하고는 현대 미국의 대외정책은 암묵적으로나 명시적으로 성경이나 기독교의 계율에 따라 결정되지 않는다. (미국의 대외정책이 기독교에 기초하지 않았다는 사실을) 인정하길 거부하거나 은폐하려는 자를 제외하고는 오사마 빈 라덴의 쿠란으로 도배된 메시지와는 극명한 대조를 이룬다.

미국과 서구의 지하드 활동을 정직하게 보도하라

정보화된 시민들은 쿠란과 다른 이슬람 자료들만 읽지 않는다. 따라서 미국에서 벌어진 지하드 전사 공격에 관해 미디어의 책임 있는 보도와 법집행관의 정직함이 요구된다. 이미 제16장에서 지하드의 공격이 설명 없이 무마된 경우가 얼마나 많았는지 확인할 수 있었다. 사건의 본질을 은폐하는 이유는 미국 내 무슬림에 해를 가할 지도 모를 자경단원을 자극하지 않기 위함이 분명하다. 그러나 이는 미국 대중의 지성과 도덕성을 모욕하는 행위이다. 누가 봐도 명백한 결론의 도출을 공식적으로 부인하는 것은 대테러 전쟁을 수행함에 있어 정보를 바탕으로 결정을 내려야 하는 우리의 능력을 감퇴시킨다. 이대로 두어서는 안 된다.

당신이 읽지 말았어야 할 책

• 『침투 : 무슬림 스파이와 체제 전복자들이 어떻게 워싱턴에 침투했을까』 (*Infiltration : How Mulim Spies and Subversives Have Penetrated Washigton*, Paul Sperry, Nashville, TN : Nelson Current, 2005). 지하드와 연관된 것이 확실한 무슬림들이 미국의 정치 시스템과 군사시설에 깊이 포진해 있을 정도로 미국의 현 상황이 얼마나 나쁜지 자세하게 설명하고 있다. 너무 늦기 전에 이슬람 지하드에 전면적이고도 효과적으로 저항해야 한다는 절박함이 강조된 책이다.

무슬림 단체를 재분류하라

현재나 미래에 미국의 헌법과 이슬람 샤리아를 대체하려는 의도를 말이나 행동으로 명시적으로 포기하지 않은 미국 내 무슬림 단체는 종교기관이라기보다는 정치기관으로 분류해야 하며, 정치 조직이 준수해야 하는 모든 책임과 기준에 따르도록 해야 한다.

서구 문화에 자신감을 가져라

'십자군'을 교내 단체명에 쓰지 못하게 했던 학교들은 이를 다시 허락해야 한다. 다문화주의의 부식효과는 우리 어린이들 사이에 서구에 대한 자살적 증오심을 양산하고 있다. 학교 교과서와 일반 문화에서 다문화주의를 일소하려는 단합된 노력을 통해 이러한 상황을 되돌려 놓아야 한다. 서구 문화는 범세계적으로 인정받는 (이슬람 세계를 제외하고) 인권 개념을 도입했고, 이전 시대에는 꿈에 불과했던 일을 현실화하는 과학적 진보를 이루었으며, 그 이외에도 많은 업적을 달성해왔다. 그러나 우리의 지도자들과 교사들은 우리에게 수치심을 지니고 전 세계인을 대해야 한다고 가르친다.

"그만하면 됐다"고 말할 때가 왔다. 우리의 어린이들에게 자신의 유산에 자부심을 느낄 수 있도록 가르쳐야 한다. 그들에게 감사할 수 있는 문화와 역사를 지니고 있음을 알게 하라. 그들이 억압자와 악당의 아들딸이나 손자손녀가 아님을 알게 하고, 그들의 집과 가정을 빼앗아 가려는, 또한 그렇게 하기 위해서 살인도 마다하지 않는 자들에 대항해 싸울 가치가 있음을 알게 하라.

이를 십자군 전쟁이라 불러도 좋다.

주

서문 : 이슬람과 십자군 전쟁

1 Bill Clinton, "Remarks as delivered by President William Jefferson Clinton, Georgetown University, November 7, 2001." Georgetown University Office of Protocol and Events, www.georgetown.edu.

2 "World Islamic Front Statement," Jihad Against Jews and Crusaders, February 23, 1998. http://www.fas.org/irp/world/para/docs/980223-fatwa.htm.

3 Middle East Media Research Institute(MEMRI), "Ramadan Sermon From Iraq," MEMRI Special Dispatch No. 438, November 8, 2002. www.memri.org.

4 "Al Qaeda-linked group takes credit for Saudi attack," CNN, December 7, 2004.

5 Karen Armstrong, *Islam : A Short History*(New York : Modern Library, 2000), 179-180.

1장_ 무함마드 : 전쟁의 예언자

1 A. Guillaume, *The Life of Muhammad : A Translation of Ibn Ishaq's Sirat Rasul Allah*(Oxford University Press, 1955), 287-288.

2 Cf. '*Umdat al-Salik*' o9.10 ; al-Mawardi, *al-Akham as-Sultaniyyah*, 4.2.

3 Ibn Ishaq, 289.

4 Ibid., 300.

5 Muhammad Ibn Ismaiel Al-Bukhari, *Sahih al-Bukhari : The Translation of the Meanings*, translated by Muhammad M. Khan, Darussalam, 1997, vol. 4, book 58, no. 3185.

6 Ibn Ishaq, 308.

7 Ibid., 304.

8 Bukhari, vol. 4, book 58, no. 3185.

9 Ibn Ishaq, 306.

10 Ibid., 308.

11 Ibid., 363.

12 Ibid., 367.

13 *Sahih Muslim*, Abdul Hamid Siddiqi에 의해 번역됨, Kitab Bhavan, revised edition 2000, vol. 3, book 17, no. 4436.

14 Bukhari, vol. 4, book 56, no. 3032.

15 Bukhari, vol. 5, book 64, no. 4037.

16 Ibn Ishaq, 369.

17 Ibid., 382.

18 Ibid., 386.

19 Ibid., 387.

20 Sayyid Qutb, *Social Justice in Islam*, John B. Hardie와 Hamid Algar에 의해 번역됨, revised edition, Islamic Publications International, 2000, 19.

21 Deroy Murdock, " 'The Great Satan' on Devastated Muslim Streets," National Review Online, January 6, 2005.

22 Ibn Ishaq, 509.

2장_ 쿠란 : 전쟁서

1 "I have a question about offensive Jihad," Islam Q & A Online with Mufti Ebrahim Desai, Question 12128 from Canada, http://www.islam.tc/ask-imam/view.php?q=12128.

2 Sidik Aucbur, "The true meaning of Jihad," www.khilafah,com, May 11, 2003.

3 Ibn Arabi, in Suyuti, *Itqan* iii, 69. Cf. John Wansbrough, *Quranic Studies*, Prometheus, 2003, 184.

4 "Surat at-Tawba : Repentance," *Tafsir al-Jalalayn*, anonymous translation, reprinted at http://ourworld.compuserve.com/homepages/ABewley/tawba1.html.

5 Ibn Kathir, vol. 4, 377.

6 "Surat at-Tawba : Repentance," *Tafsir Ibn Juzayy*, anonymous translation, reprinted at http://ourworld.compuserve.com/homepage/ABewley/tawba1.html.

7 Ibn Kathir, vol. 8, 668.

8 Osama bin Laden, "Declaration of War against the Americans Occupying the Land of the two Holy Places," 1996. http://www.mideastweb.org/osamabinladen1.htm.

9 Middle East Media Research Institute (MEMRI), "Bin Laden's Sermon for the Feast of the Sacrifice," MEMRI Special Dispatch No. 476, March 5, 2003.

10 "Question #34770 : There is no compulsion to accept Islam," *Learn Hajj Jurisprudence*, Islam Q & A, http://63.175.194.25/index.php?1n=eng&ds=qa&1v=browse&QR=34770&dgn=4.

11 Middle East Media Research Institute (MEMRI), "PA TV Broadcasts call for Killing Jews and Americans," MEMRI Special Dispatch No. 138, October 13, 2000, www.memri.org.

3장_ 이슬람 : 전쟁의 종교

1 Bukhari, vol. 1, book 2, no. 26 ; cf. vol. 2, book 25, no. 1519 and many others.

2 Bukhari, vol. 4, book 56, no. 2892.

3 *Muslim*, book 20, no. 4642.

4 Abu-Dawud Sulaiman bin Al-Aash'ath Al-Azdi as-Sijistani, *Sunan abu-Dawud*, Ahmad Hasan, translator, Kitab Bhavan, 1990, book 14, no. 2497.

5 *Muslim*, book 20, no. 4645.

6 Bukhari, vol. 4, book 56, no. 2785.

7 *Muslim*, book 19, no. 4294.

8 "Full text : bin Laden's 'letter to America,'" *Observer*, November 24, 2002.

9 Bukhari, vol. 1, book 2, no. 25.

10 Ibn Abi Zayd al-Qayrawani, *La Risala* (*Epitre sur les elements du dogme et de la loi de l'Islam selon le rite malikite*.) Translated from Arabic by Leon Bercher. 5th ed. Algiers, 1960, 165. Cited in Andrew G. Bostom, "Khaled Abou El Fadl : Reformer or Revisionist?," http://www.secularislam.org/articles/bostom.htm.

11 Ibn Taymiyya, "Jihad," in Rudolph Peters, *Jihad in Classical and Modern Islam*, Markus Wiener Publishers, 1996, 49. Cited in Andrew G. Bostom, "Khaled Abou El Fadl : Reformer or Revisionist?," http://www.secularislam.org/articles/bostom.htm.

12 From the *Hidayah*, vol. I, 140, quoted in Thomas P. Hughes, *A Dictionary of Islam* (W.H. Allen, 1895), "Jihad," 243–248. Cited in Andrew G. Bostom, "Khaled Abou El Fadl : Reformer or Revisionist?," http://www.secularislam.org/articles/bostom.htm.

13 Abu'l Hasan al–Mawardi, *al–Ahkam as–Sultaniyyah* (*The Laws of Islamic Governance*), Ta–Ha Publishers, 1996, 60.

14 Ahmed ibn Naqib al–Misri, *Reliance of the Traveller* ('*Umdat al–Salik*') : *A Classic Manual of Islamic Sacred Law*, translated by Nuh Ha Min Keller, Amana Publications, 1999, xx.

15 Ibid., o9.0.

16 Ibid., o9.8.

17 Ibid., o9.6.

18 Quoted in Jonathan Riley–Smith, *The Oxford Illustrated History of the Crusades* (Oxford University Press, 1995), 250–251.

19 Qutb, *Milestones*, 63.

20 Shariah Council of State Defense Council [Majlis al–Shura] of CRI, "Jihad and Its Solution Today," *Jihad Today*, Kavkaz Center, November 26, 2003. http://kavkazcenter.com/eng/content/2003/11/26/2028.html.

21 See, for example, "Fears as young Muslims 'opt out,'" *BBCNews*, March 7, 2004.

22 "Interview Sahim Alwan," *Frontline*, October 16, 2003, http://www.pbs.org/wgbh/pages/frontline/shows/sleeper/interviews/alwan.html.

23 Peter Ford, "Listening for Islam's silent majority," *Christian Science Monitor*, November 5, 2001.

24 Debbie Schlussel, "Bush's scary CAIR friends," WorldNetDaily.com, October 16, 2001.

25 Jagan Kaul, "Kashmir : Kashmiri Pundit View–point," *Kashmir Telegraph*, May 2002.

26 Daniel Pipes, "The Danger Within : Militant Islam in America," *Commentary*, November 2001.

4장_ 이슬람 : 비관용의 종교

1 Emrah Ulker, "UN Uses Ottoman Tolerance Concept as Model," *Zaman Daily Newspaper*, December 9, 2004.

2 Abu'l Hasan al-Mawardi, *al-Ahkam as-Sultaniyyah*(*The Laws of Islamic Governance*) Ta-Ha Publishers, 1996, 28.

3 Ibn Kathir, vol. 4, 406.

4 Ibid., 407

5 Ibid.

6 '*Umdat al-Salik*', o11.3, 5.

7 "The Charter of Allah : The Platform of the Islamic Resistance movement (Hamas)," translated and annotated by Raphael Israeli, The International Policy Institute for Counter-Terrorism, April 5, 1998. http://www.ict.org.il/documents/documentdet.cfm?docid=14.

8 Abdullah Azzam, *Defence of the Mulsim Lands*, Mohammed Taqi-ud-Oin AI-Hilali and Mohammed Muhsin Khan, translators. Maktaba Dar-us-Salam, 1993. Reprinted at http://www.religioscoe.com/info/doc/jihad/azzam_defence_1_table.htm.

9 Middle East Media Research Institute(MEMRI), "Islamist Leader in London : No Universal Jihad As Long As There is No Caliphate," MEMRI Special Dispatch No. 435, October 30, 2002.

10 Jonathan Adelman and Agota Kuperman, "Christian Exodus from the Middle East," Foundation for the Defense of Democracies, December 19, 2001. Reprinted at : http://www.defenddemocracy.org/publications/publications_show.htm?doc_id=155713.

11 Middle East Media Research Institute(MEMRI), "Friday Sermons in Saudi Mosques : Review and Analysis," MEMRI Special Report No. 10, September 26, 2002. www.memri.org. This sermon is undated, but it recently apperard on the Saudi website www.alminbar.net.

12 Stephen Schwartz, "Raductio ad Jihadam," TechCentralStation.com, February 17, 2005.

13 Quoted in Steven Runciman, *History of the Crusades* Volume I(Oxford : Cambridge University Press, 1951), 27.

14 A. S. Tritton, *Caliphs and Their Non-Muslim Subjects : A Critical Study of the*

Covenant of 'Umar, Idarah–I–Adabiyat–I Delli, 1950, 229.

15 Philip K. Hitti, *The Arabs : A Short History*(Washington, DC : Regnery, 1966), 137.

16 Steven Runciman, *The Great Church in Captivity*(Oxford : Cambridge University Press, 1968), 179.

17 Quoted in Philip Mansel, *Constantinople : City of the World's Desire 1453–1924* (New York : St. Martin's Griffin, 1998), 51.

18 Bat Ye'or, *The Decline of Eastern Christianity Under Islam*(Madison, NJ : Fairleigh Dickinson University Press, 1996), 296.

19 Michael the Syrian, quoted in Ye'or, *The Decline of Eastern Christianity Under Islam*, 78.

20 Ibid.

21 Tritton, 227.

22 Quoted in Ibn Warraq, *Why I Am Not A Muslim*(Amherst, NY : Prometheus Books, 1995), 228.

23 Quoted in Bat Ye'or, *Islam and Dhimmitude : Where Civilizations Collide*(Madison, NJ : Fairleigh Dickinson University Press, 2002), 70.

24 Ye'or, *The Decline of Eastern Christianity Under Islam*, 78.

25 Ibid., 112–13.

26 Maxime Rodinson, *Muhammad*, translated by Anne Carter(New York : Pantheon Books, 1971), 296.

27 Apostolos E. Vacolopolous, "Background and Causes of the Greek Revolution," *Neo–Hellenika*, vol. 2, 1975, 54–55 ; cited in Andrew G. Bostom, "The Islamization of Europe," FrontPageMagazine.com, December 31, 2004.

28 Paul Johnson, *A History of the Jews*(New York : Harper & Row, 1987), 175.

29 위험을 알리는 고대 아랍어.

30 Bukhari, vol. 6, book 65, no. 4971.

31 Gregory X, "Papal Protection of the Jews," in *The Portable Medieval Reader*(New York : Viking Press, 1949), 170–171.

32 "Egypt : Police Arrest 22 Christians in New Crackdown," Barnabas Fund, October 24, 2003. www.barnabasfund.org.

33 "Egyptian officials revoke church license to build *after* demolition of church," U.S. Copts Association, December 2, 2003.

34 "Christian Captured At Border," Compass Direct, December 4, 2003. www.compassdirect.org.

35 "Christian Couple Escapes," Compass Direct, May 17, 2004.

36 "Police arrests Christian for 'blasphemy', lets attackers go," *Daily Times*, November 29, 2003.

37 "Dajkot Church attacked. PCP Report," *Pakistan Christian Post*, December 11, 2003.

38 "Pakistan blasphemy suspect dies, beaten by cop," Reuters, May 29, 2004.

39 Quoted in Robert Hussein, *Apostate Son* (Najiba Publishing Company, 1998), 161.

40 V. S. Naipaul, *Among the Believers : An Islamic Journey* (New York : Vintage Books, 1982), 65.

41 Ibid., 119.

42 Ibid., 141–42.

5장_ 이슬람은 여성들을 억압한다

1 Lisa Anderson, "Islamic woman sparks controversy by leading prayers," *Chicago Tribune*, March 18, 2005.

2 "Woman leads Muslim prayer service in New York City despite criticism in the Middle East," Associated Press, March 19, 2005.

3 Muslim Women's League, "Gender Equality in Islam," September 1995, http://www.mwlusa.org/pub_gender.html.

4 Nawal El–Saadawi, quoted in Muhammad Ali Al–Hashimi, *The Ideal Muslimah : The True Islamic Personality of the Muslim as Defined in the Quran and Sunnah*, International Islamic Publishing House, 1998, http://www.usc.edu/dept/MSA/humanrelations/womeninislam/idealmuslimah/

5 Christine Armario, "U.S. Latinas seek answers in Islam," *Christian Science Monitor*, December 27, 2004.

6 Quoted in al–Hashimi, *The Ideal Muslimah*.

7 See Christopher Dickey and Rod Nordland, "The Fire That Won't Die Out," *Newsweek*, July 22, 2002, 34–37.

8 Abu Dawud, book 32, no. 4092.

9 Bukhari, vol. 5, book 63, no. 3896 ; cf. Bukhari, vol. 7, book 67, no. 5158.

10 See United Nations Children's Fund, "UNICEF : Child marriages must stop," March 7, 2001, http://www.unicef.org/newsline/01pr21.htm.

11 Amir Taheri, *The Spirit of Allah : Khomeini and the Islamic Revolution* (New York : Adler and Adler), 1986, 90–91.

12 Lisa Beyer, "The Women of Islam," *Time*, November 25, 2001. Reprinted at http://www.time.com/time/world/article/0,8599,185647,00.html.

13 Andrew Bushell, "Child Marriage in Afghanistan and Pakistan," *America*, March 11, 2002, 12.

14 Abu Dawud, book 11, no. 2141.

15 Ibid., book 11, no. 2142.

16 Bukhari, vol. 7, book 77, no. 5825.

17 국제사면위원회 홈페이지의 「미디어 브리핑 : 파키스탄 여성들에 대한 폭력」, 2002년 4월 17일, http://web.amnesty.org/ai.nsf/Index/ASA330102002?OpenDocument&of=THEMES\WOMEN.

18 *Muslim*, book 4, no. 2127.

19 Bukhari, vol. 4, book 59, no. 3237. 이 하디스는 여러 곳에서 반복되었다.

20 '*Umdat al-Salik*', m11.9.

21 Ibid., m10.4.

22 Ibid., m10.3.

23 Amnesty International, "Saudi Arabia : End Secrecy End Suffering : Women," http://www.amnesty.org/ailib/intcam/saudi/briefing/4.html.

24 Bukhari, vol. 7, book 67, no. 5206.

25 '*Umdat al-Salik*', n7.7.

26 Bukhari, vol. 3, book 52, no. 2639.

27 Nicholas Hellen, "Muslim second wives may get a tax break," The Sunday Times, December 26, 2004.

28 "Ninth Pakistani school destroyed," BBC News, February 20, 2004.

29 Bukhari, vol. 7, book 67, no. 5119.

30 Ibid., vol. 7, book 67, nos. 5117–5118.

31 '*Umdat al-Salik*', o24.8.

32 See also Bukhari, vol. 3, book 52, no. 2661.

33 See Sisters in Islam, "Rape, Zina, and Incest," April 6, 2000, http://www.muslimtents.com/sistersinislam/resources/sdenfini.htm.

34 See Stephen Faris, "In Nigeria, A Mother Faces Execution," www.africana.com, January 7, 2002.

35 *Muslim*, vol. 3, book 17, no. 4206.

36 '*Umdat al-Salik*', e4.3.

37 Quoted in Geneive Abdo, *No God But God : Egypt and the Triumph of Islam* (Cambrige : Oxford University Press, 2000), 59.

38 Frank Gardner, "Grand Sheikh condemns suicide bombings," *BBC News*, December 4, 2001, www.bbc.co.uk.

6장_ 이슬람법 : 거짓말, 도둑질 및 살인

1 *Muslim*, book 32, no. 6309.

2 Bukhari, vol. 4, book 56, no. 3030 ; Muslim, vol. 4, book 32, no. 6303.

3 Ibn Kathir, vol. 5, 530.

4 Bernard Lewis, *The Assassins* (New York : Basic Books, 1967), 25. For taqiyya among al Qaeda Members, see Charles M. Sennott, "Exposing Al Qaeda's European Network," *Boston Globe*, August 4, 2002.

5 Ibn Kathir, vol. 5, 530.

6 '*Umdat al-Salik*', o1.0, o1.1, o1.2.

7 Sultanhussein Tabandeh, *A Muslim Commentary on the Universal Declaration of Human Rights*, translated by F. J. Goulding (London : F. T. Goulding and Co., 1970), 18.

8 Ali Sina, "The Golden Rule and Islam," Faith Freedom International, April 28, 2005.

9 '*Umdat al-Salik*' o9.10, cf. al-Mawardi, *al-Akham as-Sultaniyyah*, 4.2.

10 *Umdat al-Salik*, xx.

11 "Al-Qaradawi full transcript," *BBCNews*, July 8, 2004.

7장_ 알라는 과학을 어떻게 말살했는가

1 '*Umdat al-Salik*', r40.1.

2 Quoted in Amir Taheri, *The Spirit of Allah : Khomeini and the Islamic Revolution* (New York : Adler and Adler, 1986), 259.

3 Bukhari, vol. 4, book 59, no. 3225.

4 Oleg Grabar, "Palaces, Citadels and Fortifications," *Architecture of the Islamic World : Its History and Social Meaning*, edited by George Michell (New York : Thames & Hudson, 1995).

5 Caesar E. Farah, *Islam*, Sixth Edition (New York : Barrons, 2000), 198.

6 Elias B. Skaff, *The Place of the Patriarchs of Antioch in Church History* (Manchester, NH : Sophia Press, 1993), 169.

7 Bat Ye'or, *The Decline of Eastern Christianity Under Islam*, p. 233.

8 Philip Hitti, *The Arabs : A Short History* (Washington, DC : Regnery, 1996), 67.

9 Ibid., 141–42.

10 "Islam." *Encyclopædia Britannica*, 2005. Encyclopædia Britannica Premium Service, http://www.britannica.com/eb/article?tocId=69186.

11 Ibid.

12 Abu Hamid al–Ghazali, *The Incoherence of the Philosophers*, translated by Michael E. Marmura. (Provo, UT : Brigham Young University Press, 2000), 2.

13 Ibid.

14 Al–Ghazali, 226. Emphasis added.

15 St. Thomas Aquinas, *Summa Contra Gentiles*, Book Two : Creation, Chapter 25, section 14. Translated by James F. Anderson. (Notre Dame, IN : University of Notre Dame Press, 1975)

16 James V. Schall, S. J., *War–Time Clarifications : Who Is Our Enemy?* 2001.

8장_ 이슬람 천국의 유혹

1 *The History of al–Tabari* (*Ta'rikh al–rusul wa'l–muluk*), vol. VIII : The Victory of Islam, translated by Michael Fishbein (New York : State University of New York Press, 1997), 26.

2 Ibn Ishaq, 300.

3 Abu Dawud, book 38, no. 4448.

4 '*Umdat al–Salik*', p17.3 (1).

5 "Two Saudis beheaded for killing Pakistani who witnessed 'shameful' incident," Associated Press, March 15, 2005.

6 Quoted in Ibn Warraq, *Why I Am Not A Muslim* (New York : Prometheus, 1995), 342–43.

7 Steven Runciman, *The Fall of Constantinople 1453* (Cambridge : Cambridge University Press, 1965), 151.

8 Ibid., vol. 2, book 23, no. 1365.

9 "Al-Qaradawi full transcript," *BBC News*, July 8, 2004. For Esposito's praise, see John L. Esposito, "Practice and Theory : A response to 'Islam and the Challenge of Democracy,' " *Boston Review*, April/May 2003.

10 Middle East Media Research Institute (MEMRI), "An Interview with the Mother of a Suicide Bomber," MEMRI Special Dispatch No. 391, June 19, 2002.

11 David Brooks, 「중산층 공포자들 사이에서 : 왜 유럽과 아랍인들은 각자의 방법으로 미국과 이스라엘을 싫어하는가」, *Weekly Standard*, 2002년 4월 15일.

12 " 'Little bomber' fascinates Israeli media," *BBC News*, March 25, 2004.

13 Tom Lasseter, "Iraqi teen tells how he joined Ansar al Islam," Knight Ridder, February 13, 2004.

14 Bukhari, vol. 4, book 56, no. 2818.

15 Bernard Lewis, The Assassins (New York : Basic Books, 1967), 127.

16 Marco Polo, *The Travels*, Ronald Latham, translator (New York : Penguin, 1958), 70-71.

17 Paul Sperry, "Airline denied Atta paradise wedding suit," WorldNetDaily.com, September 11, 2002.

9장_ 이슬람-무력에 의한 전파? 두말하면 잔소리

1 *Muslim*, book 19, no. 4382.

2 Bukhari, vol. 4, book 56, no. 2941.

3 Ibid., no. 2924.

4 *The History of al-Tabari*, Volume XII : The Battle of al-Qadisiyyah and the Conquest of Syria and Palestine, translated by Yohanan Friedmann (New York : State University of New York Press, 1992), 167. Cited in Andrew Bostom, "The Legacy of Jihad in Palestine," FrontPage Magazine.com. December 7, 2004. http://www.frontpagemag.com/Articles/ReadArticle.asp?ID=16235.

5 Steven Runciman, *A History of the Crusades*, Volume I (Cambridge : Cambridge University Press, 1951), 3.

6 Quoted in Bat Ye'or, *The Decline of Eastern Christianity Under Islam*, 271-72.

7 Ibid., 275.

8 Ibid., 276-77.

9 Ya'qub Abu Yusuf, in Ye'or, *The Decline of Eastern Christianity Under Islam*, 274.
10 Quoted in V. S. Naipaul, *Among the Believers : An Islamic Journey*(New York : vintage Books, 1982), 103.
11 Bukhari, vol. 4, book 56, no. 2818.
12 Pierre Lance, "Jacques Chirac, avez-vous des racines?" *Les 4 Vérités*, January 17, 2004.
13 Quoted in Paul Fregosi, *Jihad in the West : Muslim Conquests from the 7th to the 21st Centuries*(New York : Prometheus Books, 1998), 99.
14 Sita Ram Goel, *The Story of Islamic Imperialism in India*(Voice of India, revised edition, 1994), 70-71.
15 Ibid., 44.
16 Bukhari, vol.1, book 2, no. 25.
17 Sayyid Qutb, "The Right to Judge," http://www.islamworld.net/justice.html.
18 Sayyid Abul A'la Maududi [Mawdudi], *Towards Understanding the Qu'ran*, Zafar Ishaq Ansari, translator(The Islamic Foundation, revised edition, Vol. 3, 1999), 202.

10장_ 십자군 전쟁을 소집한 이유

1 Amin Maalouf, *The Crusades Through Arab Eyes*(New York : Schocken Books, 1984), xvi.
2 John Esposito, *Islam : The Straight Path, third edition*(Oxford : Oxford University Press, 1998), 58.
3 Bukhari, vol. 4, book 56, no. 2941.
4 Esposito, 58.
5 Quoted in Bat Y'eor, *The Decline of Eastern Christianity Under Islam*(Madison, NJ : Fairleigh Dickinson University Press, 1996), 44.
6 Moshe Gil, *A History of Palestine 634-1099*(Cambridge : Cambridge University Press, 1992), 473-76.
7 Steven Runciman, *A History of the Crusades, Volume I*(Cambridge : Cambridge University Press, 1951), 30-32.
8 Carole Hillenbrand, *The Crusades : Islamic Perspectives*(Oxford : Routledge, 2000), 101.
9 Runciman, 33.

10 Gil, 376.

11 Runciman, 35–36 ; Hillenbrand, 16–17 ; Jonathan Riley–Smith, *The Crusades : A Short History*(New Haven, CT : Yale University Press, 1987), 44.

12 Bernard Lewis, *The Assassins*(New York : Basic Books, 2002), 33.

13 Runciman, 36.

14 Ibid., 49.

15 Gil, 412.

16 Bukhari, vol. 1, book 2, no. 36.

17 Pope Urban II, "Speech at Council of Clermont, 1095, according to Fulcheer of Chartres," quoted in Bongars, *Gesta Dei per Francos*, 1, 382 ff., trans. in Oliver J. Thatcher, and Edgar Holmes McNeal, eds., *A Source Book for Medieval History*(New York : Scribners, 1905), 513–17. Reprinted at *Medieval Sourcebook*, http://www.fordham.edu/halsall/source/urban2–fulcher.html.

18 James harvey Robinson, ed., *Readings in European History : Vol. I*(Boston, MA : Ginn and Co., 1904), 312–16. Reprinted at Medieval Sourcebook, http://www.fordham.edu/halsall/source/urban2a.html.

19 Ibid.

20 '*Umdat al–Salik*', o9.1.

21 Hillenbrand, 71에서 인용.

22 Ibn Taymiyya, "The Religious and Moral Doctrine of Jihad," in Rudolph Peters, *Jihad in Classical and Modern Islam : A Reader*(Princeton, NJ : Markus Wiener Publishers, 1996), 53.

23 Shariah Council of State Defense Council "Majlis al–Shura" of the Chechen Republic of Ichkeria, "Jihad And Its Solution Today," *Jihad Today*, no. 7. Reprinted at http://kavkazcenter.com/eng/content/2003/11/26/2028.shtml, November 26, 2003.

24 Middle East Media Research Institute(MEMRI), "Jihad Against the U.S. : Al–Azhar's Conflicting Fatwas," MEMRI Special Dispatch No. 480, March 16, 2003. www.memri.org.

25 Middle East Media Research Institute(MEMRI), "Islamist Leader in London : No Universal Jihad As Long As Long There Is No Caliphate," MEMRI Special Dispatch No. 435, October 30, 2002. www.memri.org.

26 Tawfiq Tabib, "Interview with Sheikh al–Mujahideen Abu Abdel Azia," *Al–Sirat Al–Mustaqeem*(The Straight Path), August 1994. Reprinted at http://www.seprin.com/laden/barbaros.html.

27 Stephen Graham, "Muslim Militants From Europe Drawn to Iraq," Associated Press, November 3, 2003.

28 Ibid.

29 Thomas Madden, *The New Concise History of the Crusades*(Lanham, MD : Rowman & Littlefield, 2005), 19–20.

30 Ibid.

31 Quoted in August C. Krey, *The First Crusade : The Accounts of Eyewitnesses and Participants*,(Princeton, NJ : 1921), 280–81. Reprinted at Medieval Sourcebook, http://www.fordham.edu/halsall/source/fulcher-cde.html.

32 Jonathan Riley-Smith, *The Oxford Illustrated History of the Crusades*(Oxford : Oxford University Press, 1995), 116.

33 Quoted in Maalouf, *The Crusades Through Arab Eyes*, p. 263.

11장_ 십자군 원정 : 신화와 현실

1 Quoted in August C. Krey, *The First Crusade : The Accounts of Eyewitnesses and Participants*(Princeton, NJ : 1921), 280–81. Reprinted at Medieval Sourcebook, http://www.fordham.edu/halsall/source/fulcher-cde.html.

2 R. G. D. Laffan, ed. and trans. *Select Documents of European History 800–1492*, volume Ⅰ, Henry Holt, 1929. See also "The Crusaders Capture Jerusalem, 1099," EyeWitness to History, www.eyewitnesstohistory.com (2000).

3 Archbishop Daimbert, Duke Godfrey, and Count Raymond, "Letter to Pope Paschal II, September, 1099," in Colman J. Barry, ed., *Readings In Church History*(Christian Classics, 1985), 328.

4 Moshe Gil, *A History of Palestine 634–1099*(Cambridge : Cambridge University Press, 1992), 827.

5 Francesco Gabrieli, ed. and trans. *Arab Historians of the Crusades*(Berkeley, CA : University of California Press, 1957), 11.

6 Bill Clinton, "Remarks as delivered by President William Jefferson Clinton, Georgetown University, November 7, 2001." Georgetown University Office of Protocol and Events, www.georgetown.edu.

7 Amin Maalouf, *The Crusades Through Arab Eyes*(New York : Schocken Books, 1984), xvi.

8 Warren Carroll, *The Building of Christendom*(Front Royal, VA : Christendom

College Press, 1987), 545.

9 For the Crusaders reneging, see Gil, 827. For their allowing some to leave, see Thomas F. Madden, *The New Concise History of the Crusades*(Lanham, MD : Rowman & Littlefield, 2005), 34.

10 Quoted in Hillenbrand, *The Crusades : Islamic Perspectives*(Oxford : Routledge, 2000), 64–65.

11 Quoted in Madden, 181–82.

12 Steven Runciman, *The Fall of Constantinople 1453*(Cambridge : Cambridge University Press, 1965), 145.

13 Maalouf, 179.

14 Madden, 74.

15 Quoted in ibid., 76.

16 Ibid., 78.

17 Ibid., 54.

18 Jonathan Riley-Smith, *The Oxford Illustrated History of the Crusades*(Oxford : Oxford University Press, 1997), 116.

19 Hilaire Belloc, *The Crusades : The World's Debate*(Rockford, IL : Tan, 1992), 248–50.

20 Alan Cooperman, "For Victims, Strong Words Were Not Enough," *Washington Post*, April 3, 2005.

21 Pope John Paul II, "Homily of the Holy Father : 'Day of Pardon,' " March 12, 2000. http://www.vatican.va/holy_father/john_paul_ii/homilies/2000/documents/hf_jp-ii_hom_20000312_pardon_en.html.

12장_ 십자군의 성공과 실패

1 Steven Runciman, *A History of the Crusades*, Volume Ⅲ(Cambridge : Cambridge University Press, 1951), 398–402.

2 Bernard Lewis, *The Assassins*(New York : Basic Books, 1967), 5. For the Crusades as rape, see Amin Maalouf, *The Crusades Through Arab Eyes*(New York : Schocken, 1989), 266.

3 Godfrey Goodwin, *The Janissaries*(London : Saqi Books, 1997), 34.

4 Mufti Ebrahim Desai, Ask the Imam Question 1394, "The wests is often criticised by Muslims for many reasons, such as allowing women go to work," Oct-

ober 25, 2000. http://islam.tc/ask-imam/view.php?q=1394.
5 Paul Fregosi, *Jihad*(New York : Prometheus Books, 1998), 225.
6 Beatrice Forbes Manz, *The Rise and Rule of Tamerlane*(Cambridge : Cambridge University Press, 1989), 17.

13장_ 십자군 원정이 없었다면?

1 Amin Maalouf, *The Crusades Through Arab Eyes*(New York : Schocken, 1989), 266.
2 Napier Malcolm, *Five Years in a Persian Town*(New York : E. P. Dutton, 1905), 45-50. Cited in Andrew G. Boston, "The Islamization of Europe," FrontPage Magazine.com, December 31, 2004.
3 시스타니 웹사이트, www.sistani.org.
4 E. A. Wallis Budge, trans., *The Monks of Kublai Khan, Emperor of China*,(The Religious Tract Society, 1928). Reprinted at http://www.aina.org/books/mokk/mokk.htm#c72.
5 '*Umdat al-Salik*', o11.5(6).
6 "Fundamentalists vow to kill female students without head cover," *AsiaNews*, October 22, 2004.
7 "Iraqi Columnist : 'It Is Difficult to Recall a Period in Which Christian Arabs Whre in Greater Danger Than Today,'" Middle East Media Research Institute, Special Dispatch No. 789, September 24, 2004.

14장_ 이슬람과 기독교의 전통은 동등한가?

1 Alan Riding, "The Crusades as a Lesson in Harmony?" *New York Times*, April 24, 2005.
2 Charlotte Edwardes, "Historians say film 'distorts' Crusades," *London Sunday Telegraph*, January 18, 2004.
3 Hani Ramadan, "La charia incomprise," *Le Monde*, September 10, 2002. For a typical blasphemy killing in Pakistan, see "Man Accused of Blasphemy Shot Dead," Reuters, April 20, 2005.
4 *Sahih Bukhari*, vol. 1, book 4, no. 233.

5 "Lawyer Convicted of Helping Terrorists," Associated Press, February 10, 2005.
6 David A. Yeagley, "What's Up With White Woman?" FrontPageMagazine.com, May 18, 2001.

15장_ 지하드는 계속된다

1 Quoted in Carole Hillenbrand, *The Crusades : Islamic Perspectives*(Oxford : Routledge, 2000), 165.
2 Middle East Media Research Institute, "Al-Qa'ida Internet Magazine Sawt Al-Jihad Calls to Intensify Fighting During Ramadan-the Month of Jihad," Special Dispatch No. 804, October 22, 2004. www.memri.org.
3 Middle East Media Research Institute, "Egyptian Cleric : Ramadan the month of Jihad," Special Dispatch No. 308, December 5, 2001. www.memri.org.
4 "Full text : bin Laden's 'letter to America,'" *Guardian*, November 24, 2002.
5 Hizb ut-Tahrir, "The Khilafah was destroyed in Turkey 79 years ago ; so let the Righteous Khilafah be declared again in Turkey," www.islamicstate.org, February 22, 2003.
6 Neil MacFarquhar, "Rising Tide of Islamic Militants See Iraq as Ultimate Battlefield," *New York Times*, August 13, 2003.
7 Brynjar Lia, *The Society of the Muslim Brothers in Egypt*(Ithaca, NY : Ithaca Press, 1998), 28.
8 Syed Abul Ala Maududi, "Jihad in Islam," Addresss at the Town Hall, Lahore, April 13, 1939. Reprinted at http://host06.ipowerweb.com/-ymofmdc/books/jihadinislam/.
9 Craig Pyes, Josh Meyer, and William C. Rempel, "Officials Reveal Bin Laden Plan," *Los Angeles Times*, May 18, 2002.
10 Daniel Simpson, "British Moslem radicals urge Islamic fightback," Reuters, March 6, 1999.
11 Steve Zwick, "The Thinker," in "The Many Faces of Islam," *Time Europe*, December 16, 2002.
12 Lisa Gardiner, "American Muslim leader urges faithful to spread Islam's message," *San Ramon Valley Herald*, July 4, 1998.
13 Art Moore, "Should Muslim Quran be USA's top authority?" WorldNet Daily.com, May 1, 2003.

14 John Perazzo, "Hamas and Hizzoner," FrontPageMagazine.com, March 5, 2003.

15 See the *Dallas News* blog, December 17, 2004.

16 Quoted in Amir Taheri, *Holy Terror : Inside the World of Islamic Terrorism* (New York : Adler & Adler, 1987), 241–43.

17 Quoted in Amir Taheri, *The Spirit of Allah : Khomeini and the Islamic Revolution* (New York : Adler and Adler, 1986), 20, 45.

18 Bukhari, vol. 1, book 2, no. 25.

19 Daniel Pipes, "Advancing U.S. National Interests Throuh Effective Counterterrorism," Testimony presented to Secetary's Open Forum, Department of State, January 30, 2002. www.danielpipes.org.

20 "O'Reilly Factor Flash," August 5, 2004, http://www.billoreilly.com/pg/jsp/general/genericpage.jsp?pageID=368.

21 William Glaberson, "Defense in Terror Trial Paints a Rosier Picture of 'Jihad,'" *New York Times*, February 25, 2005.

22 Kathy Gannon, "Radical Islamic Group Growing in Asia," Associated Press, May 1, 2005.

23 Khalid A–H Ansari, "65% Pakistanis support Osama, says report," *Mid–Day*, March 27, 2004.

24 Bernard Lewis, *The Assassins* (New York : Basic Books, 1967), 35.

25 Ibid., 58.

26 Qutb, *Milestones* (New Delhi : Islamic Book Service, 2002), 10–11.

16장_ 이슬람혐오증과 현대의 이데올로기적 지하드

1 Universal Declaration of Human Rights, 1948. http://www.un.org/Overview/rights.html.

2 The Cairo Declaration on Human Rights in Islam, August 5, 1990. http://www.religlaw.org/interdocs/docs/cairohrislam1990.htm.

3 Stephen Schwartz, "The 'Islamophobes' That Aren't," TechCentralStation.com, April 28, 2005.

4 "Atheist Becomes Theist : Exclusive Interview with Former Atheist Antony Flew," *Philosophia Christi*, Winter 2004.

5 "Swiss arrests over Saudi attacks," BBCNews, January 9, 2004 ; "Muslims in

Switzerland fear 'witch-hunt,'" *Swissinfo*, April 22, 2004.
6 Stuart Jeffries, "Coming to a small screen near you," *Guardian*, January 13, 2005.
7 Victor Davis Hanson, "Cracked Icons," *National Review*, December 17, 2004.
8 Abu Dawud, book 32, no. 4092.
9 Bukhari, vol. 7, book 77, no. 5825.
10 Council on American-Islamic Relations, "CAIR Calls on Wiesenthal Center to Repudiate 'Islamophobia,'" December 11, 2004.
11 Council on American-Islamic Relations, "About CAIR," http://www.cair-net.org/asp/aboutcair.asp.
12 Pam Easton, "Terrorism Ruled Out in Oil Refinery Blast," Associated Presss, March 25, 2005.
13 SITE Institute, "Qaeda al-Jihad in the United States Claims Responsibility For Texas Refinery Bombing," March 25, 2005 ; "Terror cover-up in Texas City?" WorldNetDaily.com, April 5, 2005.
14 "Terror cover-up in Texas City?" WorldNetDaily.com, April 5, 2005.
15 "Multiple blasts struck refinery," Associated Press, April 29, 2005.
16 Uriel Heilman, "Murder on the Brooklyn Bridge," *Middle East Quarterly*, Summer 2001.
17 Daniel Pipes, "Denying Terrorism," *New York Sun*, February 8, 2005.
18 "Gunman shoots 7, kills self at Empire State Building," CNN, February 24, 1997.
19 Pipes, "Denying Terrorism."
20 Daniel Pipes, "Terror & Denial," *New York Post*, July 9, 2002.
21 Michelle Malkin, "Lee Malvo, Muslim hatemonger," Townhall.com, December 10, 2003.
22 Andrew Tilghman, "Saudi pleads guilty to killing Jewish friend in Houston," *Houston Chronicle*, January 12, 2004.
23 Pipes, "Denying Terrorism."

17장_ 이슬람을 비판하면 건강에 해로울 수도 있다

1 E-mail to author, March 31, 2005.
2 Dana Parsons, "'24's' Latest Plot Twist Pains Some Muslims," *Los Angeles Times*, January 12, 2005.

3 Adam Wild Aba, "Fox Features 'Muslim Terrorists' in '24' Drama," IslamOnline, January 10, 2005.

4 "Muslim-rights voice indicted in jihad plot," WorldNetDaily.com, July 9, 2003.

5 Joe Kaufman, "A Night of Hamas 'Heroes,'" FrontPageMagazine.com, March 8, 2004.

6 "Religious Hate Law : A Threat to Free Speech?" Barnabas Fund, April 6, 2005. http://www.barnabasfund.org/news/itrhc/about_itrhc.htm.

7 Michael Higgins, "Summary of Reasons for Decision," Victorian Civil and Administrative Tribunal, Human Rights Division, December 17, 2004.

8 Mark Durie, "Daniel Scot's(in)credible testimony," jihadwatch.org, February 1, 2005.

9 Patrick Goodenough, "Verdict in 'Vilifying Islam' Case Exposes Christian Fault Lines," CNSNews.com, December 20, 2004.

10 Toby Sterling, "Dutch Filmmaker Theo van Gogh Murdered," Associated Press, November 2, 2004.

11 "Dutch Filmmaker Killed, Muslims Condemn," IslamOnline.net, November 2, 2004.

12 Sterling, "Dutch Filmmaker Theo Van Gogh Murdered."

13 Andrew Osborn, "'I shot Fortuyn for Dutch Muslims,' says accused," *Guardian*, March 28, 2003.

14 "Thousands remember slain van Gogh," *BBCNews*, November 2, 2004.

15 Ashok K. Behuria, "It is Election Time …," *Asian Affairs*, October 2002.

16 Bukhari, vol. 9, book 88, no. 6922.

17 Amy Doolittle, "Muslim peril in a new faith," *Washington Times*, September 6, 2004.

18 Bukhari, vol. 9, book 88, no. 6922.

18장_ 현대의 십자군 전쟁

1 Daniel Williams and Alan Cooperman, "Vatican Is Rethinking Relations With Islam," *Washington Post*, April 15, 2005.

2 "Europe wird am Ende des Jahrhunderts islamisch sein," *Die Welt*, July 28, 2004.

3 Steve Harrigan, "Swedes Reach Muslim Breaking Point," FOX News, November 26, 2004.

4 "100 percent immigrants at Danish school," *DR Nyheder*, September 9, 2004.

5 "Islam part of core curriculum in Danish schools," *DR Nyheder*, September 13, 2004.

6 "Bin Laden backer on his way to Oslo," *Aftenposten*, August 9, 2004.

7 "Qazi Hussain Ahmed refused to comment on capital punishment on blasphemy and homosexuality during visit to Norway," *Pakistan Christian Post*, September 9, 2004.

8 "Secret arrests as Dutch terror threat 'worse than thought,'" *Expatica*, September 14, 2004.

9 "Row as Muslim prisoners take on governors," *Expatica*, September 9, 2004 ; Giles Tremlett, "Spanish jail wing 'run by inmates,'" *Guardian*, September 10, 2004.

10 Bat Ye'or, "How Europe Became Eurabia," FrontPageMagazine.com, July 27, 2004.

11 Sayyid Abul A'la Maududi [here, Mawdudi], *Towards Understanding the Qur'an*, Zafar Ishaq Ansari, trans., The Islamic Foundation, revised edition, 1999. Vol. 3, 202.

12 Warren Vieth and Edwin Chen, "Bush touts technology to help solve energy troubles," *Los Angeles Times*, April 28, 2005.

13 Bukhari, vol. 1, book 2, no. 13.

14 Regine Pernoud, *Those Terrible Middle Ages! Debunking the Myths*, Anne Englund Nash, trans., (Fort Collins, CO : Ignatius Press, 2000), 135.

15 Mahmood Mamdani, "Inventing political violence," *Global Agenda*, 2005.

지은이 **로버트 스펜서**_Robert Spencer

로버트 스펜서는 지하드 와치(Jihad Watch) 소장이자 자유의회재단(Free Congress Foundation)의 객원 연구원이다. 그는 『베일을 벗은 이슬람 : 세계에서 가장 빠르게 성장하는 종교에 대한 파격적 질문들(*Islam Unveiled : Disturbing Questions About the World's Fastest Growing Faith*)』(Encounter), 『무슬림 전사들의 전진 : 지하드가 미국과 서구 세계를 어떻게 위협하고 있는가?(*Onward Muslim Soldiers : How Jihad Still Threatens America and the West*)』(Regnery)의 저자이며, 또한 8편의 논문과 수많은 기고문들이 있다. 로버트 스펜서는 안전을 위해 공개되지 않은 모처에 살고 있다.

옮긴이 **유달승**

1998년 이란 테헤란국립대학교에서 정치학 박사학위를 받았고, 1999-2000년 하버드대학교 중동연구센터(Center for Middle Eastern Studies)에서 초빙학자로 있었다. 현재 한국외국어대학교 이란어과 교수로 재직하고 있다.

저서

The Role of Political Culture in Iranian Political Development(Ashgate, 2002)

Farhang-e Siyasi va Touse'e-ye Siyasi : Kore va Iran(Sabzkhane, 2002)

『전쟁국가 이스라엘과 미국의 중동정책』(문화과학사, 2007, 공저)

역서

『팔레스타인/이스라엘』(한울, 2003)

『중동의 비극』(한울, 2007)

정치적으로 왜곡된 이슬람 엿보기

초판1쇄 / 2009년 10월 30일

지은이 **로버트 스펜서**
옮긴이 **유달승**
펴낸이 **여국동**
펴낸곳 **도서출판 인간사랑**
인 쇄 **백왕인쇄**
제 본 **은정제책사**

출판등록 1983. 1. 26. / 제일 3호

정가 15,000원

ISBN 978-89-7418-292 2 93300

※ 잘못된 책은 교환해 드립니다.

(411-815) 경기도 고양시 일산구 백석동 1178-1
TEL (031)901-8144, 907-2003
FAX (031)905-5815
e-mail/igsr@yahoo.co.kr / igsr@naver.com